智·库·丛·书

（2017年）

重庆国际贸易辐射圈研究

CHONGQING GUOJI MAOYI FUSHEQUAN YANJIU

蔡　泰　马晓燕　韩列松
王　芳　王济光　谭　斌　等　著

西南师范大学出版社

国家一级出版社　全国百佳图书出版单位

图书在版编目（CIP）数据

重庆国际贸易辐射圈研究. 2017年 / 蔡焘等著. --
重庆 : 西南师范大学出版社, 2017.10
ISBN 978-7-5621-9012-7

Ⅰ. ①重… Ⅱ. ①蔡… Ⅲ. ①国际贸易－研究－重庆
－2017 Ⅳ. ①F727.719

中国版本图书馆 CIP 数据核字(2017)第 246244 号

重庆国际贸易辐射圈研究（2017年）

蔡 焘　马晓燕　韩列松　等 著
王 芳　王济光　谭 斌

责任编辑：胡君梅
封面设计：嵐品視覺 CASTALY
排　　版：重庆大雅数码印刷有限公司·王兴
出版发行：西南师范大学出版社
　　　　　　地址：重庆市北碚区天生路2号
　　　　　　邮编：400715
印　　刷：重庆荟文印务有限公司
开　　本：720mm×1030mm　1/16
印　　张：20.75
字　　数：400千字
版　　次：2017年10月　第1版
印　　次：2017年10月　第1次
书　　号：ISBN 978-7-5621-9012-7

定　　价：70.00元

"智库丛书" 编审组

目 录
CONTENTS

中新(重庆)战略性互联互通示范项目背景下重庆国际贸易辐射圈研究

江北国际机场在重庆国际贸易辐射圈中的功能布局研究

重庆进口特殊商品指定口岸研究

中新（重庆）战略性互联互通
示范项目背景下
重庆国际贸易辐射圈研究

ZHONGXIN（CHONGQING）ZHANLÜEXING HULIAN HUTONG SHIFAN
XIANGMU BEIJING XIA CHONGQING GUOJI MAOYI FUSHEQUAN YANJIU

中新（重庆）战略性互联互通示范项目背景下重庆国际贸易辐射圈研究*

● （2016年12月）●

当今世界，经济全球化深入发展，国际投资贸易格局和规则深刻调整，贸易自由化与保护主义、孤立主义并存，对我国尤其是重庆这种刚从大马力对外开放中大受裨益的内陆地区提出了严峻挑战。在这样的大背景下，重庆如何主动适应、把握和引领国际贸易环境变化，加快构建以重庆为运营中心的国际贸易辐射圈，推动内陆开放高地建设再上新的台阶，成为一个值得重点研究的探索性和战略性问题。

与传统意义上的国际贸易圈概念有所不同，重庆国际贸易辐射圈是指重庆在国家"一带一路"倡议和长江经济带建设战略下，依托开放的大通道、大平台、大通关以及"三个三合一"功能要件，形成的以重庆为中心和"Y"字形骨架的具有一定辐射半径和辐射强度的国际贸易辐射圈。重庆国际贸易辐射圈不单是重庆内陆开放的重要路径，也是服务"一带一路"、长江经济带建设、西部大开发等的重要平台。在国际贸易大格局正在发生深层次变化、我国特别是重庆新时期对外贸易面临巨大挑战的情况下，建设重庆国际贸易辐射圈，对开创重庆对外开放新局面，具有重要的现实意义。

受重庆市发改委委托，重庆市政府研究室、重庆市生产力发展中心和重庆社科院相关同志联合组建课题组，紧扣贯彻落实好习近平总书记

---

*课题指导：童小平；课题组长：蔡焘；课题副组长：严晓光、马晓燕；主研人员：赵仁勇、张志强、刘书燃、王秀模、江薇薇；课题联络员：杨婷。

系列重要讲话和视察重庆重要讲话精神,结合践行新发展理念和深化供给侧结构性改革,积极开展相关专题研究,以期为市委、市政府相关决策提供参考。

一、国际贸易新特点新趋势催生新型国际贸易辐射圈

国际贸易发展大趋势决定了国际贸易结构和形式的变化。2008年国际金融危机作为新世纪国际经济的一个重要分水岭,对全球经济的影响,演化为国际贸易格局的重构,使得国际经贸活动呈现出一系列新趋势、新特征。这些深刻变化,直接改变了国际贸易圈的分布、形态、结构和形式。

(一)国际贸易日益多极化发展,新兴国家开始成为国际贸易辐射圈的主角

进入21世纪以来,世界经济增长的一个总体特征是,新兴市场和发展中经济体与发达经济体经济保持"双速增长",并且赶超态势趋于稳定。特别是在国际金融危机后,无论从整体还是从国别来看,新兴经济体经济总量都实现了对发达经济体的超越。在新兴市场与发展中经济体中,不仅中国、印度等新兴大国的经济高速增长令人瞩目,那些曾经深陷"债务危机"的拉美国家和一些经济落后的非洲国家也以崭新姿态出现在世界经济舞台。此外,俄罗斯等东欧地区的多数经济体也实现了政治转型之后的经济振兴。据IMF(国际货币基金组织)统计,2000—2014年,新兴市场与发展中经济体实现了6%的年均增长率,高出同期发达经济体4.2%。尽管金融危机后的2008—2014年,新兴市场和发展中经济体经济年均增速下降至5.3%,但仍比发达经济体高出4.5%。而与2000年前的同时段比较,新兴市场与发展中经济体年均增速仅高出发达经济体0.6%。随着新兴市场与发展中经济体经济快速增长,世界经济力量对比正朝着有利于发展中国家的方向转化。这种格局调整具体表征为国际

贸易格局的变化。

国际贸易格局分化,首先表现为国际货物贸易单极向多极化转变。20世纪80年代以后,先是以"亚洲四小龙"为代表的东亚经济快速发展,再到以中国为代表的新兴经济体迅速崛起,推动国际贸易格局进一步趋于多极化。国际贸易的这种多极化,推动新兴国家逐渐从配角变成主角,在国际贸易格局中的话语权越来越重。据相关统计,韩国、新加坡、马来西亚、泰国及中国香港和台湾地区等6个经济体1977年也才突破4%,但进入20世纪80年代后,上述经济体国际贸易快速发展,至2013年基本上稳定在12%左右。中国在全球贸易中的比重,改革开放初期仅为0.76%,但到2014年已经超过12%(如图1-1所示)。

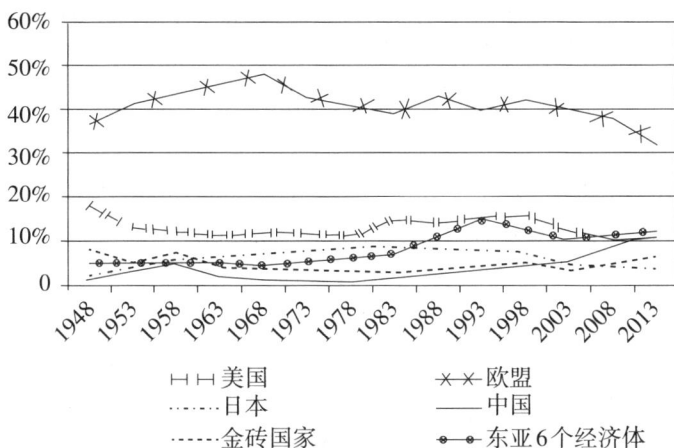

(数据来源:根据世界贸易组织和联合国贸易与发展会议数据库数据整理)

图1-1　1948—2013年主要经济体贸易总额占全球贸易总额的比重

在此格局下,国际贸易辐射不再是发达国家的专利。一些重要的新兴市场经济国家也不再仅仅是接受辐射,而是开始集聚资源,辐射其他贸易伙伴。这一点在东亚、东南亚地区最为明显,新加坡、韩国和中国香港、中国台湾地区都构建起了自己的国际贸易辐射圈。中国作为世界第二大经济体、全球贸易第一大国,也联合周边国家和地区,构建起了全方位、多层次的国际贸易圈,辐射网络延伸到世界各地,推动亚太地区日益成为新兴的国际贸易中心。

（二）服务贸易发展迅猛，萌生了一批基于内陆大都市的 国际贸易辐射圈

国际贸易格局分化的另一重要表现是国际服务贸易发展迅猛。过去的20多年里，国际服务贸易以高于GDP和货物贸易的速度增长，2015年国际服务贸易进出口总额达到9.25万亿美元（如表1-1所示）。

表1-1　2015年全球服务贸易发展状况（进出口金额单位：十亿美元）

国　家	世界	美国	英国	中国	德国	法国	日本
出口金额	4675	690	341	288	246	239	158
占全球出口份额	100%	14.8%	7.3%	6.2%	5.3%	5.1%	3.4%
进口金额	4570	469	425	292	224	205	174
占全球进口份额	100%	10.3%	9.3%	6.4%	4.9%	4.5%	3.8%

（数据来源：中国数据来自中华人民共和国商务部服务贸易和商贸服务业司，其他国家数据来自世界贸易组织）

相关统计显示，1980年到2013年，全球服务贸易出口额增长12倍左右，占全球货物贸易出口额的比重从19%左右一度提高到27%（如图1-2）。

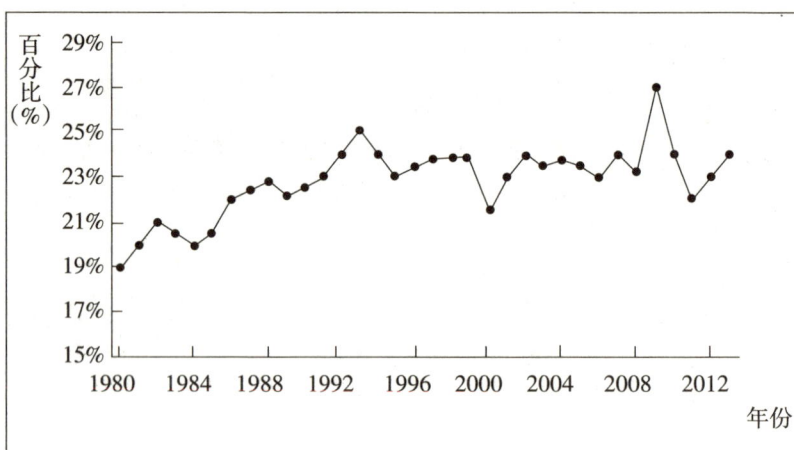

（数据来源：根据世界贸易组织和联合国贸易与发展会议数据库数据整理）

图1-2　全球服务贸易出口额占货物贸易出口额比重

　　美国、日本、欧盟三大经济体甚至到了货物贸易、服务贸易平分秋色的地步。而且从结构上看，国际服务贸易转型发展的趋势越来越明显，表现为运输、旅游等传统服务贸易所占比重下降，而以通信、保险、金融、计算机和信息服务、专有权利使用和特许等其他商业服务为代表的现代服务贸易发展迅速，所占比重加快提升。过去十年中，其他商业服务已成为世界服务贸易中贸易额最大、增长最快的类别，年贸易额占世界服务贸易出口总额的一半以上。

　　特别是以计算机和信息服务、通信服务等为代表的新兴服务贸易以两位数的速度增长，正成为国际服务贸易的新增长点，而运输、旅游等传统服务出口比重跌破了50%。世界服务贸易之所以越来越向资本、知识、技术密集型的其他商业服务聚集，主要在于世界经济结构不断向服务经济转型，加快了服务贸易发展与升级。其他商业服务越来越多地使用加速生产率增长的技术，如信息通信技术，使金融、保险、专有权利使用费及特许费等现代服务的知识、技术含量不断提高，从而创造出较高的附加值。随着服务创新活动的日益活跃，服务产品、服务种类、服务方式等都会有大幅度增加，服务贸易结构将继续向知识、技术密集型方向发展。

　　服务贸易与货物贸易有很多不同。其中最为显著的区别是，服务贸易多是无形的，对物理空间的依赖大大减少。特别是进入互联网时代，服务贸易很多时候已经变成了"数据贸易"，甚至作为服务内容支撑嵌入到大量的货物贸易活动中。在此背景下，近十年来，发展中国家作为国际服务贸易出口的新生力量，打破了长期以来发达国家主导国际服务贸易的利益格局，在全球服务贸易出口中的占比不仅突破了30%，而且在旅游、建筑、运输服务、计算机与信息服务、其他商业服务五大产业出口中占比接近或超过40%。一些内陆国家或城市也由此成了服务贸易的新高地，比如瑞士、巴黎、北京、首尔等。随着现代信息技术的大量推广和应用，这些内陆国家或城市借助客流、物流、信息流、资金流等大进大出，逐渐成为新型国际贸易辐射圈的中心。它们在服务贸易方面不但没有劣势，反而可能会形成后发优势，在大数据、云计算、离岸金融、信息呼叫中转、研发设计、总部经济、国际航空服务、文化创意设计等领域成为新型的贸易中心，不仅辐射周边，而且辐射全球的贸易伙伴。

（三）国际贸易区域化以及区域贸易规则兴起，大批区域化的国际贸易辐射圈开始形成

经济全球化进入阶段性调整期，保护主义、孤立主义抬头，多边贸易规则功能趋于衰减和碎片化。当前，以TTIP（跨大西洋贸易与投资伙伴协定）和TISA（国际服务贸易协定）为代表的新贸易或投资协定正在引领全球贸易投资新规则、新标准和新范式的制定。无论是TTIP还是TISA或美国《2012年双边投资协定范本》，都倾向于在服务贸易和投资准入上相互提供更加宽泛的国民待遇，并以负面清单形式对不符措施进行保留。在美国"有顺序的谈判"和欧盟"以双边带动多边"战略的持续推动下，以"准入前国民待遇＋负面清单"为核心的第三代贸易与投资规范，正演变成为欧美重塑国际贸易、投资和世界经济格局的战略手段。服务贸易和投资协定随即成为新一轮国际贸易投资谈判和规则制定的核心内容，使得WTO（世界贸易组织）多边贸易体制存在边缘化的风险。

在这样的大背景下，各类双边与区域贸易规则广泛兴起，基于FTA（自由贸易区）的区域自由贸易日益兴盛。目前，国际贸易已经形成了北美自由贸易区（NAFTA）、欧盟自由贸易体（EU）、东盟自由贸易体（AFTA）三个突出的重要区域板块（见表1-2）。

表1-2　全球主要经济体货物贸易额及占全球比重

（贸易额单位：万亿美元）

经济体	1995年		2000年		2005年		2010年		2013年	
	贸易额	比重	贸易额	比重	贸易额	比重	贸易额	比重	贸易额	比重
EU28	4.32	41.78%	4.97	37.9%	8.23	38.6%	10.51	34.21%	11.98	31.85%
NAFTA	1.87	18.09%	2.91	22.2%	3.76	17.64%	4.65	15.14%	5.61	14.92%

续表

经济体	1995年		2000年		2005年		2010年		2013年	
	贸易额	比重	贸易额	比重	贸易额	比重	贸易额	比重	贸易额	比重
中日韩	1.32	12.77%	1.67	12.74%	3.08	14.45%	5.33	17.35%	6.78	18.03%
东盟10+3	2.0	19.34%	2.48	18.92%	4.34	20.36%	7.33	23.86%	9.3	24.73%

(数据来源:根据世界贸易组织和联合国贸易与发展会议数据库数据整理)

近20年,欧盟内部相互出口额占其总出口额的61.2%,相互进口额占其总进口额的57.9%,贸易额占其总贸易额的59.6%。北美自由贸易区内部出口额、进口额及进出口额占相应总额的比重分别为49.2%、34.3%与40.7%。东盟自由贸易体借助其降税安排(见表1-3),出口额、进口额及进出口额占相应总额的比重也在不断提升。作为正在打造的自由贸易板块,中、日、韩三国之间的上述三项指标分别为17.4%、21.4%、19.4%,待东北亚自由贸易区成形后,该区域将在亚太贸易格局中发挥重要的角色。

表1-3 东盟各国对AFTA伙伴国降税安排

国别	统一降税安排占比	不同降税安排占比	完全例外产品占比
文莱	84.1%	15.9%	0
新加坡	100.0%	0	0
马来西亚	76.0%	22.9%	1.1%
泰国	75.6%	24.3%	0.1%
菲律宾	74.6%	24.4%	1.0%
印度尼西亚	46.0%	52.8%	1.2%
越南	78.1%	19.1%	2.8%
老挝	68.0%	31.6%	0.4%
缅甸	66.6%	31.8%	1.6%
柬埔寨	64.3%	35.3%	0.4%
东盟平均	73.3%	25.8%	0.9%

[资料来源:BY Fukunaga.I. Isono.Taking ASEAN+1 FTAs towards the RCEP: A Mapping Study[J] Working Papers, 2013(2).]

对比近20年来的发展可以看出,欧盟贸易区域化程度最高,而中、日、韩贸易的区域化程度最低(如图1-3所示)。除了以上主要贸易板块之外,还有东非共同体、南美国家联盟等许多不同层级、不同规模的次级贸易区域。尽管近年来出现了英国脱欧、美国退出TTP(跨太平洋伙伴关系协定)等"黑天鹅"事件,但以国际贸易为重要依托的区域经济一体化仍然呈燎原之势。

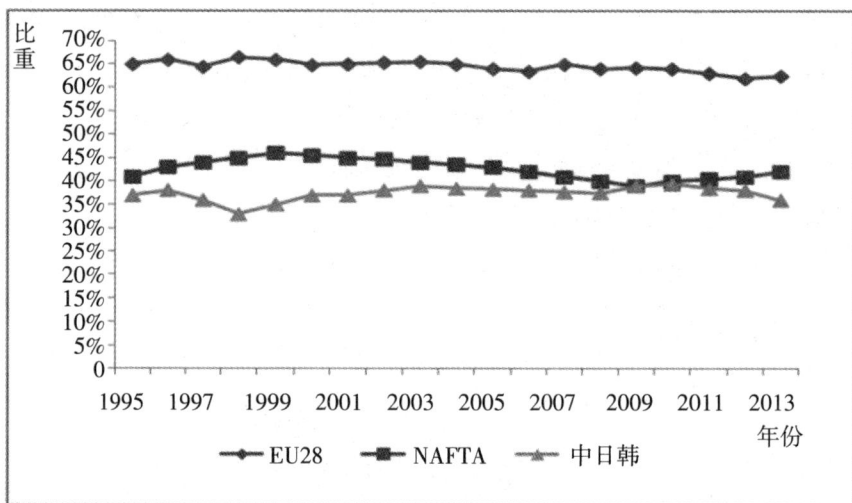

(数据来源:根据世界贸易组织和联合国贸易与发展会议数据库数据整理)

图1-3 三大经济板块内部贸易额占其国际贸易总额的比重

这些重大趋势性变化,使得区域化的国际贸易辐射圈大批兴起。其贸易成员大多为区域贸易体内的国家或地区,贸易形式也从远距离单一的航海货运逐渐变成铁路、公路、管道、航空、航海等多种贸易形式。尤其是亚太地区,区域全面经济伙伴关系协定(RCEP)和中日韩自贸区并行的区域合作谈判格局正在加快形成。如何平衡、处理好几者之间的关系,对于中国参与和推动地区一体化进程、维护自身在亚太区域合作中的主体地位至关重要,关系到下一步的经济发展大计、战略走向和在全球经济治理中的定位。

（四）跨大洲远距离陆上国际贸易正在兴起，以"大陆桥"为载体的国际贸易辐射圈应运而生

国际金融危机爆发以来，海上贸易日渐萎缩。宏观上，主要反映为全球货物进出口总量近乎停滞，近五年全球贸易增速均低于3%。从微观看，航运企业的糟糕表现足以证明海上贸易的困境。跌至近几年来，全球三大国际货运巨头营收全线下滑，集装箱船现货运价触及历史新低。德鲁里航运咨询公司的最新报告称，2016年3月中旬装箱现货运价跌至701美元/FEU，为该指数创立以来最低水平。上海出口集装箱运价指数（SCFI）也显示，亚欧线集装箱现货运价同样跌至历史水平。

与此相对应的是，跨大洲的远距离陆上国际贸易加快升温。最为典型的就是中欧铁路贸易从无到有、蓬勃发展，推动欧亚陆上贸易不断兴起。中欧铁路最早的是"亚欧大陆桥"，但这条线路所经过地区经济欠发达，长期以来在陆路国际贸易的地位并不高。随着欧盟与中国经贸合作日益频繁，借助"新亚欧大陆桥"开行的集装箱国际铁路联运班列，按照固定车次、线路、班期和全程运行时刻开行，往来于中国与欧洲以及"一带一路"沿线各国，其时间相当于海运的 $\frac{1}{4}$、价格相当于空运的 $\frac{1}{5}$。铁路运输的比较优势，推动相应物流需求大增，活跃了沿线国际贸易。2011年至2017年1月以来，中欧班列已累计开行超过2000列，其中回程502列，国内始发城市16个，到达境外城市12个，运行线路达到39条，实现进出口贸易总额约170亿美元。

借助"新亚欧大陆桥"这样的国际贸易通道，一些沿线的重要城市得以成为国际贸易辐射圈的中心。重庆自2011年开行中欧班列（重庆），打通了亚欧国际铁路联运大通道，从此开启了中欧铁路运输商业运营的新时代。经过近6年的发展，中欧班列（重庆）已成为中欧国际铁路中的主干线。目前，中欧班列（重庆）经阿拉山口的货运量占到所有中欧班列的40%，货运价值量占比更是高达80%。就欧亚大陆贸易而言，重庆作为国际贸易辐射圈运营中心的功能已初步显现。

（五）中国国际贸易实力显著增强，以国家中心城市为支点的国际贸易辐射圈影响不断扩大

改革开放尤其是21世纪以来，随着在全球贸易体系中的地位逐渐提升，中国国际贸易占比不断提高。2001年占比突破4%，2004年超过6%，2010年超过10%，2013年中国首次超越美国，成为全球第一经济贸易体（见表1-4）。

表1-4　中国货物和服务进出口总额及占全球比重

（进出口额、贸易总额单位：万亿美元）

年份	货物贸易							服务贸易						
	出口额	占比	进口额	占比	贸易总额	占比	顺差	出口额	占比	进口额	占比	贸易总额	占比	顺差
1948	0	0.89%	0	0.62%	0	0.75%	+	/	/	/	/	/	/	/
1959	0	2.70%	0	2.34%	0.01	2.51%	+	/	/	/	/	/	/	/
1982	0.02	1.18%	0.02	0.99%	0.04	1.08%	+	0	0.63%	0	0.45%	0.01	0.53%	+
1997	0.18	3.26%	0.14	2.50%	0.33	2.88%	+	0.03	1.79%	0.03	2.07%	0.05	1.93%	−
2000	0.25	3.86%	0.23	3.38%	0.47	3.62%	+	0.03	2.00%	0.04	2.37%	0.07	2.19%	−
2008	1.43	8.86%	1.13	6.88%	2.56	7.86%	+	0.15	3.76%	0.16	4.23%	0.31	3.99%	−
2013	2.21	11.74%	1.95	10.37%	4.16	11.06%	+	0.21	4.36%	0.33	7.35%	0.54	5.82%	−
2015	2.27	13.80%	1.68	10.00%	3.96	11.90%	+	0.29	4.90%	0.43	9.60%	0.71	7.70%	−

（注："/"表示当年数据缺失。"顺差"一栏，"+"表示顺差，"−"表示逆差。数据来源：根据历年《中国统计年鉴》整理）

"十二五"期间，服务贸易额年均增长13.6%，2015年中国服务贸易额达到7130亿美元，位居全球第二位，占对外贸易总额的比重达15.3%，其

中服务贸易进出口增长速度均大幅高于全球平均水平。其中,欧盟、美国、东盟为中国前三大贸易伙伴,双边贸易额分别为5647.5亿美元、5582.8亿美元和4721.6亿美元(见图1-4)。

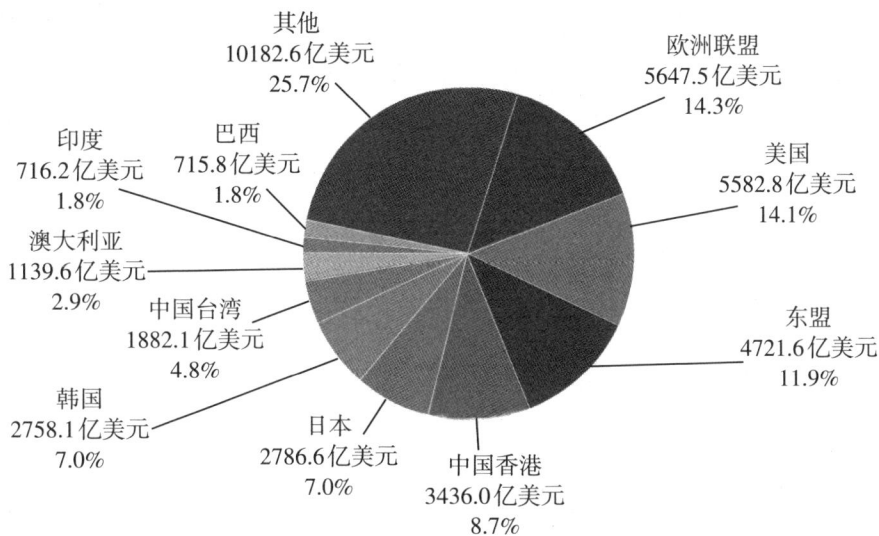

其他
10182.6亿美元
25.7%

欧洲联盟
5647.5亿美元
14.3%

印度
716.2亿美元
1.8%

巴西
715.8亿美元
1.8%

美国
5582.8亿美元
14.1%

澳大利亚
1139.6亿美元
2.9%

中国台湾
1882.1亿美元
4.8%

东盟
4721.6亿美元
11.9%

韩国
2758.1亿美元
7.0%

日本
2786.6亿美元
7.0%

中国香港
3436.0亿美元
8.7%

(数据来源:中华人民共和国商务部综合司发布的《2015年中国对外贸易发展情况》)

图1-4 2015年中国与前十大贸易伙伴贸易额及占比

中国国际贸易实力的增长,在主要的超大城市中体现得最充分。上海建设国际经济、国际金融、国际航运、国际贸易"四个中心",实则是依托国家实力,建成了一个辐射全球的国际贸易辐射圈,无论货物贸易还是服务贸易均占国内城市鳌头。北京、广州、天津三个国家中心城市都是国际化的大都市,也致力于建设覆盖面广的国际贸易辐射圈,货物贸易占比相对滞后于服务贸易发展。深圳作为对外开放的前沿城市,货物贸易和服务贸易分别占到全国的10.5%和16.3%。重庆虽地处内陆,但随着国家贸易实力的增长,也正在努力建设符合自身的具有内陆开放特点的国际贸易辐射圈,2015年货物贸易额占到全国的近2%,服务贸易额甚至提高到全国的2.5%,在中西部地区占有重要的位置(见表1-5)。

表1-5　2015年部分特大城市对外贸易情况

（货物贸易额、服务贸易额单位:亿美元）

	货物贸易额	占全国比重	服务贸易额	占全国比重
全国	39586	100%	7130	100%
上海	4492	11.3%	1967	27.6%
北京	3196	8.1%	1303	18.3%
天津	1143	2.9%	230	3.2%
广州	1339	3.4%	292	4.1%
深圳	4169	10.5%	1160	16.3%
重庆	745	1.9%	180	2.5%

（数据来源:《中国外贸进出口年度报告》）

二、中（中国）新（新加坡）合作示范项目给构建国际贸易辐射圈带来重要契机

经过直辖后20年的努力,重庆经济社会发展已取得巨大进步,具备了构建国际贸易辐射圈的良好基础。从产业来看,近些年重庆依托汽车和电子信息产业发展,构建垂直整合一体化的加工贸易产业集群,产业外向度显著提升,并带动进出口货物贸易以及离岸结算、知识产权交易等服务贸易快速发展;从硬件条件来看,重庆紧紧抓住"三港两路"交通通信枢纽、开发平台和开放口岸建设,构建起开放的大通道、大平台、大通关及"三个三合一"的功能要件,形成了良好的开放支撑,推动重庆进出口贸易额近十年增长10多倍,实际利用外资2010年后一直保持在100亿美元以上的规模,均处全国前列、中西部地区第一,重庆建设国际化大都市正蹄疾步稳。2015年11月,中新两国签订第三个政府间合作项目,把重庆确定为运营中心,重点在金融、航空、交通物流、信息通信等领域开展互联互通示范合作,为重庆建设内陆开放高地提供了历史性契机。打

造以重庆为极核的国际贸易辐射圈,已具备强大的内在动力。重庆可以利用好这些有利条件,主动融入和服务国家战略,推动更高水平、更宽领域的贸易合作,构建以重庆为中心、辐射内陆、联通欧亚的国际贸易辐射圈,在国际贸易大势变迁中抢抓先机、大有作为。

（一）中新合作示范项目为重庆打造国际贸易辐射圈带来巨大的红利

中新合作示范项目是中新两国站在全方位外交战略上的重大合作平台,承载着我国"一带一路"倡议的丰富内涵和使命。虽然示范项目的运营中心设在重庆,但就其本质而言,是国家级高起点、高标准的合作项目群族,和新设一个产业园区、保税区或者引进几个具体项目截然不同。这样的高规格项目,将为重庆构建国际贸易辐射圈带来一系列红利。

1.有利于拓展重庆参与"一带一路"倡议的广度和深度

我国提出共建"一带一路"的重大倡议,致力于建立和加强沿线国家互联互通伙伴关系,构建全方位、多层次、复合型的互联互通网络,得到国际社会热烈响应。中新示范项目以"现代互联互通和现代服务经济"为主题,无缝契合"一带一路"愿景。因此,中新示范项目作为践行国家"一带一路"倡议的有机组成部分,将推动重庆深度参与"一带一路"建设,在与沿线国家更为频繁、更为深入的交流合作中,分享更多发展商机。这有利于进一步发挥重庆的"Y"字形战略交汇点的区位优势,凸显重庆在国家"一带一路"倡议和西部大开发、长江经济带战略中的支撑作用。通过示范项目的实施,培育产业、聚集流量、辐射服务,进而转化为更强大的经济优势,进一步增强国家中心城市的辐射带动功能,更好地服务国家战略。

2.有利于重庆更好地分享两个市场、两种资源

近年来,中国做出了进一步扩大内陆开放的一系列决策部署,广袤的西部内陆已成为中国新一轮对外开放的热点区域。重庆是内陆唯一的直辖市和国家中心城市,是"一带一路"和长江经济带的重要联结点,

近几年由于加快建设内陆开放高地，其区域辐射带动能力明显增强，成为国家西部开发开放重要的战略支撑和长江经济带的西部中心枢纽。中新示范项目的实施，有利于形成以重庆为中心的现代互联互通枢纽，凭借"三个三合一"及大数据通信枢纽等开放功能要件，依托中欧班列（重庆）国际铁路联运大通道、长江黄金水道，形成以重庆为运营中心的国际化的经贸合作网络。借助这样的载体，一方面，可以推动中新双方带动各方更好合作开发和利用内陆丰富的资源和广阔的市场；另一方面，重庆可以借此机会更好地统筹利用国际国内两个市场、两种资源，完善中心城市功能，提升中心城市能级，通过开放要素的集聚，提速构建国际贸易辐射圈。

3.有利于重庆获得更多的政策红利

中新示范项目的三级合作机制本身就是重庆享有的政策优势。示范项目的联合协调理事会是国家级的，由两国副总理担任共同主席；联合工作委员会是部级的，由两国政府的有关部长担任共同主席，重庆市政府派代表参加；联合实施委员会是地方级的，由重庆市政府负责人和新加坡政府部级代表担任共同主席，中国政府相关部门高级官员参加。这三个层级自上而下，从决策运筹到规划构思，再到执行落地，为示范项目的高效推进提供了重要保障。借助这三级合作机制，重庆在构建国际贸易辐射圈时的很多政策诉求可以得到较好地满足。

中新两国政府根据签署的框架协议，确定了"11+7"的创新举措。目前，有9条举措已经得到国家部委的明确支持，并细化为47个条款。其中的金融创新政策"含金量"极高，比如国家发改委同意开展外债规模切块管理改革试点，人民银行同意开展跨境人民币创新业务试点，国家外管局同意境外发债资金调回结汇使用，等等。开放第五航权、新方独资企业从事电信增值业务等政策创新，也都取得了新进展。此外，补充协议中明确了两国政府的创新举措，而且规定示范项目享受现有和将来的试验区、行业发展、区域战略下必要的创新举措，在工作机制中还预留了提出和协调解决新举措的通道，以确保项目的实施。可以预见，随着示范项目的深入推进,根据具体项目具体需求,中新双方还将适时创新推出一批批创新举措及政策。作为项目的主要承载地,重庆将从中获益匪浅。

(二)中新合作示范项目充实了重庆国际贸易辐射圈的贸易内容

不同于传统的贸易或工业项目合作,中新示范项目突出金融、航空、交通物流、信息通信技术四个重点领域的"现代互联互通和现代服务经济"合作。这既契合升级谈判中的中新自贸协定,也契合两国发展的优势,顺应了国际客流、物流、资金流、信息流深度融合和国际贸易转型升级的新趋势。重庆作为内陆城市,要想构建国际贸易辐射圈,除了需要货物贸易作支撑以外,必须要在现代服务贸易上率先取得突破。中新示范项目的实施,作为服务贸易的重要组成部分,一方面丰富了重庆国际贸易辐射圈的贸易内容,另一方面与重庆相关产业深度融合,延伸经贸合作链条,为重庆在更高水平更宽领域参与国际经贸合作提供了契机。

比如,金融方面的合作,不仅体现了金融服务对现代经济的极端重要性,也顺应了国家金融开放的大战略。通过中新合作的通道,可以借力新加坡这个国际金融中心,积极稳妥地推动人民币国际化和资本项目可兑换等金融开放的探索创新。航空方面的合作,可以通过铁空联运,把新加坡和重庆连接起来,在东南亚和亚欧大陆之间形成一座空中桥梁,由此带来涵盖航空公司、机场、航线、客源物流等多维合作体系,促成航空经济形态格局的变化,带动航空城、临空经济的大发展。交通物流方面的合作,可以通过引进先进理念和技术,推动提升交通物流设施建设和营运的水平,更重要的是通过与国际物流巨头的合作,将物流网络穿透到各个目标市场,把东亚、东南亚经济圈与亚欧大陆通过铁路、航空、水路多式联运的方式有机联系起来,提升相关国际贸易的协同性、影响力和竞争力。信息通信方面的合作,包括大数据云计算、智慧城市、物联网、"互联网+"等现代信息技术的推广应用,可以帮助重庆克服区位劣势,与沿海同步联通"地球村",进而带动各类贸易跨越式发展。除了这四大领域,文化、教育、医疗等服务业也是双方拓展的空间。

总之,以服务贸易为主体的中新合作示范项目,顺应了国际贸易重心从WTO框架下的货物贸易转向FTA框架下的服务贸易的国际潮流,将推动两国提升贸易合作境界。作为其运营中心,重庆发挥的支点效应和示范效应,将为构建国际贸易辐射圈提供更多便利或捷径。

(三)中新合作示范项目提升了重庆对外贸易的集聚辐射功能

中新合作示范项目是中新两国以重庆为运营中心,在互联互通领域进行的一系列战略性合作。这类示范项目,"存量+增量""有形+无形""市内+市外"并存与叠加,决定了中新示范项目具有很强的开放性、包容性,将极大地增强重庆集聚辐射的中心城市功能。

首先,"存量+增量"的运作将夯实重庆对外贸易合作的基础。过去几年,新加坡一直是重庆第一大投资来源国,把其在重庆的已建和在建项目作为"存量",纳入示范项目政策机制空间,进一步助推其发展。这些存量也将构成今后中新贸易甚至是对第三国贸易的重要产业基础。加上今后的增量部分,必将大大夯实重庆国际贸易辐射圈集聚吸附的能力基础。

其次,"有形+无形"的运作将突破物理空间的制约。"有形"即像一些开发区那样,项目集聚在看得见摸得着的物理空间;"无形"就是项目不受园区和自贸试验区那样的空间限制,可自由选择落地点,不必非要圈定在某个点上,但互联互通的"魂"在重庆。这有利于无空间限制的贸易向重庆聚集。

最后,"市内+市外"的运作将扩展重庆贸易活动的空间。中新合作项目运营中心在重庆,但具体项目可以是在国内外;只要注册在重庆的中新合作项目,无论投资在哪里,都是示范项目的内容。这直接有利于重庆成为国际贸易的转口贸易中心、离岸中心。这些特点决定了中新示范项目既可以是重庆的具体项目,也可以是国内其他地区的项目甚至是沿着"一带一路"辐射出去的项目。这就使得中新合作示范项目明显区别于其他两个中新政府间合作项目,没有空间限制,没有划定具体范围,可以自由选择落点,现实操作空间比较广阔。

（四）中新合作示范项目为重庆自贸区建设提供了经验借鉴的通道

作为东盟贸易体的领头羊,新加坡自20世纪六七十年代以来,依托裕廊码头打造的第一个自由贸易区,逐渐发展成为一个高度开放的贸易自由港,在此过程中积累了自由贸易的大量经验。2016年9月初,中央批准重庆设立自贸区,相关筹建工作正在有序开展。中新合作项目的实施,有助于重庆借鉴新加坡自由贸易发展的经验和模式,提升自贸区建设的质量和效率,打造国际贸易辐射圈的真正极核。

1. 中新示范项目合作有助于重庆加工贸易转型升级

加工贸易是重庆国际贸易辐射圈的重要内容。重庆可以借鉴新加坡加工贸易发展的做法,促进加工贸易转型升级,夯实自由贸易试验的产业基础。比如完善"整机+核心零部件"为龙头的全流程产业链,推动加工贸易由水平分工变为垂直整合;探索"产业链+价值链+物流链"的内陆加工贸易发展新模式;实施仓储企业联网监管新模式,实行加工贸易工单式核销制度;支持在试验区设立符合内销规定的加工贸易产品内销平台,建设加工贸易产品内销后续服务基地;大力培育高端饰品、精密仪器、智能装备、集成电路、芯片等加工贸易新产业集群,搭建加工贸易转型升级的技术研发、工业设计、知识产权等公共服务平台等,充分发挥重庆作为国家加工贸易承接转移示范地的地位和作用,打造承接国际产业梯度转移的加工贸易基地。

2. 中新示范项目合作有助于重庆服务贸易发展

服务贸易是自贸试验的重中之重。重庆自贸区建设,可以参照新加坡的实践,比如鼓励发展跨境结算,支持开展国际贸易结算中心试点,拓展专用账户跨境收付和融资功能;鼓励跨国公司设立地区性总部、研发中心、销售中心、物流中心和结算中心，鼓励先进制造业与现代服务业融合发展；培育外贸综合服务企业，为从事国际采购的中小企业提供通关、融资、退税、国际结算等服务；支持发展"互联网+"产业，推进互联网、云计算、大数据、物联网与现代制造产业深度融合，推广大数据分析在商贸服务、医疗、教育、金融和公共管理等领域的应用；发展面向设计开发、生产制造、售后服务全过程的测试、检验、标准、认证等第三方检验检测服务，等等。这些先进经验的借鉴和推广，可以为重庆构建国际贸易辐射圈奠定服务贸易基础。

3.中新示范项目合作有助于重庆培育新型贸易

新型贸易往往代表了国际贸易的方向和趋势。重庆自贸区建设可以借鉴新加坡发展新型贸易的做法，实现后来居上。比如，支持企业开展全球维修、国际分拨中转、融资租赁、转口贸易等业务，促进大宗商品现货交易和国际贸易；鼓励建立整合物流、贸易、结算等功能的运营中心；大力发展临空产业，拓宽保税维修领域，加快发展航空维修业务；支持开展汽车平行进口试点；支持各类市场主体开展汽车平行进口、展示展销、零部件进口及分拨、检测维修、金融服务等业务；支持区内企业开展离岸业务，提升离岸贸易结算便利化水平；支持发展国际快递物流，建设区域快件处理中心，实现"线上线下、区内区外"联动发展，等等。通过借鉴新加坡经验，有助于培育这类新型贸易，推动重庆国际贸易辐射圈成为一个有机的整体。

中新合作示范项目的实施，为重庆内陆开放高地建设特别是国际贸易辐射圈的打造，提供了难得的机会。如果考虑到新加坡经济下行压力和被"一带一路"倡议边缘化的担忧，考虑到新加坡成千上万企业的内生发展需求，考虑到合作项目的包容性和外延性，比如将政策延伸到"一带一路"背景下其他国别合作项目，其作用空间仍然不可低估。当然，中新项目代表的是国别合作，既有国家利益的交汇，又有理念、观念方面的碰撞，很多矛盾和问题不是单方面努力就能解决的。

三、打造重庆国际贸易辐射圈的总体构想

（一）重庆国际贸易辐射圈的基本界定

1. 内涵

重庆国际贸易辐射圈的本质，是重庆作为一个国家中心城市，主动参与国际国内两个市场、配置国际国内两种资源所形成的经贸线路、利益版图、开放格局。它既是现实的反应，也是未来的谋划。其内涵包括四个方面：

（1）以重庆为运营中心。与一般国际贸易圈不同，重庆国际贸易辐射圈不仅仅体现的是特定区域多边贸易活动圈层，更强调的是作为中心城市的集聚辐射功能及其作用路径，体现了以重庆为运营中心这一特质。

（2）是一个发展变化的概念。重庆国际贸易辐射圈作为国内外经贸格局的一个组成部分，是重庆建设内陆开放高地的具体支点之一。随着国家"一带一路"倡议纵深推进，其经贸活动范围可能出现动态调整，没有机械的固定的空间约定。

（3）是立体化的空间形态。以重庆为中心构筑的国际贸易辐射圈，实质上就是一种格局，不是一个具体的地理圈，而是紧扣各种交通方式的多维、立体、丰富的国际贸易范围。其覆盖范围表现为以重庆为中心、以不同半径辐射的经贸活动圈，目前的空间主体是"中欧班列（重庆）+4小时航空经济圈"。

（4）具有辐射和集聚的双重属性。应该看到重庆国际贸易辐射圈是在国际贸易互联互通中相互集聚、双向辐射，达成各取所需、各展所长的目的。其功能发挥的过程，是集聚和辐射双向协同作用的过程。对国外的贸易辐射，是建立在国内货物、要素集聚基础上的辐射；而对国内的贸易辐射，则是通过集聚国际资源要素来实现的。

2.特征

相比其他类似的国际贸易圈,重庆国际贸易辐射圈应具有比较鲜明的特征。

从层次看,重庆国际贸易辐射圈是国家层面国际贸易圈的一个亚圈。作为中国对外贸易圈的组成部分,重庆国际贸易辐射圈是建立在"一带一路"节点和枢纽基础上的国际经贸活动圈,或者说是一个城市的开放型经济影响圈。因此,必须在我国国际经贸战略之下,思考贸易辐射圈的空间布局和路径设计。

从地域看,重庆国际贸易辐射圈具有很强的内陆特征,或者说是在内陆"地基"上"加盖"的开放型贸易圈。对比世界上其他知名的国际贸易中心城市,重庆有一个显著的地域特点,既不靠海,也不沿边。这样的现实基础,决定了重庆打造国际贸易辐射圈,不能局限于传统的通道和方式,必须创新操作路径和运作模式。

从阶段看,重庆国际贸易辐射圈正处在加快形成的关键节点。重庆建设长江上游经济中心已取得重大突破,特别是近年来,随着"三个三合一"开放平台体系的不断完善,内陆开放不断向广度、高度、深度拓展,国际贸易辐射圈雏形初显,但其中心功能还仅仅局限在区域性层面,距离纽约、新加坡、上海、中国香港、迪拜等世界级国际贸易辐射圈,无论辐射能级还是外贸体量,都还有很大差距。

从内容看,重庆国际贸易辐射圈具有业务多元化和综合性特点。经贸活动包含一般贸易、加工贸易、服务贸易,但所体现的不仅仅是贸易关系,还包括货物贸易与服务贸易、双向投资、技术合作、人员交流等全方位、深层次的合作格局。这有利于重庆创新内陆开放模式和路径,推进重庆打造一流内陆开放高地和建成国际大都市。

3.定位和功能

（1）是承载国家"一带一路"倡议和长江经济带发展战略的具体载体。重庆国际贸易辐射圈以自贸区和中新合作示范项目为核心依托,辐射内陆,联通欧亚,对深入推进"一带一路"建设和长江经济带发展,加快内陆地区开发开放,都具有重要意义。重庆自贸区和中新示范项目作为"一带一路"倡议推进的重要环节和实施载体,承载着开创国家战略发展新高度的新要求,具有全新的发展内涵。随着这些载体的陆续发力,重庆国际贸易辐射圈的集聚辐射功能将进一步增强,示范带动效应将得到充分发挥,从而更好地服务"一带一路"、长江经济带建设和西部大开发等国家倡议和战略。

(2)是集聚辐射内陆的重要极核。重庆凭借日益增强的综合经济实力和资源要素聚散能力,以高度国际化、规范化的贸易制度和运行机制为基础,以现代化的基础设施和运营网络为依托,集聚交易量大、辐射面广、功能完善、管理先进的专业交易市场或交易机构,打造具有国际性资源配置功能的贸易平台,构建国际贸易辐射圈,在全球贸易网络体系中发挥重要的集聚辐射作用。这将进一步丰富重庆作为国家中心城市的辐射带动功能,降低国际贸易交易成本,提高国际贸易效率,促进生产要素在全国甚至全球自由流动和优化配置,提升国际贸易话语权和资源配置权,使要素集聚成为获取和增强比较优势的重要源泉。

(3)是联通欧亚的贸易活动平台。重庆不仅是西部大开发的重要战略支点,更是"一带一路"和长江经济带的联接点,区位优势突出,战略地位重要。目前通过中欧班列(重庆)联通中亚、欧洲的向西开放局面初步形成,通过长江黄金水道及沿江高速公路、铁路贯通亚太地区的向东开放格局已经比较成熟,正蓄力打通南向国际贸易大通道,参与"21世纪海上丝绸之路"建设。重庆借助完善的集疏运体系构筑国际贸易辐射圈,东接亚太,南抵印度洋,西穿中亚直达欧洲,把东亚、东南亚与中亚、欧洲有机联系起来,将促使各区域经贸活动更加频繁。

(4)是驱动投资贸易转型升级的重要引擎。重庆国际贸易辐射圈的突出功能就是集聚商品、要素、服务等,推动内陆地区贸易方式的转变,而服务贸易将成为极其重要的贸易内容。这就需要围绕内外贸一体化的配套服务体系,即金融、交通、通信等产业发达,海关、商检、外贸、外汇、工商、税务、银行等政务商务服务完善,同时还必须拥有良好的商业环境、文化氛围、人力资源、政策措施、体制机制等,推进国际商贸大流通体系建设。目前,重庆的口岸服务水平与国内外主要口岸城市还存在不小差距,不但贸易内容以一般贸易和加工贸易为主,而且与货物贸易有关的产品研发、市场营销、售后服务、贸易平台等现代服务体系都还比较薄弱。随着各国产业结构的调整,贸易方式已由以最终产品贸易为主的货物贸易向多元化贸易方式转变,表现为一般贸易、服务贸易、加工贸易、转口贸易、总部贸易等贸易形态同步发展。重庆国际贸易辐射圈将顺应内陆地区贸易方式转变大势,推动贸易格局由货物贸易为主向货物贸易与服务贸易协同发展、转口贸易和离岸贸易作为有效补充的格局转化,不断拓展重庆国际贸易圈集聚辐射的深度与广度。

(二)重庆国际贸易辐射圈的架构设计

1.构筑"一心六轴三扇面"的空间格局

重庆构建国际贸易辐射圈,可以重点依托"中欧班列(重庆)+4小时航空经济圈",水陆空立体化推进、全方位拓展,形成"一心六轴三扇面"的空间分布。

"一心",即以重庆尤其是肩负着主要集聚辐射功能的主城区为整个国际贸易辐射圈的中心。这样的架构选择,照应了国家自贸试验区的区域范围,照应了中新合作示范项目以重庆为运营中心的国家战略设计,既贯彻落实了习近平总书记视察重庆时提出把重庆建成国际物流和贸易枢纽的新要求,也与重庆打造国家中心城市、建设内陆开放高地的发展目标一脉相承。

"六轴",即远西轴、近西轴、东轴、南轴、西南轴和航空轴。一是远西轴。陆路向西,主要是通过中欧班列(重庆)铁路,从阿拉山口出境,连接起中亚、欧洲大市场。二是近西轴。同样是陆路向西,近期主要依靠已有铁路从霍尔果斯出境,连接中亚、西亚。未来,可依托在建的中巴铁路,连接巴基斯坦,并通过瓜达尔港形成铁海联运,联动海湾地区,甚至对接非洲大陆。三是东轴。水、陆路向东,由长江黄金水道以及沪渝蓉铁路大动脉、公路构成,未来还可以依靠在建或规划建设的沿江货运铁路,在上海、宁波等节点连接"21世纪海上丝绸之路"。四是南轴,主要是通过高速公路、渝深等铁路快线,在深圳、钦州等港口出海,通过"21世纪海上丝绸之路"连接东南亚、大洋洲。五是西南轴。主要通过铁路、公路、管道大通道连接,经渝昆高速和渝昆铁路、泛亚铁路,对接东盟国家,并通过中缅孟印经济走廊延伸到南亚诸国。一旦泛亚铁路全面建成,该轴有望成为重庆通往非洲的主要通道。六是航空轴。覆盖国内主要城市的同时,通过航空货运,东向直达台北、首尔、东京等特大城市,南向连接新加坡、曼谷、吉隆坡、雅加达甚至悉尼、奥克兰等重要节点城市,西向连通南亚主要城市,再通过路面交通,形成有效的贸易覆盖。

"三扇面",即东、南、西三个扇面。一是东扇面,主要由东轴辐射带构成,面向亚太地区,形成以铁海、江海、铁空联运为主的国际贸易区域,覆盖面包括我国台湾以及日本、韩国、朝鲜等东亚国家和地区。二是南扇面,主要由南轴和西南轴两大地面辐射带和南向空中走廊构成,通过铁路、公路、航空或铁空联运,连接东南亚、南亚和澳洲等。三是西扇面,主要通过远西轴和近西轴两大辐射带构成,通过铁路、公路以及铁海联运对接广大的亚非欧大陆。当然,长远地看,如果北冰洋航线真能打通,那么向北的铁海联运可以季节性地直通欧美,形成由四个扇面构成的国际贸易辐射圈。

2.重要贸易辐射带及其重要节点

(1)远西轴贸易辐射带及其重要节点。

中欧班列(重庆)国际铁路大通道是重庆最具特色的国际贸易辐射带,也是重庆打造国际贸易辐射圈的重要支撑。这条辐射带的主要节点,一是国内的阿拉山口。这是中欧班列(重庆)的出境关节点。目前该节点的物流吞吐能力几近饱和,亟待在站场、仓储、中转集散等硬件设施方面扩能、提升。二是哈萨克斯坦的阿拉木图。它是中亚地区最重要的集散、分拨中心。三是俄罗斯的莫斯科。该城市目前已经成为重庆对俄贸易的关键节点。四是波兰的华沙。它是重庆对东欧物流和贸易的枢纽。五是德国的杜伊斯堡。它是西欧地区最关键的节点，也是中欧班列（重庆）的西端终点，直接面向西欧诸国，承载着中欧班列（重庆）国际贸易去程货最终分拨中转和回程货集散等功能。

（2）近西轴辐射带及其重要节点。

受限于经济发展水平和政局稳定状况，这条贸易辐射带目前实际承载的内容非常有限，但考虑到它的战略远景，两条具体线路有望得到发展。一是依托中欧班列（重庆）铁路国内段从霍尔果斯出境，经吉尔吉斯斯坦、塔吉克斯坦等中亚国家，再到西亚，最后到达土耳其，进入地中海；二是从新疆出境后，通过中巴公路或规划建设的中巴铁路，到达巴基斯坦或者伊朗，再远可通过铁海联运到达海湾、非洲地区。近西轴的主要节点包括喀什、霍尔果斯、瓜达尔港、卡拉奇港、塔什干、安卡拉、伊斯坦布尔等。

（3）西南轴贸易辐射带及其重要节点

西南轴的国际铁路大通道正在筹划建设中，近期主要依靠公路来实现。未来，随着泛亚铁路建成，将形成联通东盟、南亚的铁路网，依靠铁路运输支撑，连接东南亚诸国、孟加拉国甚至印度，或者形成新的铁海、铁空联运通道。西南轴的主要节点包括昆明、万象、胡志明市、曼谷、清迈、仰光、吉隆坡、新加坡、金边等。

（4）东轴、南轴贸易辐射带及其重要节点。

东轴主要依靠的是渝沪五定班列和五定班轮，其重要节点包括上海及其附近港口，同时还包括铁海联运、江海联运等连接的境外节点，近者如中国台北，远者如日韩等重点物流和贸易中心。南轴主要依靠高速公路、铁路，是目前为止重庆最为重要的出海大通道之一，但作为货运通道功能发挥比较有限，需要加大功能挖掘力度。其重要节点包括深圳、香港、马尼拉以及东盟各国的重要沿海贸易城市。东北暂时还未成为重庆国际贸易通道，但假以时日，重庆到连云港或青岛的出海大通道可能会为重庆打开东北亚国家贸易的新窗口。

（三）基本思路

1.欧亚联动，圈带融合

从"海洋时代"开放的角度来看，重庆地处内陆，是开放的末梢；但从新兴的陆路开放来看，重庆处在中国内陆腹地的西部，又是开放的前沿。西欧、东亚同为世界上最具商业活力的两大经济板块，除了海上、空中的互联互通，陆地上的互联互通也具有很好的前景。重庆作为西欧、东亚两大经济圈互联互通的重要枢纽和节点，具有十分独特的地缘优势。中欧班列（重庆）商业化运营以来，重庆与欧洲之间的陆上贸易总量不断增长，体现了重庆在欧亚贸易中的新兴地位和作用。今后一个时期，重庆国际贸易辐射圈的主要增长点仍然是欧亚贸易。因此，促进欧亚互联互通，开辟新的贸易通道，是重庆构建国际贸易辐射圈的重要着力点。

依托前述的东、西、南轴的多条线路，欧亚联通的内容十分丰富，不但有西欧与中国内陆之间的国际贸易，还有东南亚经重庆中转形成的国际贸易，而且还有日韩经重庆与欧洲、中亚的双向贸易。事实上，重庆作为中心，与多个重要一级节点连成一片，就可形成多轴、多经济带（走廊）；若干个经济带（走廊）有机交织在一起，就可形成多板块的不规则国际贸易圈。

2.自贸引领，中新示范

重庆自贸试验区是全国第三批批准的7个自贸区之一，中央已明确其主要任务是落实中央关于发挥重庆战略支点和连接点的重要作用，加大西部地区门户城市开放力度的要求，带动西部大开发战略深入实施。这是重庆国际贸易辐射圈建设的强有力支撑。

中新合作示范项目确定重庆为运营中心，第一次把重庆的开放提升到了国家战略的高度。该项目代表的是国别合作，虽有国家利益交汇、理念观念碰撞等方面的影响，但更有借助金融服务、航空、交通物流、信息通信技术四个重点领域合作，向货物贸易和服务贸易双向渗透，推动重庆国际贸易提档升级的便利。

坚持自贸试验区建设与加快实施创新驱动发展战略有机结合，与推进供给侧结构性改革有机结合，与中新示范项目一体谋划、各有侧重地共同推进，将使重庆在国家区域发展和改革开放格局中发挥更大作用。无论是自贸试验还是中新合作，都具有开放性和包容性的特点，其优惠政策具有一定普适性，这也符合"有形+无形""增量+存量""市内+市外"的示范项目的本质特征。

3.双向多维，投贸一体

重庆国际贸易辐射圈不仅仅是重庆与周边地区的互通有无，而是既要走出去占领国外市场，同时也要带动周边地区扩大开放，构筑多维开放体系，形成双向的开放。在交通物流上，水、陆、空、讯、管五种贸易通道同步推进；在开放内容上，双向的货物贸易、服务贸易协调并进。

打造国际贸易辐射圈不能拘泥于贸易领域，还应该注重投资与贸易的协调、融合，以贸易促进投资，以投资繁荣贸易。投资是贸易的先导，贸易是投资的结果；贸易得利可以刺激进一步投资，扩大投资也能带动贸易增量。在很多时候，贸易与投资密不可分，比如服务贸易的跨境结算，本身就可能是投资行为。促进投贸一体，实则是为国际贸易辐射圈根植源源不断的利益动因。

4.集散流量，辐射周边

国际贸易辐射圈能否名副其实，关键是看物流、资金流、信息流、客流等诸多流量的集散。如果能够充分集散这些流量，国际贸易辐射圈就不仅是一张抽象图，而且是一个实实在在的贸易版图和格局。因此，打造国际贸易辐射圈的重中之重，就是推动各种流量大进大出。其中最关键的是人民币跨境结算、离岸结算带来的资金流。

流量集散能够突出重庆在国际贸易辐射圈的中心地位和作用，增强其辐射能力。辐射作用和功能主要体现在带动、服务周边兄弟省市上，所以要打通辐射路径，消除辐射的行政区域障碍，加强区域合作，放大辐射能效。

5.实践先行,政策跟进

打造重庆国际贸易辐射圈,要摒弃"先政策、后实践"的传统思路,把政策创新融入实践创新之中,"摸着石头过河",根据实际需求点对点出台政策,形成相互促进的良性格局,避免出现政策出了一大批、效果不如人意的情况。要以投资贸易实践反推政策创新,以问题为导向努力争取国家部委给予优惠政策;以项目合作倒推商业模式创新,进一步倒逼制度创新;用足用活优惠政策,通过整合打破政策碎片化局面,形成优惠政策的集成效应。

政策创新要紧跟问题导向的实践探索,对投资贸易中存在的现实问题,要有及时的政策研究;对解决问题的实践运作,要有及时的政策支撑和跟进服务。

(四)推进策略

1.大小并举

重庆推进国际贸易辐射圈建设,要顺应产业生态培育的规律,既抓大企业大项目,也不忽视小企业小项目的主观能动性。一方面,要抓龙头性的大项目,以大带小,在较短时间内形成规模,凸显形象。另一方面,也要抓一系列比较零碎的项目,以小育大,或者逐渐形成集群,以此形成良好的贸易生态圈,吸引大企业大项目入驻。

2.主辅并重

重庆推进国际贸易辐射圈建设,业务领域应全方位统筹。一方面,借自贸试验、中新项目合作的东风,突出金融、航空、物流运输、信息通信等重点领域,尽快塑造品牌,形成特色集群。这是重庆亟待加强的领域,应牢牢抓在手上,将有时效性的政策优势转化为现实的贸易品牌优势。另一方面,立足全方位开放,从货物贸易、服务贸易协调发展的角度,思考旅游、文化、教育、技术、劳务等贸易形态的拓展衍生。这类领域,项目相对细碎,受管制相对较少,短期内就能取得不错的效果。

3.亚欧并行

新加坡本质上是一个城市国家,本土贸易空间相对有限。重庆在中新项目合作背景下构建国际贸易辐射圈,要着眼全球,系统思考。一方面,要借助中新项目合作,开拓东盟、泛亚市场,进一步巩固日韩市场,打造"4小时航空经济圈"。另一方面,更重要的是抓住各经济体贸易角力、中欧经贸合作频繁的机遇,发挥中欧班列(重庆)、新加坡合作伙伴业务网络等优势,放眼欧亚大陆,借助中欧班列(重庆)主通道和各个次通道,巩固与中西亚和欧洲各国的贸易合作关系。

4.政商并进

国际贸易辐射圈的形成,本质上是市场化作用的结果,政府在其中扮演的更多是引导和服务的角色。重庆构建国际贸易辐射圈,固然要政府出面,通过政策引导和财税扶持突破发展障碍,发挥政府在组织和协调服务等方面的积极作用,但更应发挥市场在资源配置中的决定作用,依托各类市场主体和民间力量的敏锐嗅觉,增强贸易辐射的穿透力,拓展重庆国际贸易辐射的宽度和深度。

四、构建重庆国际贸易辐射圈的实施路径

重庆构建国际贸易辐射圈,要立足内陆开放,依托自贸试验、中新合作等项目,以运营中心的集聚辐射功能为重点,高起点谋划、系统性部署、项目化推进,推进投资和贸易便利化,不断优化贸易结构、完善贸易环境,提升经贸活动的强度和频率,促进贸易放量和升级。

(一)"五管齐下"促进国际贸易优进优出

1.丰富国际贸易业态

(1)加快发展加工贸易,增加国际市场份额。加工贸易下行,是我国

对外贸易震荡的主要动因，也是重庆近三年进出口贸易下滑的重要根源。顺应国家加工贸易转移导向，以抓品牌企业和代工企业为重点，针对笔记本电脑、打印机、平板电脑、智能手机等产品加工，积极推进现有产能改造提升和承接东部地区加工贸易产能转移，抢抓市场订单，发展进料加工、来料加工、装配业务、协作生产和补偿贸易等业务。加大对科技创新的支持力度，鼓励企业延伸产业链和价值链。支持企业发展自主品牌和市场渠道，建立海外营销网络，积极拓展内销市场。发挥以投资促贸易的作用，吸引跨国公司投资，促进外资企业增资扩产，争取吸引更多的订单和投资投放等。

（2）大力发展服务贸易，不断拓展市场深度。这是重庆规避外贸区位比较劣势的关键，也是凸显国家中心城市功能的内核。其重中之重是抓住全球服务贸易格局调整的机遇，高标准打造跨境电商平台。电商的出现，对传统国际贸易组织方式和实现形式造成了重大冲击，由此伴生了大量新型贸易业态。重庆构建国家贸易辐射圈应顺应大势，把这项工作摆在当前对外贸易工作的首位；推进跨境电商公共服务平台建设，促进在线通关、检验检疫、仓储物流、结付汇、出口退税等全业务流程的协同发展；鼓励传统行业、企业实施创新驱动、智能转型、跨界融合，推动形成"互联网+"新产业、新模式、新业态；支持特色产业电商平台发展壮大，引入国内外知名电商平台和国际快递巨头开展全方位合作，突破地理区位限制，逐步实现重庆市主要农产品、大宗原材料、工业制成品和消费品全部上网交易、网下及时配送；依托保税港区、西永综合保税区等海关特殊监管区域，以及国家级高新区和电商产业园区，创建各具特色的跨境电商示范园区，促进跨境电商集群快速发展；完善跨境电商运行模式和政策，探索放开电商外资准入限制，鼓励线上线下结合、境内境外结合等业态创新。

（3）优化贸易结构，促进一般贸易、加工贸易和服务贸易协调发展，着力形成内外贸一体化的良性格局。一是优化进出口商品结构。在巩固提升机电产品出口市场基础上，结合汽车装备、化工、新材料、医药等支柱产业发展,加大中高端汽车、新能源汽车、化工和新材料产品贸易力度,扩大高新技术产品出口,适时引进先进装备及技术,促进贸易平衡。二是优化外贸主体结构。结合新一轮国有企业改革,加大混合所有制贸易企业培育力度,以此激活国有经济外贸潜力,带动民营企业参与国内外市场活动。通过引进新方或其他外资,按照现代企业制度的要求改组现有外经贸集团,培育数百亿级的现代大型外贸企业。积极鼓励"双创"活动,依托大中型企业带动更多小微企业分享国际蛋糕。三是优化区域结构。在继续巩固主要贸易伙伴市场份额的基础上,依托国家"一带一路"建设,进一步扩大东盟和欧盟市场,大力拓展中亚、俄罗斯、东欧乃至非洲市场。尤其是针对发展相对滞后的国家和地区,积极拓展单边贸易增长空间。尽管目前东北亚局势比较复杂,中长期仍要借助东北亚自贸区建设,拓展和提升对韩、对日贸易水平。不断扩大辖区内各种货物贸易的同时,增强对周边地区的集聚辐射能力,做大中转贸易规模。

2. 强化国际贸易内容支撑

（1）全面提升实体商品生产水平。顺应国际产业革命和技术革新大势,按照供给侧结构性改革的要求,不断增强有效供给能力,形成高质量、多层次、宽领域的有效供给体系。改造提升六大传统优势工业,进一步增加机电和高新技术产品的国际竞争力。高质化、高端化、集群化发展电子核心部件、智能装备、新材料等战略性新兴制造业,尽快形成规模,形成现实的国际影响力,直接参与欧美日韩等国际市场的竞争。差异化发展特色效益农业,重点瞄准亚洲、东欧等市场,拓展农产品进出口贸易空间,对工业品贸易形成有力补充。

（2）大力发展各类服务业。战略性新兴服务方面,除了发展好新兴金融、城乡物流以及保税商品展示及保税贸易、互联网云计算大数据等业态,还应该重点突出三个方面。一是结合"互联网+"行动计划,大力发展离在岸服务外包,包括软件和信息技术、远程医疗、数据处理、工业设计、医药研发等方面,如信息技术、业务流程和知识流程等外包服务,信息技术、技术型业务流程、技术性知识流程、财务结算等国际服务外包业务,提高服务外包高端业务比重。二是围绕服务实体经济,大力发展研发、设计、咨询、会计、法律、评估等专业服务业,使制造业服务化和服务业制造化,促进制造业和服务业合理分工、良性互动。三是结合国内外居民生活需求,大力发展文化和旅游服务业。包括文化视听、动漫游戏、虚拟现实、增强现实等新兴文化产业,也包括培育市内旅游精品,打造国内外旅游线路,建设海外旅游业务的重要聚集地。在传统服务业方面,结合"一带一路"重大基础设施建设,面向海湾、非洲等地区,继续抓好劳务输出。搞好会展、住宿等产业,增强贸易推介能力和接待服务能力。

3. 大力发展总部贸易

借助特定区位优势和中新项目合作优势,大力发展总部经济,凸显以重庆为中心的功能性特质,尽可能占据产业链、价值链的高端。重点吸引世界500强企业以及具有较大国际影响力的跨国公司,以及金融、会计、法律、信息、咨询、文化传媒等领域领军型企业,来渝设立区域总部甚至中国区总部,或研发中心、销售中心、采购中心、结算中心等。或者结合总部高地建设,打造"时尚之都"或内陆购物天堂。这都可以有效突破地理空间限制,充分彰显国家中心城市的功能。

4. 增强水平型贸易

瞄准国内重要节点城市,水平性集聚辐射。客观地讲,相比国内不少特大城市,重庆目前在国际贸易辐射圈的打造中,尚未取得绝对主导的地位,因此与这部分城市之间,更多体现为水平化的互动。应推动入渝跨国企业以重庆为据点,依托高端商贸、高端功能发挥,水平化拓展全国各大中城市市场,形成以重庆为核心、以主要城市为腹地节点的经贸业务网络体系,通过众多竞争合作的积淀,积少成多,逐步确立运营中心地位。

5. 增强垂直型贸易

瞄准周边地区,垂直性集聚辐射。重庆仅仅是一个中等省份架构的行政区,而且辖区内的国际贸易活动布局极不平衡,因此打造国际贸易辐射圈必须充分着力周边区域。打破行政体制、基础设施等制约周边区域一体化发展的瓶颈，构建1小时或2小时经济圈，推动企业以业务为纽带，借助大型购物中心、批发中心、物资集散中心、融资中心，拓展周边地区产业配套体系和经贸市场，促进业务链条向贵州、川东、湘西、鄂西等地区垂直化渗透，强化这些地区的开放路径依赖，以此形成最稳固的贸易业务腹地。这是重庆经济板块最稳固的腹地资源，应结合其开放需求，千方百计挖掘其潜力。

（二）围绕建成国际化大都市加强国际贸易辐射圈运营中心功能建设

1.增强物流通道功能

着重围绕建成西部大开发的重要战略支撑、"一带一路"和长江经济带在内陆地区的重要联结点，以货运铁路和水路为重点，公路和航空为补充，打造辐射全国、联通欧亚的国家级综合交通枢纽和国际物流枢纽。

（1）进一步缓解交通基础设施制约。

长江航运方面，要瞄准建设长江上游航运中心，加强航道整治，积极推进三峡大坝过闸扩能，增强"一干两支"航运能力。目前港口吞吐能力有过剩之势，在适度调控、凸显重点的同时，要在内外贸等功能设置上进行微调，避免恶性竞争。

铁路方面，尽快启动渝西、渝昆铁路立项建设，推动高铁路网加密，并将提升铁路货运能力提到重要位置，加强老旧铁路货运化改造，尽快启动建设沿江货运铁路，畅通渝广出海、渝黔桂物流通道，构建内通外畅的货运铁路网络。启动铁路枢纽东环线、市郊铁路建设，提高铁路利用率，推进铁路货运进园区，形成覆盖千亿级工业园区的铁路集疏运体系。在渝西地区规划建设货运枢纽机场，力争纳入全国货运机场布局。

公路方面，着力优化城市干道与物流节点通道网络，完善以港口、铁路站场、物流园区和产业开发区为节点的网状公路运输体系，实现高等级公路网对市域重要物流节点全覆盖。加快重庆到东盟陆路物流通道建设,启动畅通渝昆至南亚——渝川藏物流通道的可行性研究。

航空方面,适时启动江北国际机场第四跑道和相应航站楼规划建设,并着重强化货运枢纽功能。大力发展通用航空,适时启动民用航空机场体系,并形成互联互通的业务网络。完善机场地面交通运输网络,强化与周边省市和其他国内枢纽机场的连接,大力发展国际航空货物中转,构建航空大通关体系,建设航空物流分拨中心。

(2)提升国际贸易通道通行能力。

北向物流通道方面,抓住国家推进"一带一路"建设的机遇,以中欧班列(重庆)为重点,面向欧洲其他国家和中西亚,拓展、提升北向国际物流大通道功能。中长期可以率先探索重庆与瓜达尔港、卡拉奇港的铁路水路中转,拓展面向非洲、西欧的水路贸易。以中欧班列(重庆)物流公司为班底,寻求铁路总公司和丝路基金支持,通过股权合作,合力组建中欧班列物流公司,避免中欧班列之间低水平竞争。

东向物流通道方面,重在挖掘长江黄金水道的潜能。抓住长江经济带发展的机会,既要进一步抓好标准化船型改造,又要针对物资运行特点及其轻重缓急程度,按照先外贸后内贸、先重点后一般的要求加强调度,并通过与上海、宁波等国际性港口的深度合作,达到提高物流组织有效性的目的。

南向物流通道方面,重点提高铁路有效请车率,提升铁路货运的强度和频率,并通过与深圳、北部湾等港口的合作,增强货运通行能力,分解长江黄金水道货物通行压力,承接东南亚、大洋洲及非洲地区货物往来。

西南物流通道方面,谋求东南亚国际物流竞争的主动权。面向东盟和南亚的物流,国内目前的主要竞争对手包括成都、昆明和南宁。可以抓住中新第三个政府间合作项目实施的机遇,实施连横合纵,先期以公路为重点,并积极跟进渝昆、泛亚铁路网络建设,率先筹划面向东南亚、印度洋地区的国际物流通道及其市场配套体系。一旦泛亚铁路建成开通,可以借助已覆盖的物流业态形成竞争的先发优势。

空中物流通道方面，借助江北国际机场第三跑道和T3航站楼建成投运的时机，利用时刻资源比较充裕的优势，积极利用第五航权开放，开放范围由新加坡逐步拓展到整个东盟和欧美日韩，增强国际中转枢纽功能。大力引进基地航空公司，加大航线开发力度，增开全货机航线。加强货源组织，并挖掘支线机场航线的潜能，提升航空货运综合能力。

（3）推进国际物流示范项目建设。

增强国际货物集散功能。重点结合"中欧班列（重庆）+4小时航空经济圈"建设，加快西部物流园区和空港国际货物分拨中心、中转中心等建设，并将保税物流功能进一步延伸到果园、珞璜等港区，打造中新鱼复多式物流基地，并推动建设一批"海外仓"。

加强现代物流示范区建设。借助新加坡樟宜国际机场运作的先进管理经验和丰富的航线资源，以江北国际机场为核心、周边地区为依托，推进联合开发、协同管理，促进物流、商流、信息流和资金流一体化开发，策划打造国际航空物流综合示范区。依托果园港、寸滩港，在已有普罗斯、丰树和吉宝讯通等物流企业基础上，进一步吸引世界知名跨国物流企业到园区落户，建设水港物流产业示范区。

积极开展国际物流股权合作和业务合作。与国际现代物流巨头开展股权合作，构建物流互联互通的软硬件平台，逐步实现重庆内部、重庆与中西部、重庆与亚欧国家物流资源整合。推进国内外物流企业业务合作，采取"政策设计+技术集成+企业操作"的方式，强化信息集成，实现共同配送，提升物流提供商效率，整合打造立足重庆，服务西部，辐射东南亚的现代冷链物流中心。通过股权或业务层面合作，吸引相关跨国企业参与重庆市物流园区、物流基地、物流企业建设运营，择机吸纳现代物流巨头参股中欧班列（重庆）物流公司。

（4）促进多式联运，突破物流瓶颈制约。

第一，转变物流组织方式，大力发展多式联运。传统的物流组织方式，不仅效率不高，而且综合成本也不低，根本不能适应大贸易格局的要求。应加快建设多式联运和互联互通设施,大力发展江海联运、铁海联运、国际铁路联运和陆空联运,构建多式联运标准化和全程物流体系。鼓励铁路、公路、水运、航空物流企业结成多式联运实体或合作联盟,推进大宗散货铁水联运、集装箱多式联运,货物运输"一票到底",形成公路、铁路、水路、航空多种运输方式衔接顺畅、组织有序的复合型国际国内物流网络。尤其是铁空联运,可重点围绕中欧班列(重庆)和中新项目合作来展开。

第二,加大物流资源整合力度,优化资源配置方式。围绕提升物流组织效率、降低物流运行成本,整合水运、陆路、航空等物流枢纽或站点资源入股,或通过市场购买服务的方式,统筹推进多种运输方式联运或合作,避免单个环节物流成本的过多纠缠,实现物流资源功能最大化、成本最小化。

第三,推进各种运输工具和管理标准化。如利用标准化流程、标准化托盘、标准化表单,推行标准化车型管理,发展甩挂运输,规范各类物流市场主体的行为,加强机械化操作,减少物流组织过程中的效率损耗。

第四,加快物流综合信息平台建设。加快搭建面向全球的公共物流信息平台,通过大数据、物联网等技术,助推信息资源共享,促进仓储、车辆、人力等资源合理调度和优化配置,规避仓储闲置、车辆返空、同类从业人员忙闲不均等现象,促进各种物流资源利用最大化、效率最优化。

第五,组建股份制多式联运平台管理公司。剥离交运集团、港务物流集团、机场集团和铁路公司港口、码头、场站、仓库等实体资产,组建股份制平台公司,推进收费业务一体化甚至一票化,具体收费依靠现代信息手段进行切割。由中新双方(或由多国、多方)物流企业及财团合资合作组建,以轻资产运营为主,通过市场化的运营,侧重于交通物流领域项目咨询策划、国际物流通道建设、腹地及周边货源组织、资源整合、战略协调及为客户提供综合物流解决方案,以提升重庆物流发展软环境(见图1-5)。

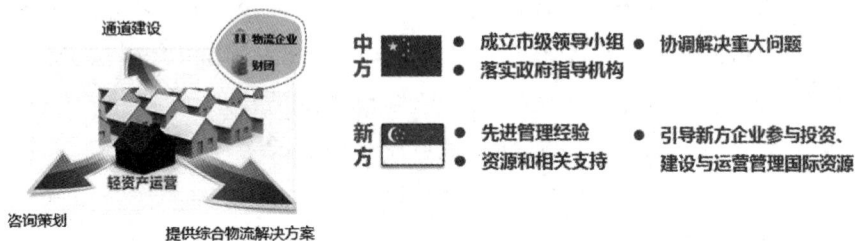

图1-5　重庆国际贸易辐射圈互联互通物流平台公司建议方案示意图

2. 充分发挥口岸功能

口岸是支撑国际贸易最基本的功能要件,也是"卡脖子"的关键节点。打造重庆国际贸易辐射圈,应从口岸功能下手,全方位增强口岸支撑服务能力,提升通关效率。

(1)完善口岸体系。进一步提升现有口岸的级别,拓展货物放行的权限和能力。结合贸易需求,做实汽车整车、澳牛、水果、木材等口岸。立足全域开放,努力增加一批水运、航空口岸和指定口岸以及海关特殊监管区,力争2020年实现主要工业区县关检特殊监管区全覆盖。

(2)加强口岸基础设施建设。提升货运设备、设施、信息装备水平,进一步完善海关、检验检疫等联检、监管、电子口岸等设施建设,增强公、铁、水、空口岸的集运输、分拨、储备、装卸和数据交换、分配、验收能力。

(3)提升通关运行效率。进出口贸易的大幅增长对口岸通行能力提出了巨大挑战。应整合分散在海关、检验检疫等中央垂管部门的职能,加快构建集国际贸易"单一窗口"、互联互通物流信息平台以及国际电子贸易平台于一体的综合贸易与物流公共信息服务大平台。着重针对国际贸易货物大进大出带来的挑战,推动监管设备智能化改造升级的同时,探索灵活可行的用人机制,突破海关编制控制下的人手紧缺、查验效率下降的问题。

(4)大力发展口岸经济。立足一类开放口岸,在其周围加快建设集工业区、物流园区、保税区、商务区等于一体的产业和城镇集聚区,拓展特种集装箱、冷链物流、跨境电商等增值业务,推动口岸区域从单一的通道经济向集外贸、物流、加工、仓储、旅游、购物等多元经济转变。

(5)加快重庆自贸区建设。结合中新项目合作四个领域和十大战略性新兴服务业发展,先期重点聚焦两江新区、两路寸滩保税港区、西永工业园区,通过特定单项支撑自贸区加快建设,推动尽快形成功能、凸显形象,谋求内陆地区自贸区建设的主动权。再在此基础上拓展范围,在自贸区全域开展自由贸易试验。

3.提升信息传输和服务功能

信息传输和服务功能,是国家中心城市最基本的功能要件。随着现代信息技术不断进步,特别是大数据、云计算技术的涌现,信息生成、传输和服务的方式发生了巨大变化。重庆构建国际贸易辐射圈,应借助现代信息技术的功能发挥,提速打造"国际信息港",以此促进国际贸易方式和内容的变化,超越具体时空的局限。

(1)提高现代互联网服务能力和质量。在已建成国家级互联网骨干直联点基础上,积极争取三大电信运营商支持,从带宽、速率、稳定性、覆盖面、安全性、资费标准控制等方面着力,加快通信骨干网络扩容升级,确保数据和信息服务的质量。

(2)开通更多国际数据通信快车道。国际数据通道是制约重庆离岸数据和信息服务外包业务发展的瓶颈。在"重庆—广州—新加坡""重庆—香港—新加坡""重庆—新加坡"国际数据通道基础上,寻求国家工信部支持,适时增加面向东京、首尔、迪拜等亚洲地区重要节点城市的国际通信专用通道,增强国际数据和信息传输能力,打造亚太地区重要的信息交换枢纽。

(3)加快打造云计算大数据产业基地。结合产业链和贸易业务链需求,以水土云计算基地和仙桃大数据谷为重点,重点依托国际信息服务巨头,加快建设存储、维护、分析和深度功能挖掘为一体的云计算大数据基地,壮大服务器实际装机规模,尽快形成100万台的数据信息服务能力,以能力倒逼数据和信息服务市场的拓展。

(4)加强智慧城市领域合作。集成新加坡等国家在城市规划等方面的经验,借助先进信息感应、数据通信传输、电子传感、卫星导航与定位等技术,推进城市功能智能化、信息化改造,大力发展智慧贸易、智慧交通、智慧安防、智慧能源、智慧教育、智慧医疗、智慧政务,打造集敏捷感知、协作融合、睿智畅行为一体的智慧城市。

(5)推动信息通信技术领域的全面合作。依托中新信息通信领域合作,促进标准制定、工程建设、网络运维等研发创新,建设信息化和工业化深度融合。依托新加坡太平洋电信与重庆的战略合作,加速国际离岸数据云计算特别管理区的建设,寻求拓展双方合作的领域和深度,力争在云平台、信息安全等领域寻求突破。

(6)打造离岸数据和信息服务示范区。在不影响国家信息安全的前提下,以通信服务业务内容为主体,结合产业特点,制定积极的产业监管试点政策,明确限定试点内容,探索建立国内首个离岸数据中心。这可以为更大范围的开放以及参与国际商业运营规则的制定,提供决策依据。

4.增强金融集聚功能

金融产业的聚集和辐射,既是重庆参与国际贸易的重要内容,也是其他贸易发展的关键支撑。重庆构建国际贸易辐射圈,应按照建设国内重要功能性金融中心的要求,系统谋划金融产业发展及其功能发挥路径,体现出强大的集聚辐射能力。

(1)进一步打造金融集聚区。如江北嘴、解放碑、弹子石中央商务区建设了10多年,但效果不如人意。应找准病根,以此为突破点,集聚国内外银行、证券、保险类金融机构落户,或设立功能性总部、区域性总部或后台服务机构,开展覆盖中西部地区的金融业务。支持国外金融机构投资参股重庆地方法人金融机构,或来渝设立融资性担保公司、再担保公司、金融保理公司等创新机构。

(2)加快打造市场化清算中心。与人民银行清算总中心合作,并借助国内外金融机构,探索大额实时支付、小额批量支付、境内外币支付、电子商业汇票和网上支付跨行清算等功能,建设区域性人民币跨境结算中心和支付清算系统。抓住我国银行卡清算市场逐步开放的机遇,与VISA、MasterCard以及中国银联等卡组织、第三方支付机构合作,设立具有相关资质的银行卡清算分支机构,打造跨国银行卡清算中心。

（3）合力打造离岸结算中心。发挥新加坡等国际结算中心优势,充分利用重庆的现代网络通信平台,加强双边金融数据和信息交换,支持跨国企业到重庆设立结算中心和资金运营中心,推动符合条件的新加坡企业在区内开展外汇资金集中运营和跨境双向人民币资金池业务,今后再逐步拓展到其他合作国家。

（4）合力打造跨境融资促进中心。打造新加坡资本市场融资推介、路演中心,推动各类企业尤其是非公企业到新交所上市融资或发行企业债券融资,实施跨境投融资便利化的改革试点。合作建立区内与新加坡、境内区外资金流动的监测和风险防控机制,探索与新加坡之间的人民币资本项目可兑换。推动符合条件的重庆企业到新加坡银行融入本外币资金,开展跨境人民币贷款,在新交所上市或发行外币及人民币债券。积极发展飞机、汽车、重大装备等跨境融资租赁业务。

（5）打造金融要素交易中心。鼓励支持新加坡投资者来渝参股、控股或发起设立金融要素市场,支持新加坡国际金融要素市场来渝设立分支机构。发挥新加坡石油天然气交易资源优势,联合组建大宗物资、天然气或页岩气等交易所,重点推进国内、中亚和俄罗斯天然气交易及结算。利用东南亚咖啡资源富集的优势,助推咖啡交易所建设。打通新加坡资金入渝或重庆交易所交易产品在新加坡交易的渠道,鼓励新加坡投资者以外汇或跨境人民币来渝购买证券化资产,允许在重庆金交所交易的相关资产到新加坡交易。推动航交所与新加坡相关机构合作,完善航运融资担保、船东互保、船舶交易、货运交易等功能,打造长江上游航运交易中心和结算中心。

（6）联合打造内陆财富管理中心。依托海关特殊功能监管区,引进新加坡私人银行、基金公司、资产管理公司、保险公司等资源,设立境内关外的财富管理机构,重点面向国内开展各类财富管理业务,试点共建

"立足重庆、辐射中西部、面向国际"的资产登记中心。鼓励新加坡资金以跨境方式来渝设立私募股权投资基金。允许在园区内设立的股权投资基金以人民币方式开展对新加坡投资业务。允许符合条件的园区内居民采取包括证券投资、直接投资在内的各种方式开展对新加坡投资，允许符合条件的新加坡居民来渝开展包括证券投资在内的各项境内投资。

（7）推动各金融机构国内外分支机构跨境互动。积极寻求大型跨国银行的支持，在国家金融管制框架下，通过充分授权或分行业务委托，搭建重庆与新加坡分支机构的直通车，并推动信息、客户等资源共享，共同开发具有中新合作特色的金融试点业务，为各类贸易、商务活动提供便利。

5.集群化推进功能综合开发

总体思路是以各类开发区为重点，按照上中下游产业链垂直整合、同类企业水平集聚、生产性企业和服务性企业集聚的思路，依托龙头企业或项目，推动关联业务集群化发展。

（1）推进江北国际机场和新加坡樟宜机场合作，通过"二地主"招商，市场化推进各类业态合理布局，基地航空公司集聚以及物流、商贸、商务、餐饮、住宿、休闲、传媒和物业管理融合发展，打造多功能的临空经济示范区。

（2）推进寸滩和果园港临港经济区整体化打造、一体化发展，积极推进寸滩保税和外贸功能转移到果园港，通过功能置换和合理分工，促进各类企业集聚发展，降低交易成本。适时将东港等港区纳入一体化发展范围。

（3）整体化打造中央商务区尤其是解放碑组团。针对中央商务区十年开发存在的突出问题，特别是解放碑、江北嘴功能冲突的问题，从规划、项目审批等入手，强化中央商务区宏观统筹、整体开发。特别是引进成功的开发主体，强化楼宇立体功能开发，高起点改造提升解放碑商务功能，再现解放碑昔日辉煌。

（4）协力培育贸易业态群。在两路寸滩保税港区、西永综合保税区基础上，拓展贸易经营场所，丰富贸易生态，推进投资贸易便利化。与此同时，与主城各大商圈合理分工，错位发展，形成互动，避免对国内贸易业务的过度冲击。

（三）运用好市场撬动力量

国际贸易辐射本身就是典型的市场行为，需要市场主体结合自身利益实现，按照市场运行规律，借助市场自身力量，寻找最优化的突破路径，培育和完善贸易生态圈，促进各类市场主体健康发展。

1.运作好各类股权投资基金

各类股权投资基金具有资产保值增值的内在冲动，能够引导、督促相关市场主体积极作用，达到相应的市场预期。当前的重点是，借助市场化机制，用好丝路基金、中新项目基金和战略性信息产业股权投资基金，扶持和培育好国际贸易相关产业。

（1）积极争取国家丝路基金支持。国家设立400亿美元丝路基金的深层次原因在于，突破西方国家封锁，为新的丝绸之路经济带发展提供资金融通支持。重庆应紧密结合国家战略意图，加强与国家丝路基金的股权合作，借助国有投资营运公司设立一批子基金，共同策划和推进一批国际经贸项目。

（2）做实中新互联互通股权投资基金。以重庆为主设立的1000亿元中新项目股权投资基金，主要方向也是服务于以中新合作项目为重点的各种经贸活动。目前的着力点，从金融服务、航空旅游、交通物流、信息通信4个板块推进项目策划，推动设立一批子基金，并尽快投资到位、启动运作，形成现实的示范带动作用。同时应划出一定份额，支持旅游、教育、咨询、研发设计等其他领域服务业培育。

（3）结合国际贸易业务发展，用好800亿元的战略性新兴制造业股权投资基金，项目化运作，加快战略性新兴制造业发展步伐，尽快形成参与国际加工贸易、一般贸易的实际产能。

（4）结合经济下行压力加大、民间金融风险陡增的现实情况，将各类资金有序引导出来，支持其参股设立专业投资子基金，或依法发起民间投资基金，使基金资本和实体产业有机结合，培育发展国际贸易新业态。

2. 发挥好大企业、大项目带动作用

大企业、大项目建设具有品牌效应和示范作用，可以通过产业链条，横向、纵向共同发力，带动一大串国际贸易业务发展。

（1）瞄准世界500强、大型跨国公司和国内行业龙头，引进一批示范性企业，利用其盘根错节的贸易业务网络，吸引研发设计、零部件制造、组装、营销、售后等配套企业系统跟进，尽快形成百亿级甚至千亿级贸易集群。

（2）结合电子核心部件、智能制造及机器人、物联网等战略性新兴制造业发展，重点瞄准国际市场，以加工贸易为重要突破方向，以生产制造项目为前期切入点，策划建设一批重大制造业项目包，滚动实施，尽快推动项目落地生根。

（3）结合十大战略性新兴服务业培育，以功能培育和业务体系建设为重点，围绕货物贸易、服务贸易大进大出，多功能开发，策划建设一批与国际贸易紧密关联的有震慑力的服务业项目包，尽快投入运行，形成影响力。

3. 多措并举壮大市场主体群

国际贸易活动及其辐射功能的发挥，必须依托市场主体来实现。重庆构建国际贸易辐射圈，应综合施策，量质并重，促进各类市场主体健康发展。

（1）进一步放宽市场准入条件。探索完善市场主体资格与经营资格分离登记制度和"一址多照"制度，除金融、安全等领域，积极推行国际贸易领域"先照后证"，以此壮大国际贸易主体规模，激发贸易市场活力。当然，一旦违规则从严查处。

（2）大力支持大众创业。全面落实促进小微企业发展的财税、金融扶持政策，积极实施中小微企业梯次成长工程。在开展小微企业扶持政

策回头看的基础上,进一步完善创业奖励政策,重点向规模大、效益好、税收贡献大的市场主体倾斜。鼓励归国留学生、高校毕业生、转业退伍军人等主动创业。鼓励科技人员兼职创办企业或从事国家政策允许的有报酬的兼职经营活动。鼓励机关事业单位工作人员辞职创业或提前退休创业,制订机关事业单位工作人员辞职创业、辞聘创业补贴办法,适度提高对创业人员的创业补贴标准。

(3)培养和引进结合,提升市场主体质量。推进企业改制和兼并重组,促进优势企业强强联合、跨地区兼并重组、境外并购和投资合作。支持股权投资企业发展,对新设立或新迁入重庆市的大型贸易类股权投资企业,给予一次性资金奖励。鼓励个体工商户转型为企业,对投资主体、经营场所、经营范围不变的转型企业,减免相关契税,并给予金融政策扶持。积极引导小微企业规范发展,促进规模以下企业快速成长,转型升级为规模以上企业。

(4)强化政策引导,支持各类市场主体开拓国内外市场。鼓励企业积极参加国内外重大展会,对参加市政府统一组织的国内外重点展会的,按照其影响力给予一定比例补贴或减免。鼓励企业利用连锁经营、特许经营、电子商务、物流配送、保税仓等现代流通组织方式开拓国内外市场。在新设立的区域销售中心或在地级以上城市设立直营专卖店的,根据其贡献大小给予相应资金扶持。

4. 发挥好投资贸易促进机构的能动作用

中新项目合作既有经济利益的追求,也有政治因素的考量。必要时,由于行政力量的介入,市场化作用空间反而受到抑制。因此,在努力寻求政府间合作共识的同时,应避开政治、军事等因素的影响,强化企业层面的民间合作,通过市场这只手推动国际经贸合作暗潮涌动,促进大企业、大项目顺势而动,反促政府层面达成新的合作共识。

(1)发挥工商联、贸促会和各类行业协会、民间组织的作用,加快组建中新合作商会等中介机构,将市场触角延伸到国内外企业网络和周边地区,重点在中小项目方面形成燎原之势,以小项目群族营造大产业链条。

（2）借助各类中介机构、侨商侨眷、国际友人等搭桥牵线，推动企业层面、民间层面的交流互动，找准业务切入点，自发形成业务合作伙伴关系。

（3）搭建各类经贸合作业务平台，如开设中新项目合作网站、开设"一带一路"重庆信息窗口，或组织市场化的经贸合作论坛，开展相关信息沟通和业务推介活动，推动企业层面面对面互动交流，探询合作空间。

五、优化建设重庆国际贸易辐射圈外围环境的建议

构建重庆国际贸易辐射圈，既要倚重市场力量，也需要以改革促开放，通过制度创新进一步增强贸易圈的集聚辐射能力。重庆国际贸易辐射圈虽然不能依靠优惠政策存活，但当前尤其需要政策倾斜等外围环境的支持，需要通过自贸试验和中新示范项目建设等制度创新，不断增强发展后劲。

（一）健全统筹协调机制

推进重庆国际贸易辐射圈建设，地域范围上涉及中新项目管理局和自由贸易区以及市内外各个行政区域，行业管理上关联到多个部门，而不同的视角或诉求，可能会对构建工作产生不利影响。故需要建立特定的协调机制，减少摩擦系数，形成一致的推进矢量。

1.健全统筹机制

构建国际贸易辐射圈需要统筹协调，特别是需要加强部门之间横向协调机制，以及中新示范项目、自贸区等重点工作的协商机制，促进相关工作的顺利开展。

（1）强化部门协作机制。建议由市政府主要领导挂帅，分管副市长负责，商务委具体牵头，发改委、经信委、农委、海关、检验检疫、质监、食药监等部门参与，定期组织专题协调会议，对照检阅工作进展，妥善解决工作推进中出现的问题。

（2）建立自由贸易区建设和中新合作示范项目协同推进的工作机制。自由贸易区和中新合作示范项目对应的区域，既有关联，又有交叉。应在自由贸易区建设的框架下，推进自贸办和中新项目管理局信息共享、业务互动，或者将中新项目局相关负责同志纳入自贸区建设领导小组或相关专业委员会，避免工作脱节甚至出现冲突。

（3）建立中新合作示范项目和构建国际贸易辐射圈的协调推进机制。中新合作示范项目的实施，构成了重庆新时期构建国际贸易辐射圈的重要背景，同时也是为国际贸易辐射圈打造重要的功能板块。因此，应在市商务委统揽、中新项目管理局和关检部门配合下，系统推进货物贸易、服务贸易各项工作，不能将国际贸易辐射圈建设工作简单归结为中新合作项目建设，也不能出现国际贸易辐射圈建设的职责空当。必要时，可成立专题领导小组，抽调部分得力干将专司其职，确保工作谋划得力、措施落实到位。

2.健全协调机制

以重庆为运营中心的特质，赋予了重庆国际贸易辐射圈的广阔想象空间。按照"构建以重庆为运营中心、辐射内陆、联通欧亚的国际贸易辐射圈"的要求，突破行政区域和物流空间的约束，着重瞄准国际贸易链的高端环节，立足本地、巩固周边、拓展兄弟城市，"市内+市外""总部+腹地""有形+无形"，优化业务链条布局，拓展国际贸易运作空间。但是，面对国际贸易辐射圈建设，不同的区域有着不同的利益诉求或者政绩考量，应通过定期或不定期的协调，尽可能形成合力。

为此，建议下大力气加快构建跨省的国际贸易便捷机制。要形成集聚辐射功能，不但需要硬件支撑，更需要在制度上创新，形成国际贸易便捷、高效的口岸。着重要整合分散在中央垂管部门的职能，加快构建集国际贸易"单一窗口"、互联互通物流信息平台以及国际电子贸易平台于一体的综合贸易与物流公共信息服务大平台，连接市政府相关部门、贸易物流企业，实现重庆与中西部地区、新加坡乃至全球区域的物流相关信息数据交换、互利共用（见图1-6）。

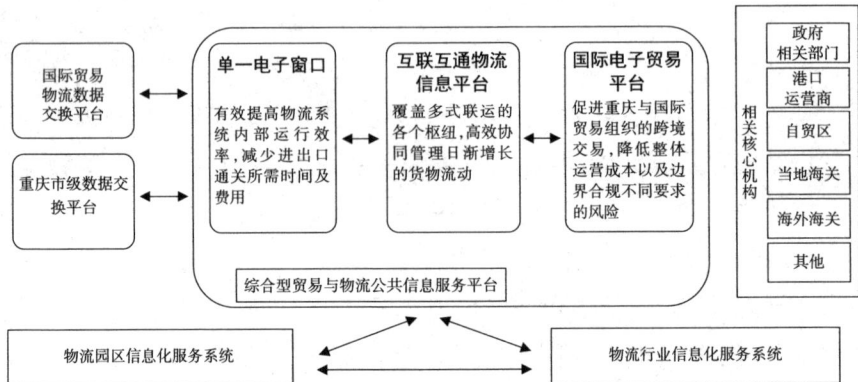

图1-6　国际贸易物流信息平台构建方案

(二)创新相关政策举措

国家贸易活动直接关系到相应的国家利益,必然受制于特定的政策或规则的约束。坚持集成创新和先行先试,加强与国家部委和其他国家的沟通协调,在国家既定法律法规和贸易规则框架下,共同谋划和推动有利于项目顺利实施的创新举措。

1.积极争取中央及相关部委赋予先行先试的资格

目前,中新合作示范项目已获批了一系列优惠政策,涵盖金融服务、航空、运输物流和信息通信技术四个重点领域,包括在重庆实施跨境人民币相关政策,建立多式联运海关监管中心,认可已在新获得相关资质的新加坡企业参与市政府ICT项目招标,允许新方在中国的任意航线行使无限制的第五航权,允许新方开展呼叫中心业务,等等。应将这类政策一一细化到位,并形成具体的操作方案。比如争取国家层面出台中新示范项目专项支持意见,通过顶层设计,明确项目的发展目标、重点任务、政策支持、保障措施等内容。

2.探索支持国际贸易辐射圈建设的倾斜性政策体系

重庆在构建国际贸易辐射圈的过程中,不仅受到国家管制政策的束缚,还会面临兄弟省区市的挑战。为了增强区域竞争力,需要从财税优惠、金融支持、用地保障、用电用气配套等方面出台一系列支持政策,打造政策洼地,形成强大的优质资源吸附能力。虽然市里经常要求依托中新项目合作,推进国际经贸合作,打造国际贸易辐射圈,凡是中新合作项目的优惠政策,对其他国家和地区的企业、项目同样适用,但在实际工作中,由于没有明确政策约定,相应的优惠政策可能出现悬空。因此,在打造国家贸易辐射圈的过程中,有必要专门研究、出台具体政策,明确可以拓展的空间,细化具体的优惠事项及其适用范围,以便于具体操作。

(三)创新服务贸易四大重点领域的机制

1.创新金融服务制度

重庆建设区域性金融中心已取得重大进步,但对照建设国内重要功能性金融中心等目标要求,尚有不小差距。因此,要在中央金融监管框架下,站在服务国际贸易的角度,思考金融管理制度的优化。依托现有本外币账户体系,争取建立统一规则的"自由贸易账户"体系,推动人民币资本项目可兑换试点;允许重庆地区银行发放的人民币信贷资产向其他国家银行转让,为跨境融资、发债提供担保,支持更多在渝金融机构开展离岸银行业务;支持重庆与新加坡等国家互设金融机构,开展证券期货市场双向投资试点,允许国外企业来渝设立股权投资基金,允许重庆金融机构申请新交所、伦交所保荐上市资格,支持重庆建设区域性再保险中心,打造保险创新发展试验区等。

2.创新航空运营服务机制

随着中国与东盟经贸关系的深化和经济社会的不断发展,内陆地区尚缺少重要的国际航空枢纽,尤其是在设立基地公司、货运基地、飞机维修维护、航空金融、特许经营、免收及电商、航空旅游等方面,有待创新方式、深化合作,提高机场运营管理水平和资源开发效率。借鉴新加坡航空产业发展经验,深入研究重庆发展飞机租赁业务的前景,侧重体制机制创新,积极探索具有重庆特色,全国其他地区可复制、可推广的飞机租赁模式,切实推进重庆飞机租赁业务发展。积极探索国际航空货运政策创新,争取第五航权政策加快落地,并尽可能覆盖"中欧班列(重庆)+4小时航空经济圈"所涉及的国家。

3.创新交通物流服务机制

重庆交通物流业总体发展仍处于全国中等水平,物流服务业态传统且较单一,国际物流通道和口岸匮乏,物流现代化、专业化、信息化、标准化水平亟待提升。因此,要探索整合全市商贸物流、国际物流、快递物流、工业物流等物流业主管部门职能,组建一个集全市水、铁、公、空等综合物流一体的综合物流主管部门,统一履行物流管理、服务职责。依托中新示范项目,建立以重庆为运营中心的西部地区物流协作联盟,强化西部各省市区政府部门的协作机制,统一制定物流发展政策及标准体系。力争将果园港升级为国家一类口岸,并将保税港区功能、进口整车口岸功能延伸至果园港,探索在巴南公路物流基地设立国家一类公路口岸。

4.创新信息通信服务机制

重庆国际数据传输通道建设落后于东部发达地区,由此造成的产业发展失衡严重,使得西部地区发展步伐与节奏始终落后于东部地区。要依托两江新区国际云计算中心,在不影响国家信息安全的前提下,开通国际数据传输专线,力争国家批准建立离岸数据中心、信息服务项目试点区。以通信服务业务内容为主体,结合产业特点,制定积极的产业监管试点政策,明确限定试点内容,为下一步更大范围的开放以及参与国际商业运营规则的制定提供决策信息依据。

(四)优化配套机制

1.健全人才配套机制

(1)促进国际贸易专业人才集聚。着眼于实体市场和虚拟市场融合发展,实施国际贸易领军人才培养计划,加快培养国际贸易产业发展前沿的高端人才和具有先进理念的创业人才,促进各类贸易人才聚集。拓宽海外引才引智渠道,在全球范围内引进和聚集拔尖领军人才,重点引进一批引领新兴国际贸易产业发展、推动转型升级的实干家、企业家。加强人才中介组织和市场体系建设,引入国际猎头公司,推进国际贸易人力资源服务产业发展。

(2)加强本土化贸易人才培养。建立高水平的国际贸易人才培养体系,如与境内外著名高校、科研机构、大型跨国公司和国际知名培训服务机构开展交流合作,开展专业化人才培养。采取公派、自费和自费公助等形式,选派具有潜力的贸易人才深造学习。通过政府立项、民间办学、校际合作、项目合作等方式引进高水平研究力量,建设国际贸易理论和实践交流论坛。

(3)创新贸易人才管理机制。依托行业组织和专业机构,推进国际贸易人才职业能力分类认证、评价标准和认证机构网络体系建设。与国际通用评价标准接轨,建立以能力、业绩、贡献为重点,以市场化、社会化评价为导向,科学规范的适应多层次需要的国际贸易人才评价标准和评价体系。建立以人力资本市场定价为依据,以岗位绩效工资为主体,知识、技术、管理等要素参与分配的薪酬制度,鼓励用人单位对做出突出贡献的人才实行期权、股权奖励,为国际贸易人才创新创业营造良好政策环境。

2. 健全商务环境配套机制

(1)完善与国际接轨的政务服务体系。健全质量监管、产品追溯、责任追究等全过程市场监管服务体系,对市场出口商品实行分类、分段监管。加快建立与国际贸易相适应的行政管理体制,优化机构设置和行政资源配置,重点加强与国际贸易和国际化城市相适应的法律、仲裁、边防、消防、港务、金融等机构监管服务能力建设。

(2)完善与国际接轨的生活服务体系。加快培养"一带一路"沿线外语人才,让更多的人能说、会懂更多的外国语言,减少语言隔阂,逐步推进居民的表达方式、人际沟通技巧、工作理念、办事规则、礼仪习惯等与国际接轨。推进各类设施标准化配置,为全球沟通、兼容、互动和信任提供有力保障。推进国际学校、国际医院等建设，探讨尝试国际班教育，配套建设双语幼儿园，解决外籍就业人才的后顾之忧。

（3）完善与国际接轨的贸易配套服务体系。加大法律、咨询、资产评估等中介服务机构集聚力度，促进贸易产业与相关配套服务产业有机融合。畅通信贷、担保等资金融通机制，着力破解制约贸易发展的融资瓶颈。完善制度法规体系，并通过深化改革，破除制约贸易发展的制度性障碍。

（4）强化贸易宣传和传播。提高运用现代传播技术的能力，打造对外宣传新平台，拓展网络外宣新渠道，利用国际网络舆论场放大重庆声音。把政府交流与民间交流结合起来、双边交流与多边交流结合起来、调动国内力量与借助国外力量结合起来，扩大对外文化交流，建立多层次的对外文化交流体系。善于运用市场化、商业化等方式，"借船出海""造船出海"，以更加灵活多样的手段实现海外广泛覆盖、有效传播，扩大重庆的知名度和影响力。

附录 I

一 国际贸易辐射圈研究的理论基础

一、国内外研究综述

国际贸易辐射圈不是传统意义上的学术概念，但从现有的文献来看，和国际贸易辐射圈相关的研究亦有不少。主要集中在以下方面。

（一）关于国际贸易圈的界定

于天义（1994）认为，国际贸易"圈"形结构作为国际贸易区域化、集团化发展的必然结果，是指以某个国家为中心的同一区域的一些国家为了在国际贸易中维护其共同的利益，通过制度或非制度形式组成的经济共同体或者贸易集团。他根据欧洲经济共同体、北美自由贸易区和亚太经济一体化对国际贸易发展的作用，认定已形成了欧洲贸易集团、北美贸易集团和亚太贸易集团的"圈"形结构，在此基础上分析了国际贸易"圈"形结构的形成机理和国际经济贸易效应。程超泽（1995）在《中国对外经济区域一体化的圈层模式》一文中提出，中国区域经贸一体化的对象圈，按照地理位置远近可划分为三个圈层：第一圈层包括周边国家和地区；第二圈层包括北美和欧洲国家；第三层包括南美和非洲。基于地缘关系，主张中国对外区域经济一体化应重点定位于第一圈层，并假以区域经济集团力量分别向第二、三圈层进行"渗透"的战略构想。

（二）关于自由贸易圈的研究

奥田和彦（〔日〕，1991）研究了北美贸易圈的作用，提出了日本的应对之策。金泳镐（〔韩〕，2002）提出了黄海自由贸易圈的构想，认为推行黄海自由贸易圈的构想一是为了确保东北亚在全球化过程中的地方优势,提高地区竞争力,巩固东北亚200余年以来最初的次领先地位,二是为了克服该地区现存的复杂的政治条件,并提出区域划分和分阶段实施的建议。王颖(2008)研究发现,根据国际货币流动结果,中国通过贸易顺差积累外汇储备,并通过购买美国国债,又将美元外汇回流到了美国资本市场。这种格局导致了大量国民财富的流失,使得中国承担了由于美元贬值而使国民资产缩水的风险。为此,建立亚洲贸易自由圈,主导亚洲实现共同货币体系,是抵御美元威胁的有效途径。朱宝玲(2015)认为,以美日为核心的环太平洋经济战略协定的正式达成一致,标志着世界最大自由贸易圈形成,并研究了TPP的核心内容和特征,探讨美日为什么加入TPP以及交涉的主要争点,分析TPP对中国的影响包括对经济增速的影响和外贸的影响,但同时也会加快国内产业升级,变被动为主动,此外,TPP还可能会对中国政治及安全产生影响。李凌志(2009)在总结分析相关专家学者关于新区域主义和次区域经济合作的理论基础上,回顾过去几年"中日韩自由贸易圈"从提出构想到进入实质性推进阶段的曲折历程,分析出贸易圈的建立所面临的问题与障碍,并针对这些问题与障碍,以及在由自由贸易圈预期所带来的效应的基础上,应用新区域主义思维,提出在中日韩相邻边界地区率先进行次区域经济合作,以此推动自贸区建设进程。在此基础上,以山东省威海市为例对贸易圈效应下的次区域合作的具体模式进行探讨,提出对外开放、参与次区域经济合作,吸引日韩投资,先行一步取得区域合作的经验和政治经济基础,实现为贸易区建设破题的策略和建议。

(三)关于贸易圈的研究

基于经济史的视野,厉声(1989)研究了十九世纪的新疆俄国贸易圈,分析了新疆贸易圈的变迁史及其性质;赵莹波(2009)研究了宋日海上丝绸之路东亚贸易圈的形成,认为宋日之间的贸易是一种民间贸易,是由宋朝商人唱主角的贸易,这种特征的存在使得日本经济完全纳入了宋朝的货币体系。宋代的这种频繁的民间海上贸易构成了一个东亚海上贸易圈,可以说是海上丝绸之路的一个链接;杨权斌(2009)探讨了明

初东南亚航运贸易圈的形成与影响,认为以船舶为主要运输工具的海路
贸易是国际贸易的主体方式,郑和航海在海路贸易国际合作的环境条
件、运输便利方式、专业团队和交易规则等方面进行的开拓性实践,创造
的海路国际交往辉煌历史对推动世界贸易事业的发展乃至当今我国航
运贸易工作的创新,都具有久远的影响和深刻的启迪作用。张继军
(2012)研究了16世纪全球贸易圈的关系,认为双屿港在全球化贸易中地
位与作用突出,葡萄牙商人利用双屿港延伸了欧亚新航路,并与东亚已
有的"海上丝绸之路"、"中日贸易"、东南亚贸易等传统的贸易路线相沟
通。这一商路最后与西班牙－墨西哥－菲律宾海路相连接,实现了全球
贸易网的建立。他以此为背景,从政治(朝贡贸易制度、禁海政策)、贸
易、地理乃至气候分析,探讨双屿港兴衰的原因。郭亚非(2001)、杨帆
(2006)分析了区域性贸易圈,郭亚非研究了近代云南与周边国家区域性
贸易圈形成的原因和特点,杨帆则探讨了近代桂越区域性边境贸易圈形
成的主要原因和特点。此外,自由贸易协定方面的研究也和国际贸易圈
有一定的关联性。

综上,不难看出,现有的研究多数关注了国与国之间形成的贸易圈
或者是沿边地区与周边国家形成的贸易圈,而构建以内陆省市为中心、
辐射内陆、联通欧亚的国际贸易辐射圈是一种创新,相关研究尚属空白。

二、国际贸易辐射圈的理论依据

国际贸易辐射圈虽然不是传统意义上的学术概念,但也需要一定的
理论依据作为支撑。综合来看,最直接相关的理论依据主要是国际贸易
理论、增长极理论和圈层结构理论。

(一)国际贸易理论

1.传统国际贸易理论

国际贸易理论作为现代经济理论的一个专门分支,由亚当·斯密创

立。亚当·斯密在《国富论》中提出了"绝对成本"的概念，后又经李嘉图修正之后形成了比较成本理论。比较成本理论是互利贸易的基础，是贸易利益的来源。继比较成本理论之后，俄林在其《区域间贸易与国际贸易》一书中提出了要素禀赋理论。至此，比较成本及要素禀赋理论成为传统国际贸易理论中最重要的两个核心理论。

比较成本理论在发展的历史过程中具有一定积极促进意义。该理论在为资本主义国际分工与国际贸易理论的发展做基础铺垫的同时，也准备好面临因资本主义生产力与生产关系发展的问题而带来的各种指责。但是，资本主义的理论仍是以发达国家为圆心，以发展中国家为外围的国际分工体系，为这种中心支配外围、外围依附中心的不平等关系进行辩护。"比较成本"是一个不完整且不成熟的国际贸易理论。它存在根本的理论缺陷，当李嘉图将他的价值论运用于世界市场时遇到了矛盾，可是他并没有迎难而上，而是回避矛盾，没有在国际交换中发展价值论的基本原则，因此陷入困境。

赫克歇尔–俄林要素禀赋理论是由瑞典经济学家伊莱·赫克歇尔和贝蒂尔·俄林提出的，由于这一理论强调了不同生产要素在不同国家的资源中所占的比例，和它们在不同产品的生产投入中所占的比例及二者之间的相互作用，故又被称为要素比例理论。要素禀赋理论认为，现实生产中投入的生产要素是多种劳动力而不是只有一种，投入两种生产要素则是生产过程中的基本条件，也就是相对禀赋差异，且国际贸易和国际分工的产生就是由于生产要素的价格差异导致的。要素禀赋理论也不是完美的，它也有明显的局限性。要素禀赋论所依据的一系列假设条件都是静态的，该理论忽略了各种经济因素的动态变化，这是该理论致命的缺陷。

新贸易理论是一个内涵和外延都比较模糊的概念。我国国内学界所谈及的新贸易理论，通常指的是"二战"结束后，为解释新的国际贸易现象而产生的一系列新的理论学说。"二战"结束后，传统的国际贸易理论已经不能适应新时代的发展，对大量新的格局与国际贸易特点无法很好地进行解释,新贸易理论随之而产生。新贸易理论几个重要的理论贡献者是迪可西特、克鲁格曼、赫尔普曼、斯宾塞和布兰德等,而克鲁格曼则是这些贡献者之中最具有代表性的。新贸易理论对贸易动因与贸易基础进行了分析,在贸易政策方面,提出利润转移论和外部经济,认为利益不是参加贸易就能得到的,还有其他条件,并且不再孤立地研究国际贸易理论和国际直接投资理论,而是开始尝试将国际贸易理论和国际直接投资放到同一框架中做研究。

2.马克思国际贸易理论

马克思和恩格斯通过对国际分工问题的研究,创立了一套较为完整的科学分工理论,研究了资本主义手工业和机器大工业发展时期的分工问题,成为国际分工理论的基石。该理论主要包括了国际分工理论、世界市场理论和国际价值理论。马克思的国际分工理论认为,国际分工格局的基本因素是由生产力的发展水平所决定的,一个国家分工的发展程度是衡量一个国家的生产力发展水平的指标,这是因为生产力的发展与分工的进一步发展是相互关联的,有新的生产力产生就会有分工的新发展。与西方国际贸易理论不同,马克思的国际分工理论有两大特点:一是强调分工的二重性,即社会属性和自然属性;二是强调国际分工是资本主义生产方式的必然结果。

世界市场理论强调广义的世界市场,认为广义的世界市场指的是资产阶级的整个经济社会,它是以世界为整体的,是发展为世界规模的资本主义经济关系的整体和总和。同时,该理论重视与国内市场的联系。世界市场是各国国内市场联成的有机整体,撇开国内市场不考虑的世界市场是不完整的,国内市场仍是各国进行商品和劳务交换的主要场地,并不是所有的交换都会进入世界市场,因此既要站在全球范围之上去考虑,更要从本国市场的小视野出发。

国际价值理论包括国际价值的实体内容、国际价值的量、国际价值的本质、国际价值与国际市场价格、国际价值与国际商品交换、国际价值与国际贸易产生等内容。马克思认为,一个国家如果想要它的国民劳动强度和商品的生产率超越国际水平,就要提高本国的生产方式。生产方式越发达,这个发达国家与发展中国家或者是发达国家与发达国家,在相同的劳动时间里生产一样的商品的国际价值就会有不同的量,其名义工资,即表现为货币的劳动力的等价物,在前一种国家会比在后一种国家多。马克思国际价值理论,是他价值规律理论的发展延续,是在一定历史条件的基础上,价值规律向世界范围的市场延伸而形成的。

(二)增长极理论

增长极理论最初由法国经济学家佩鲁提出。该理论认为,如果把发生支配效应的经济空间看作力场,那么位于这个力场中的推进性单元就可以描述为增长极。增长极是围绕推进性的主导工业部门而组织的有活力的高度联合的一组产业部门,它不仅能迅速增长,而且能通过乘数效应推动其他部门的增长。因此,增长并非出现在所有地方,而是以不同强度首先出现在一些增长点或增长极上,这些增长点或增长极通过不同的渠道向外扩散,对整个经济产生不同的最终影响。美国经济学家赫希曼和弗里德曼等在此基础上,形成了动态演进的"中心地"理论,强调区域经济的非均衡发展,将有限的稀缺资源集中投入到发展潜力大、规模经济效益和投资经济效益明显的少数部门,形成"增长极",从而带动周边地区的经济发展。

(三)圈层结构理论和"中心—外围"理论

圈层结构理论主张以城市为中心,逐步向外发展,适合于工业化程度较高的地区。圈层结构理论源于德国经济学家冯·杜能1826年发表的《孤立国》,他认为城市在区域经济发展中起主导作用,城市对区域经济的促进作用与空间距离成反比,区域经济的发展应以城市为中心,以圈层状的空间分布为特点逐步向外发展。1925年,美国芝加哥大学教授伯吉斯提出了城市功能区应按照同心圆法则配置的观点。这一"圈层结构"论实际上仍是以中心地理论和增长极理论为基础的,认为在都市经济圈建设中可以由内向外进行拓展,即由核心圈层(中心城市)向中间圈层、外圈层扩展,并以"流"的形式进行各要素的集中和扩散。弗里德曼在此基础上提出了"中心—外围理论",缪尔达尔继而又提出了"极化—扩散"效应来补充该理论,指出在极化和扩散效应的双重作用下,区域圈层结构不断更替演化,从而又印证了圈层结构理论。

重庆紧扣现代互联互通示范项目和现代服务经济,构建以重庆为运营中心、辐射内陆、联通欧亚的国际贸易辐射圈,就是要在极化和扩散效应中形成梯级发展的"圈层结构",即形成核心圈层(核心区)、中间圈层(扩展区)和外围圈层(辐射区)的组织结构,并以交通和通信网络加强区域之间的联系和合作,形成一个新的经济增长极。

二　中新重庆项目实施框架

一、战略定位

中新合作示范项目将按照"紧扣定位、突出主题、明确重点、强化创新、注重实效"总要求，坚持"互惠共赢、商业可实现、发展可持续、模式可复制"原则，采取有形与无形相结合的方式布局，建设方式按照"一网多点"进行，核心区域集中与外围多点分散相结合、新建增量与用好存量相结合，采取"两国政府顶层设计＋地方政府项目配套＋主体企业投资建设"的模式，将在金融服务、航空、交通物流和信息通信技术四个重点领域开展。通过"优势互补、联动发展"，为西部发展开放型经济以及推行新型城镇化积累经验，并发挥示范和借鉴作用，后续阶段在协商一致的基础上，双方愿考虑在其他领域开展全面合作。

中新示范项目合作将是高起点、高水平、创新性的，契合中国的"一带一路"倡议、西部大开发战略和长江经济带发展战略，合作将具有示范效应，提升互联互通水平，辐射并带动整个西部地区发展，最终实现"两降两增四有"。"两降"是降物流成本、降融资成本；"两增"是增强重庆的辐射力、增强重庆作为运营中心的各种机制的可复制性，可推广到重庆以外的其他地方；"四有"，即有高效的运作机制、有科学的规划蓝图、有体制机制和政策的创新、有市场主体参与并受益于项目合作。

二、目标任务

金融服务领域加快打造跨境金融结算、发债资金回流使用等金融通道，建立离岸金融市场，建成长江上游功能性金融中心。

航空领域力争2020年前实现国际航线数量超过100条，航空货运吞吐量超过100万吨，加快打造西部航空枢纽。

交通物流领域充分发挥中欧班列(重庆)大通道和跨境电子商务综合试验城市平台优势,在航空、铁路、水运、公路等多种运输方式联运方面实现与亚太、欧洲等"一带一路"地区互联互通。

信息通信领域加快建设国际数据专用通道,建设信息化和工业化深入融合的智能城市。

三、实施思路

(一)打造"项目运营中心"功能要件

充分发挥重庆"一带一路"和长江经济带"Y"字形大通道联接点的区位优势,充分发挥市场在资源配置中的决定性作用和更好发挥政府作用,重点打造重庆作为项目运营中心应具有的以下六大功能要件,降低融资和物流成本。

(1)总部贸易中心。实现贸易畅通功能,孵化市场主体。

(2)要素交易中心。实现资源联通功能,降低交易成本。

(3)金融结算中心。实现货币流通功能,集聚资金流。

(4)物流集散中心。实现货物互通功能,集聚货物流。

(5)数据交换中心。实现全球直通功能,集聚信息流。

(6)国际会展中心。实现文化相通功能,集聚商客流。

(二)五个重点领域

1.金融服务领域

加快打造以江北嘴CBD、渝中区朝天门广场、南岸区弹子石为集中区域,推进内陆金融开放创新,推动跨境结算、跨境投融资、金融机构互设和金融要素市场互联互通,积极推动新加坡和重庆在金融服务领域的全面合作,建设长江上游内陆金融开放试验区。重点推动与新加坡的淡马锡等国内外金融投资机构合作,设立股权基金,引进新加坡要素交易机构运营模式,在渝设立大宗物资、能源等要素交易市场,发挥重庆良好的金融开放政策及生态环境优势,共建离岸金融结算中心和跨境投融资中心。

(1)共建跨境投融资中心。区内实施跨境投融资便利化的改革试点,建立本外币统一规则的自由贸易账户体系。合作建立区内与新加坡、境内区外资金流动的监测和风险防控机制,推动与新加坡之间的人民币资本项目可兑换。推动符合条件的重庆企业从新加坡的银行融入本外币资金,开展跨境人民币贷款,在新加坡交易所上市或发行外币及人民币债券。简化外汇登记管理。鼓励新加坡人民币资金以跨境形式来渝设立私募股权投资基金。允许在园区内设立的股权投资基金以人民币开展对新加坡投资业务。允许符合条件的园区内个人采取包括证券投资、直接投资在内的各种方式开展对新加坡投资,允许符合条件的新加坡居民来渝开展包括证券投资在内的各项境内投资。

(2)共建金融结算中心。发挥新加坡国际结算中心优势,充分利用重庆的现代网络通信平台,加强双边金融数据交换,支持跨国企业在新加坡和重庆设立结算中心和资金运营中心,推动符合条件的新加坡企业在区内开展外汇资金集中运营和跨境双向人民币资金池业务。

(3)支持设立金融机构总部。鼓励新加坡银行、证券、保险类金融机构落户试验区,开展离岸业务。在重庆设立功能性总部、业务管理总部、区域性总部或后台服务机构,开展覆盖中西部地区的金融业务。支持新加坡金融机构投资参股重庆地方法人金融机构。鼓励新加坡投资者来渝发起设立融资性担保公司、再担保公司、金融保理公司等创新机构。

(4)推进金融要素市场的互联互通。鼓励支持新加坡投资者来渝参股、控股或发起设立金融要素市场,支持新加坡国际金融要素市场来渝设立分支机构。试点共建"立足重庆、辐射中西部、面向国际"的资产登记和交易平台,打通新加坡资金入渝渠道或重庆交易所交易产品在新加坡交易渠道,鼓励新加坡投资者以外汇或跨境人民币来渝购买证券化资产,允许在重庆金融要素交易场所交易的相关资产在新加坡交易。

2.航空产业领域

加快打造以江北国际机场为集中区域,渝北临空经济示范区为依托的国家临空经济示范区,大力推进航空企业在江北国际机场设立中心网络、基地公司等,进行航空领域创新合作,推进示范区联合开发、协同管理,推进示范区物流、商流、信息流和资金流一体化开发,建设以现代服务经济为主题的国际化机场城市。重点借助新加坡樟宜国际机场的运作管理经验和丰富的航线资源,把江北国际机场打造为洲际性物流枢纽机场。

(1)加快建成T3A航站楼和第三跑道、适时推进T3B航站楼和第四跑道建设,把江北国际机场建成内陆最大的复合航空枢纽,成为连接世界各地与中国的空中门户、亚太地区重要的货运枢纽,以及世界航空网络的重要节点。通过中国与新加坡航空公司的合作、机场的发展、航线的发展、客运和货运的双轮驱动,最终通过航空产业的发展带动一个航空城的腾飞。

(2)共同打造机场城市。借鉴新加坡樟宜国际机场在维护保养、修理和大修枢纽、航空客货运枢纽和商业中心等上下游产业链打造世界级机场城市方面的经验,充分释放重庆机场的发展潜力与资源整合能力,依托空港发展的商务区和现代服务业聚集区,整合枢纽、口岸与保税区"三个三合一"资源,共同打造国际性机场城市。

(3)推进航空公司开发国际客货机航线,增大航班密度,大力开辟重庆至远程洲际航线,打造直达日韩和东南亚的空中通道。抢抓中新合作的契机,用好保税航油及72小时免签政策,开辟新加坡经重庆中转到中西部地区的"高原航线""三峡航线"等特色航线,使重庆成为新加坡到中国中西部城市的中转中心,建立起覆盖国内所有省会城市、通达国际五大洲的客运航线网络。加密重庆至新加坡航班,由重庆机场集团联合新加坡樟宜机场,与新加坡胜安航空公司、国航重庆分公司、重庆航空公司、西部航空公司就新开或加密"重庆—新加坡"航线进行战略合作。立足重庆,辐射西南、西北和东北地区。在开放第五、第七、第八航权上寻求突破,率先构建以重庆、新加坡为双枢纽的互联互通空中通道。

3.交通物流领域

加快打造以果园港、南彭公路物流基地为集中区域,依托中欧班列(重庆)国际铁路联运大通道、长江黄金水道,建立中转联盟,推进铁路、航空、水运、公路多式联运,建设中国西部的互联互通综合交通枢纽。重点开展与新加坡国际港务集团等企业的合作,创新物流产业合作方式,采取"政策设计+技术集成+企业操作"的合作方式,构建物流互联互通的软硬件平台,逐步实现重庆内部、重庆与中西部、重庆与新加坡物流资源整合,为中西部、全国甚至全球提供物流信息化、智能化发展的引领和示范。

（1）建设中新鱼复多式联运示范基地。依托鱼复工业园区和果园港,建立多式联运示范基地和标准体系。加快多式联运设施、物流信息化体系和互联互通建设,大力发展江海联运、铁海联运、国际铁路联运和陆空联运,实现"一带一路"和长江经济带国际物流通道的有效联结。

（2）打造航空综合物流示范区。借助新加坡樟宜国际机场运作的先进管理经验和丰富的航线资源,在以江北国际机场为核心,机场周边地区为依托的范围内策划打造国际航空物流综合示范区,推进示范区联合开发、协同管理,推进示范区物流、商流、信息流和资金流一体化开发。

（3）构建西部现代冷链物流中心。推进新加坡物流企业与重庆大型企业合作,强化覆盖区域内冷链物流信息化管理,实现共同配送,提升物流提供商效率。设立区域性保税仓库,整合打造立足重庆、服务西部、辐射东南亚的现代冷链物流中心。

（4）大力发展跨境电商产业。优化监管方式,积极探索宽严相济的检验检疫体制,扩大第三方检验认证结果的采信和推动检测认证结果及其标准的国际互认。推进跨境电子商务公共服务平台建设,促进在线通关、检验检疫、仓储物流、结付汇、出口退税等全业务流程的协同发展。依托保税港区、西永综合保税区等海关特殊监管区域,以及国家级高新区和电商产业园区,创建各具特色的跨境电商示范园区,促进跨境电子商务集群快速发展。完善跨境电子商务运行模式和管理政策,探索放开电子商务外资准入限制,引进跨境电商龙头企业,鼓励线上线下结合、境内境外结合等业态创新。

(5)建设国际物流分拨中心。依托各类口岸平台优势,鼓励跨国公司设立区域国际物流运营中心,打造内陆国际贸易分拨、中转、销售、结算中心,提升参与国际贸易供应链采购竞争力和争取定价权。以中欧班列(重庆)铁路和国际航空货运为依托,开展货物快速拆拼和集运业务,大力发展内陆在岸转口和过境贸易,吸引周边省市货物经重庆转口至国内外其他地区,培育"一带一路"国家和地区间经重庆开展的转口贸易。

4.信息通信技术

加快打造以水土云计算产业基地、大数据产业基地为集中区域的,依托跨境电子商务等服务平台,加强在标准制定、工程建设、网络运维、物联网等方面的研发创新,积极推动新加坡和重庆在信息通信技术领域的全面合作,建设信息化和工业化深入融合的智能城市。

(1)建设大数据及云计算基地。依托新加坡太平洋电信与重庆的战略合作,加速国际离岸数据云计算特别管理区的建设,寻求拓展双方合作领域和深度的方式。在云计算平台技术、信息安全技术等领域寻求突破,为工业4.0时代的智能生产制造提供支持服务。合作打造云计算芯片制造、资金结算等高端产业价值链。

(2)建设智慧城市。结合新加坡"智慧国2015计划",充分利用重庆大数据及云计算处理能力,集成新加坡在城市规划等方面经验,联合新加坡知名城市综合体开发商,集中打造集敏捷感知、协作融合、睿智畅行为一体的智慧城市。

(3)构建绿色交通。新加坡已将IT和信息技术应用到城市交通的各个领域,实现了交通的智能化和大脑化。借鉴新加坡在智能交通领域的经验和做法,建设以绿色交通系统为主导的交通发展模式。

(4)发展绿色低碳建筑。利用新加坡成熟的绿色环保节能技术,大力发展清洁能源、废水利用和垃圾处理技术;在建筑设计、建造和建筑材料选择中,应用建筑节能技术,强调资源可再生利用;力求建筑外部与周边环境相融合。

5.其他重要领域

重点在江津、永川等区域集中布局现代农业、教育和健康医疗等其他现代服务产业。积极推进对社区服务、教育、医疗、养老等服务性行业突破股比限制,放宽投资准入,大力引进律师、会计、咨询顾问等专业国际化中介机构中国总部落户重庆,不仅为重庆及全国企业提供内部审计、境内外上市、应对国际法律纠纷等高端服务,同时有利于营造亲商环境,吸引投资,留住高端人才,建设国际化城市。

(1)扩大服务领域对外资开放度。增大投资领域对新加坡企业开放力度,对增值电信业务、教育、医疗、养老等服务性行业突破股比限制,放宽投资准入。新加坡律师、会计、咨询顾问、金融师等掌握着全球市场专业知识,根据中国企业转型升级发展需要,可积极引进这些高端人才或这些领域新型服务机构落户重庆。

(2)大力发展内陆加工贸易。优化加工贸易结构,积极承接国内外产业转移,深度参与全球价值链分工体系,推进电子信息产业等加工贸易向品牌、研发、分拨和结算中心产业链高端延伸。

(3)加快发展服务贸易。坚持共享发展理念,积极探索服务贸易发展新途径,促进分享经济发展。以推进服务贸易五大专项为核心,加快集聚大企业、大集团以及国际知名品牌,全面提升服务贸易整体实力和竞争力,建设全国重要服务贸易基地。

三　中新苏州、天津项目发展分析

中国和新加坡历来就有比较密切的经济关系，贸易往来由来已久。特别是自20世纪80年代以来，双边贸易额逐年增加，到2015年达到60多亿美元。自1990年10月，中新两国正式建立外交关系之后，新加坡掀起了"中国热"，商家纷纷到中国投资。2015年以前，中国与新加坡已启动两个政府间合作项目，分别是1994年设立的苏州工业园区、2007年建设的中新天津生态城。这些项目合作重点和领域各异，对深化两国经贸合作具有重大的推动作用。

一、苏州工业园区

苏州工业园区连续多年名列"中国城市最具竞争力开发区"榜首，综合发展指数位居国家级开发区第二位，主要经济社会指标大都排在全国开发区前列。2014年实现地区生产总值2000多亿元，同比增长8.5%；公共财政预算收入228亿元，增长10.2%。有91家世界500强企业在园区投资，覆盖电子信息、机械制造、生物制药、新能源和新材料等多个领域。2014年实际利用外资19.6亿美元、进出口总额800亿美元、固定资产投资700亿元。

（一）发展背景及历程

1992年初，邓小平同志在南方视察时发表了借鉴新加坡经验的重要讲话，中国改革开放和蓬勃发展的大好形势和新加坡政府制定的扩大海外投资、寻求新的发展空间的战略，共同促进中国成为新加坡华人投资的首选目标。同年中新双方共同协商考察，确定将作为合作载体的工业园区落地苏州。1994年5月，苏州工业园区正式启动首期开发建设，在第一版工业园区总体规划中，将园区定位为"以高新技术为先导、现代工业为主体、第三产业和社会公益事业相配套的国际化现代工业园区"。

这一时期,工业园区围绕"工业"的定位,将工作重点主要放在规划、基础设施建设、管理与服务水平提升3个方面。2000年,基本完成了约12 km²的首期园区开发建设任务,园区地区生产总值达到130.5亿元。2002年,园区确立了建成"具有国际竞争力的开发区"的目标。围绕这一目标,园区将工作重点放在引进高科技和资本密集、具有辐射带动效应的项目上;加大基础设施投入,加快创新载体建设。"二次创业"中,园区以发展高技术含量、高附加值的制造业为目标,重点培育发展电子信息、精密机械、生物制药和新材料等四大产业集群,并制定了用地、人才和税收等多项优惠政策。2005年,苏州工业园区的"十一五"规划对园区进行了重新定位,在保留"具有国际竞争力的高科技工业园区"定位的基础上,增加了"现代化、园林化、国际化新城区"的新定位。其后的苏州市城市总体规划(2007—2020),对苏州工业园也有了新的认识,将园区定位为东部新城和市域CBD,这成为园区发展历程中的又一里程碑。园区正在从一个单纯的制造业空间向"生产—消费"综合空间转变,工业园区向新城区转型,城市功能日趋多样化。

(二)主要特征

1.转授全部管理软件

在苏州工业园区建设中,新方在提供硬件投资的同时,转授全部管理软件。工业园区通过引进、利用新加坡及海外资金,对园区进行大规模投入,建设了二、三产业包括基础设施等项目。与此同时,工业园区在建设和管理中,借鉴新加坡在经济发展、城市规划建设管理以及其他公共行政管理方面的经验,并结合中国国情,形成了独特的发展模式。

2.采用合资与合作的方式

苏州工业园区在开发建设上,采用合资与合作的方式。即由新加坡方面与苏州方面建立的合资公司作为开发商,统一负责整个园区的成片开发,双方的出资比例为新加坡65%、苏州35%。以新加坡为主,由双方共同进行国际招商,吸引海外投资者到工业园区大规模投资开发。

3.双方合作行使经济管理和社区管理权

苏州市政府与新加坡国际劳工基金(国际)公司签署的关于合作开发苏州工业园区的原则协议,明确规定了双方的权利和义务。中方负责行政管理,并拥有园区总体规划、产业结构与重大项目的审批权、行政权与司法权。新方参与经济管理,拥有工业园区的开发建设权和吸引保护投资者的政策建议权。

4.多层次的组织管理机构

多层次的组织管理机构是中新合作苏州工业园区的鲜明特色。组织机构具体分三个层次。一是国家级的联合协调理事会。这是由两国政府组成的最高层次的协调机构,负责规划项目的总体方向和范围,批准必要的资金来源并定期检查进展情况。二是地市一级的联合工作委员会。这是一个执行委员会,负责把项目的总体方向和范围落实成具体计划并监督计划的执行。三是中新双方各建一个项目办公室,共同决定软件转让的领域,提出合适的人选和机制,实行转让并监督其成果,提出进度报告并向联合协调理事会和联合工作委员会提出有关建议。

(三)建设意义

1.有利于我国借鉴新加坡的成功发展经验

新加坡经过三十多年的探索和实践,已形成独具特色的市场经济。新加坡在人力资源的开发、培养和训练方面的优势,先进而丰富的管理经验,充裕的资金,以及广阔的国际市场关系,对于我国的现代化建设来说是非常重要的。此外,新加坡在社会治理和行政管理上也有许多值得借鉴的独到之处。

2.符合我国整体经济发展战略

新加坡开发财团在苏州建设工业园区,新加坡政府机构以其为载体,系统提供经济、社区及行政管理软件,与中国整体的经济发展战略密切相联,是中国对外开放层次的提升。这一决策,与中国20世纪90年代以上海浦东开发为龙头,带动长江三角洲甚至整个长江流域地区经济新飞跃的战略部署是一致的。

3.符合苏州经济发展的内在需要

苏州地处长江三角洲沿海开放区,有土地、人才、一定工业基础、发展腹地。这"四有"正是新加坡的"四缺":一是国土有限;二是缺乏劳动力;三是缺少稳定的腹地;四是缺乏人才尤其是高技术的人才。而新加坡有发达的经济体系和第三产业,有丰厚的资金,有同国际联系的网络,有健全的堪称世界一流的管理。新加坡的这"四有"又恰是苏州当时的"四缺"。因此,苏州经济要发展,与新加坡进行全新的、长期的、综合性的、一体化的全面合作,完全符合其自身发展的内在需要。

二、中新天津生态城

作为中国与新加坡两国政府间的重大合作项目,位于天津滨海新区、占地面积约为 30 km² 的中新天津生态城,是我国首个绿色发展综合示范区,共分为滨海中心商务商业区、滨海高新技术产业区、滨海化工区、先进制造业产业区、临空产业区、临港产业区、海港物流区、滨海休闲旅游区八个功能区,以生态环保教育科技研发、生态创意、生态文化旅游、特色会展、医疗保健疗养等为主要产业方向。已形成以联众游戏、暴风科技为代表的"互联网+"高科技产业,以蓝色光标、美团电影为代表的文化创意产业,以亿利生态旅游岛、中加低碳示范区为代表的精英配套产业。2015 年,累计注册企业逾 3500 家,累计注册资金近 1400 亿元,纳税千万元以上的企业 77 家。2014 年,中新天津生态城与新加坡资讯通信发展管理局签订了合作建设智慧城市框架协议,2016 年,《天津生态城脉动城市总体规划(2016—2020)》发布,在未来 5 年内,生态城将开展 66 个包括"众创空间""智慧旅游规划""ICT 技能框架""生态城万事通"等项目,涉及经济环境、城市发展、民生服务三大领域。

(一)发展背景及历程

中新天津生态城建设是在国际和国内社会越来越关注"生态文明"的宏观背景下,由中新两国政府主导、起步较早、规模较大的生态城之一,是中国和新加坡两国政府应对全球气候变化、节约资源能源、建设和谐社会的重大合作项目。中国作为发展中国家,其工业化、城市化不能重复西方发达国家高消耗、先污染后治理的老路,必须面对日益恶化的世界生态难题,探索出全新的城市化产业化道路。2007年4月,中新两国政府领导共同提议在中国合作建设一座资源节约型、环境友好型、社会和谐型的城市,提出"三和""三能"要求。2007年11月,中新两国总理共同签署《中华人民共和国政府与新加坡共和国政府关于在中华人民共和国建设一个生态城的框架协议》,并提出"突出资源节约与环境友好型、符合中国法律法规和国家政策、有利于增强自主创新能力、坚持政企分开"四项要求和"体现资源约束条件下建设生态城市的示范意义、靠近中心城市,依托大城市交通和服务优势,节约基础设施建设成本"两条原则。2008年4月,《中新天津生态城总体规划(2008—2020年)》经中新天津生态城联合工作委员会审议通过。中新天津生态城以指标体系作为城市规划的依据,指导城市开发和建设。2014年,中新天津生态城获批为国家绿色发展示范区。2015年,中新双方签订新的备忘录,拟在未来三年内将其发展成水资源管理的示范城市及智慧城市,并打造成绿色建筑示范基地。

中新生态城的规划建设,重在运用生态经济、生态人居、生态文化、和谐社区、科学管理的新理念,建设"社会和谐、经济高效、生态良性循环的人类居住形式",实现人与人的和谐、人与经济活动和谐、人与环境和谐,重在把新加坡城市规划建设的先进理念、技术与天津的实际情况紧密结合,在建设节能、环保、宜居住宅的同时,发展教育培训、科技研发、文化创意、服务外包等现代服务业,配套建设一流的学校、医院、公园、文体设施和社区服务中心等公用建筑。

（二）主要特征

1. 高起点开展城市规划设计

中新政府签署了框架协议，以生态城指标体系为核心，制订总体规划和详细规划。指标体系由22条控制性指标和4条引导性指标构成，规划尤其注重节能减排、水系统建设、公共交通、发展循环经济等方面，重点关注生态城布局、产业布局、市域综合交通、生态绿化体系、空间管制区划等专项。中新生态城管委会还会同新加坡城市重建局，邀请德国RG、美国KDG、澳大利亚PTW、新加坡SURBANA、美国RTKL、芬兰VTT等国际知名设计公司开展了城市设计国际竞赛，对优选方案的特色和优点进行充分汇总，并把设计成果充实到生态城的控制性详规和修建性详规之中，形成未来生态城的城市设计导则。

2. 产业布局突出生态优先

在产业选择上坚持生态优先，淘汰落后产业，保护生态环境，营造良好的生态环境。主导产业一是生态环保教育科技研发，主要从事生态恢复、环境污染防治，可再生能源、资源综合利用，节能环保设备等相关技术研发，教育与培训；二是生态创意产业，在产业选择中融入循环经济理念，致力于软件开发、工业计算机、汽车、航空航天、船舶、室内景观设计等领域的创新设计与开发，建设国际领先的生态设计基地；三是生态文化旅游业，以生态型河岸建设、生物栖息地保护、湿地恢复与重建、利用水生植物进行水环境修复等一系列生态技术、文化的示范项目；四是特色会展业，打造生态环保、循环经济等领域的国际重要会址及相关专利技术和产品信息展示交易中心；五是医疗保健疗养业，面向京津，建设集体医疗体检、康体疗养、休闲娱乐为一体的康乐中心。

3. 实行"中新合作、政企分开、企业运作、政府监管、规划控制、指标约束"的开发模式

中新天津生态城的最高级别合作机制为中新联合协调理事会，由两国副总理担任主席。建立中新联合工作委员会，由中国住建部及有关部

委和新加坡国家发展部及有关部委组成,下设中新联合工作委员会办公室。中新两国企业分别组成投资财团,成立合资公司,共同参与生态城的开发建设。

(三)建设意义

1.绿色经济发展的有益探索

形成了文化创意、信息技术等主导产业聚焦发展态势。绿色建筑方面,除了具体硬件建设,生态城也对绿色建筑的管理标准、规划设计、评价标准等软件部分进行了探索;可再生能源利用方面,制定了总体利用率要达到20%的专项规划,并对太阳能光伏发电、地源热泵、风能等领域进行了结合性开发;水资源方面,进行了水资源综合利用系统和水处理技术的开发和建设,在雨水收集,对中水、污水处理方面进行了探索;绿色交通方面,规划建设覆盖全城的慢行系统;垃圾处理方面,建立了分类收集、管道运输和餐厨垃圾处理等系统。

2.可复制可推广的制度和模式尝试

建立了涵盖两国政府、财团、企业各层面的高效运作机制。中新政府层面的高层合作机制给发展带来了充分的动力;企业层面的合作机制给发展注入了活力,中新双方的企业财团提供了生态城开发建设的第一桶金,并以合资公司为载体形成了利益均衡共享的机制,继而带动滚动发展,形成了区域可持续发展的基本动力;以国企为背景的中方投资公司和双方各占50%的中外合资公司充分体现了"政企分开、政府引导、企业主体"的开发模式,中新双方通过从政府到企业的一系列协议确定了管委会和两家公司的各自职能。这种制度安排保证了三者之间的融洽关系,保障了新型城市建设目标的实现。

四 重庆对外贸易发展基本情况

"十二五"以来,重庆积极融入国家"一带一路"倡议和长江经济带建设大局,全面推进大平台、大通道、大通关、大集群、大环境开放体系建设,对外贸易发展取得了突破性进展。

一、现状和态势

(一)货物贸易结构不断优化

从进出口结构看,进出口从2010年的124亿美元增至2015年的745亿美元,5年增长近5倍,全国排位从第23位上升至第10位、中西部第1位(见表I、图I所示)。

表I 近十年重庆外贸进出口情况

单位:亿美元

年份(年)	2006	2007	2008	2009	2010	2011	2012	2013	2014	2015
进出口	55	74	95	77	124	292	532	687	954	745
进口	21	29	38	34	49	94	146	219	320	193
出口	34	45	57	43	75	198	386	468	634	552

(数据来源:根据历年《重庆统计年鉴》整理)

(单位:亿美元)

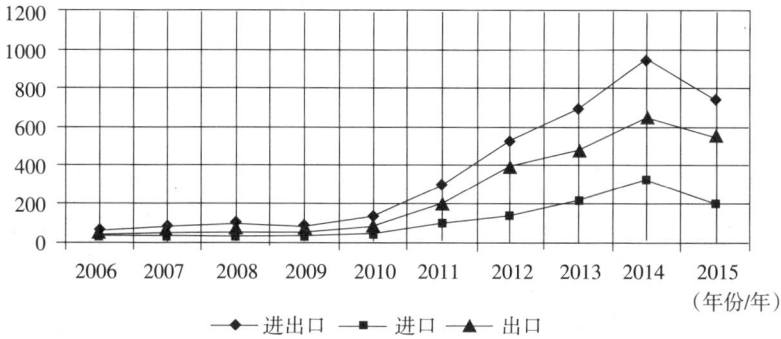

(数据来源:根据历年《重庆统计年鉴》整理)

图I　近十年重庆外贸进出口走势图

从贸易形式结构看,一般贸易占比由82%下降到40%,加工贸易占比从13%提高到39%(见图II)。

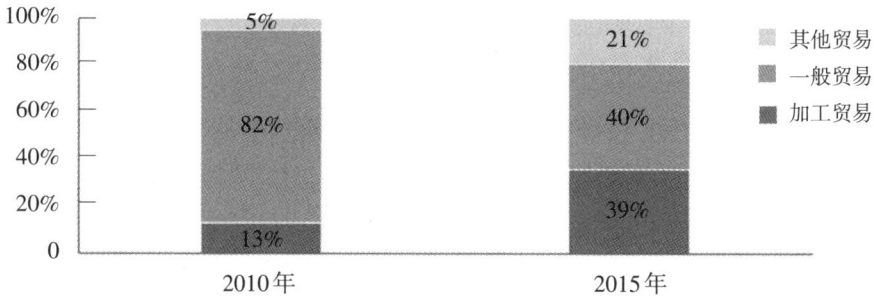

(数据来源:根据历年《重庆统计年鉴》整理)

图II　重庆"十二五"货物贸易结构变化示意图

从进出口区域结构看，2015年亚洲、北美洲、欧洲占比分别为41%、24%和21%，相比2010年数据，拉美市场有所萎缩（见图III）。

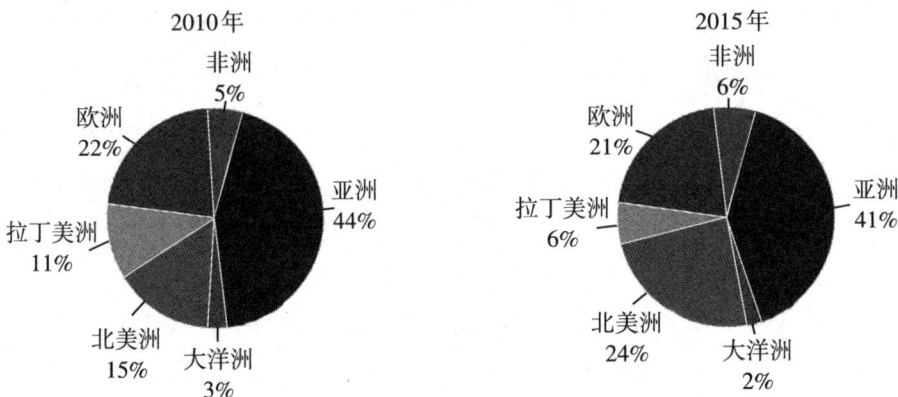

2010年

2015年

（数据来源：根据历年《重庆统计年鉴》整理）

图III 重庆"十二五"外贸区域结构变化示意图

（二）外贸新业态蓬勃兴起

总部贸易和转口贸易加快起步，已有中国华信、中国高科等10家总部贸易企业落户，2015年总部贸易和转口贸易超过10亿美元。"渝贸通"外贸综合服务平台上线运行，注册企业已超过1000家。重庆成为全国首批进口澳洲屠宰牛试点城市，首批150头澳洲肉牛顺利进境。汽车整车进口产业链不断完善，已有13家汽车贸易商签约入驻重庆。18批次276辆大贸及平行贸易进口汽车通过中欧班列（重庆）运抵重庆，居2015年全国新批四个口岸第一。

（三）服务贸易发展态势良好

得益于服务贸易"5+1"专项工作的推动，服务贸易由2010年的35亿美元上升至2015年的170亿美元，增长3倍多；服务外包执行额从2010年的1.1亿美元增长至2015年的18亿美元，增长约15倍。已集聚电商、支付、物流仓储三大类跨境电商主体备案企业近300家，2015年完成货值7.86亿美元，"京东全球购"、蜜芽宝贝等跨境电商龙头企业落户；保税商品展示品种达4万多种;澳洲电信(重庆)数据中心、联通西部数据中心一期已投入运营,已形成5万台服务器的运营支撑能力;跨境人民币结算额1983亿元,保持中西部第一,跃居全国第九,同比增长23.8%。其中,经常项下结算金额995.1亿元,同比增长70.5%,服务企业达1030家,同比增长28%。

(四)外贸功能体系更加健全

建成航空、港口、铁路三大国家级交通枢纽,拥有航空、内河航运和铁路三种国家一类口岸,并相应匹配了三个综合保税区,形成了内陆独一无二的"三个三合一"的开放特征。构建起以两江新区为龙头的"1+2+8+36"开放园区体系,创造了全市76%的工业产值。具备口岸签证、72小时过境免签等功能,进境肉类、水果、汽车整车等指定口岸在西部率先投入运营。中欧班列(重庆)大通道成为新的丝绸之路经济带的重要载体,货值占整个经阿拉山口出入境货物的80%,居中欧班列第一位。国际客货航线达到40多条,江北机场2015年旅客吞吐量达3300多万人次,航空货邮量突破30万吨。"铁、公、水"联运更加紧密,周边地区经重庆港中转货物比重达到43%。实现了与中欧班列(重庆)铁路沿线国家关检合作"一卡通",与上海、深圳等8个沿海、沿边口岸实现了"信息互换、监管互认、执法互助"。

(五)重庆与新加坡贸易合作具有一定基础

进出口总额2011—2014年翻了近四番,2015年重庆对新加坡出口112亿元,增长34.2%,排在亚洲国家和地区第四位。实际利用新加坡外资6.9亿美元,国际服务外包执行额也超过6000多万美元。相关国际旅游人数近三年均保持8万人次以上规模。

二、存在的主要问题

(一)进出口商品结构还不够合理

主要表现为机电产品占比偏高。2015年出口种类中,机电产品占比达到76%,其中电子信息产品占到64%。进口种类中,机电产品占比达到71%,其中80%以上是电子信息产品。进出口产品种类的过度集中和依赖,使得进出口贸易抗波动能力偏弱。

(二)贸易辐射能力还不够强

过去五年,重庆进出口贸易占全国的比重提高了近5倍,但总体规模仍然偏低,仅有3.4%,最高时也只有4.3%。体量偏小,使得对内陆地区的辐射带动受到很大局限。特别是近年来,河南进出口贸易稳步增长,重庆稍有不慎,河南就有可能超过重庆。

(三)跨境电商发展相对偏慢

作为我国跨境电商试点区之一,重庆近年跨境电商发展比较快,但体量明显偏小,只有全国总量的万分之一点五,远远低于进出口总额占全国的比重。作为跨境电商试点城市,还需要进一步挖掘空间,加快提升跨境电商贸易规模和比重。

参考文献

1. 马克思.资本论第 1 卷[M].中共中央马克思恩格斯列宁斯大林著作编译局,编译.北京:人民出版社,1975.

2.[美]索尔·科恩,地缘政治学:国际关系的地理学[M].严春松,译.上海:上海社会科学院出版社,2011.

3. 倪世雄,等.当代西方国际关系理论[M].上海:复旦大学出版社,2001.

4. 汪素芹.国际服务贸易[M].北京:机械工业出版社,2011.

5. 姜文学.TPP 在美国重塑国际贸易秩序中的双重功能[J].财经问题研究,2012(12).

6. 陈淑梅,全毅.TPP、RCEP 谈判与亚太经济一体化进程[J].亚太经济,2013(2).

7. 张亚斌,范子杰.国际贸易格局分化与国际贸易秩序演变[J].世界经济与政治,2015(3).

8. 冯雷.新常态:重新定位进出口贸易的增长利益[J].国际贸易,2016(2).

9. 李晓,李俊久."一带一路"与中国地缘政治经济战略的重构[J].世界经济与政治,2015(10).

10. 申现杰,肖金成.国际区域经济合作新形势与我国一带一路合作战略[J].宏观经济研究,2014(11).

11. 冯宗宪.中国向欧亚大陆延伸的战略动脉——丝绸之路经济带的区域、线路划分和功能详解[J].学术前沿,2014(2).

12. 孙海燕,黄蕊.从孟中印缅经济走廊相关实践看"一带一路"公共外交[J].公共外交,2014(4).

13.韩永辉,邹建华."一带一路"背景下的中国与西亚国家贸易合作现状和前景展望[J].国际贸易,2014(8).

14.罗小龙,郑焕友,殷洁.开发区的"第三次创业":从工业园走向新城——以苏州工业园转型为例[J].长江流域资源与环境,2011(7).

15.杨保军,董珂.中新天津生态城总体规划[J].城市规划通讯,2008(17).

16.程大中.中国生产性服务业的水平、结构及影响——基于投入—产出法的国际比较研究[J].经济研究,2008,43(1).

17.江涌.经济全球化背景下的国家经济安全[J].求是,2007(6).

18.刘厚俊,袁志田.马克思国际贸易理论与西方国际贸易理论的比较[J].当代经济研究,2006(1).

19.成丹,赵放.中国生产性服务贸易与中间产品贸易关系[J].国际经贸探索,2011(11).

20.余道先,刘海云.中国生产性服务贸易结构与贸易竞争力分析[J].世界经济研究,2010(2).

21.王宝锟.中新合作踏上"新里程"——访中国驻新西兰大使王鲁彤[N].经济日报,2014-11-18(4).

22.张兰平,徐林.国际贸易新格局下江苏对接上海自贸区的机遇与策略[J].对外经贸实务,2015(11).

23.冯伟杰,魏磊.中国与东盟区域经济合作中存在的问题及对策[J].对外经贸实务,2010(2).

24.孙金秀,杨文兵.经济增长:产业结构和贸易结构互动升级之结果[J].现代财经(天津财经大学学报),2011(9).

25.陈惠萍.中国—东盟零关税的效应及对策——基于重庆的分析[J].中共重庆市委党校学报,2010(4).

26.王佳宁,罗重谱,刘晗.中新政府间合作项目比较:苏州、天津及至重庆[J].改革,2016(1).

27.孙晓峰,黄雅贤,尹波,等.中新天津生态城绿色建筑探索与实践

——以中新天津生态城低能耗中学项目为例[J].城市,2012(10).

28.张建中,梁珊,后危机时代中国对外贸易发展趋势及其政策措施[J].云南财经大学学报,2011,27(6).

29.姚远.外国直接投资对我国进出口影响的区域差异分析[J].国际贸易问题,2007(10).

30.王剑,徐康宁.FDI区位选择、产业聚集与产业异质——以江苏为例的研究[J].经济科学,2005(4).

31.林青.国际物流对国际贸易的促进机制研究——基于贸易成本的视角[J].现代商贸工业,2009(9).

32.芦丹.新环境下我国国际物流与对外贸易影响关系研究[J].物流工程与管理,2013(7).

33.庄惠明,黄建忠,陈洁.基于"钻石模型"的中国服务贸易竞争力实证分析[J].财贸经济,2009(3).

34.赵仁.中国—东盟自由贸易区框架下的重庆与东盟贸易合作研究[D].重庆:重庆工商大学,2012.

35.杨燕.重庆市与东盟国家经贸合作发展空间及拓展路径研究——基于协整分析和 Granger 因果检验[D].重庆:重庆大学,2007.

36.黄蓉.中国外贸结构与产业结构的互动关系研究[D].上海:上海社会科学院,2014.

37.张永浴."中泰"双边贸易与物流联动发展研究[D].广州:华南理工大学,2011.

38.崔洁冰."金砖国家"服务贸易竞争力影响因素的实证分析:基于"钻石模型"[D].大连:东北财经大学,2013.

江北国际机场在重庆国际贸易辐射圈中的功能布局研究

JIANGBEI GUOJI JICHANG ZAI CHONGQING GUOJI MAOYI

FUSHEQUAN ZHONG DE GONGNENG BUJU YANJIU

江北国际机场在重庆国际贸易辐射圈中的功能布局研究*

（2017年4月）

一、研究概述

（一）研究背景

2016年初,习近平总书记到重庆视察时指出,重庆作为我国中西部地区唯一的直辖市,区位优势突出,战略地位重要,是西部大开发的重要战略支点,处在"一带一路"和长江经济带的联结点上,在国家区域发展和对外开放格局中具有独特而重要的作用。2016年重庆市政府工作报告明确指出,"十三五"期间重庆市要坚持开放发展,拓展内陆开放新空间,全面融入国家"一带一路"建设和长江经济带发展,发挥战略枢纽功能的辐射带动作用,加强国际产能合作,服务西部开发开放。依托中欧班列(重庆)铁路、长江黄金水道、渝昆泛亚铁路和江北国际机场,构建多式联运跨境走廊,建设国际物流枢纽。……紧扣现代互联互通和现代服务经济,聚焦金融服务、航空、交通物流、信息通信技术等重点领域,发展各种新技术、新产业、新业务、新业态、新模式,构建以重庆为运营中心、

*课题指导:吴家农;课题组长:韩列松;课题副组长:马明媛、彭瑶玲;主研人员:易峥、王芳、曹力维、闫晶晶、莫宣艳、吴芳芳、李鹏;联络员:李小东。

辐射内陆、联通欧亚的国际贸易辐射圈。江北国际机场作为重庆扩大内陆开放的对外窗口,亟须优化提升功能,以适应重庆不断扩大开发的需要。

1.重庆构建国际贸易辐射圈是我国由点及面不断深入推进内陆开发开放的现实需求

我国对外开放采取由沿海向内地逐步推进的梯度开发战略。在梯度开发过程中,重庆作为西部地区唯一的直辖市和国家中心城市,一直是内陆开放高地的重点。北部新区、两江新区、两路空港保税港区、寸滩保税港区、西永综合保税区、铁路整车进口口岸、南彭保税物流中心等国家级对外开放平台的设立推动了重庆内陆开发开放的不断深入,重庆已经形成公、铁、水、空四个零公里、四个保税物流中心的物流发展格局。在国家战略格局中构建以重庆为运营中心,辐射周边和全国的国际贸易辐射圈的基本条件已经具备,这是重庆深入扩大内陆开放,融入世界经济发展的需要;有利于我国对外贸易从单一海运通道增加为"沿海海运+内陆铁空联运"对外通道组合,从地缘政治来说增加了我国对外贸易通道的稳定性,从对外开放来说增加了整个西部地区对外往来的通道,契合了国家的"一带一路"倡议。

2.中新(重庆)战略性互联互通示范项目需要更广阔的发展平台

中新(重庆)战略性互联互通示范项目作为中国和新加坡第三个政府间合作项目,契合了"一带一路"倡议、西部大开发和长江经济带发展战略,以"现代互联互通和现代服务经济"为主题,将金融服务、航空、交通物流和信息通信技术作为重点合作领域。该项目以重庆为运营中心,不仅要和重庆互联互通,和中西部地区互联互通,还要和世界互联互通,以此催化重庆和中西部地区发展。为了紧抓中新(重庆)战略性互联互通示范项目契机,更好地利用中新合作第三个政府间合作项目推动重庆内陆开放高地的建设,必须着眼于全球视野,构建更加广阔的发展平台,国际贸易辐射圈恰逢其时。

3.江北国际机场功能提升事关重庆发展的重大战略

江北国际机场作为国际贸易辐射圈中重要一环,尤其是在当今速度经济时代,机场拥有快速、高效的交通联系特征,可承担远距离、小体积、时效快、附加值高等产品的运输,是重庆建设面向国际运营中心的重要承载平台,更是重庆走向国际化贸易的重要交通工具。如何提升其功能,强化交通支撑,发挥江北国际机场在重庆口岸经济和国际贸易辐射圈的作用值得深入思考。

在中新合作四大领域中,江北国际机场承载了机场和物流两大方面功能,并走在合作前列。机场合作方面,要与新加坡樟宜机场加强合作,提升重庆机场国际航空货运、旅客吞吐量等枢纽型功能,推动重庆航空公司、空港城等方面建设。目前江北国际机场已经与樟宜机场达成一期合作协议,正在就更广泛深入合作进行协商。物流方面,合作重点是提升重庆水、陆、空三个国家一类口岸、三个保税区和综合交通枢纽的管理水平和系统化程度,打造内陆物流开放高地。目前已经与新加坡普洛斯物流集团达成初步协议。为了更好推进机场方面与新加坡合作,必须加快推进机场功能优化研究。

综合以上背景,我们开展了江北国际机场在构建重庆国际贸易辐射圈中的功能布局研究,提出了在国际贸易辐射圈背景和中新合作背景下江北国际机场对外联通、对内完善的行动措施。

(二)提升江北国际机场功能的必要性和紧迫性

1.发展势头强劲,功能提升正当其时

江北国际机场2015年旅客吞吐量为3239万人次,货运吞吐量突破30万吨。从2010–2015年来看,江北国际机场客货量增长均位于全国十大机场首位,发展势头强劲(见图2-1)。

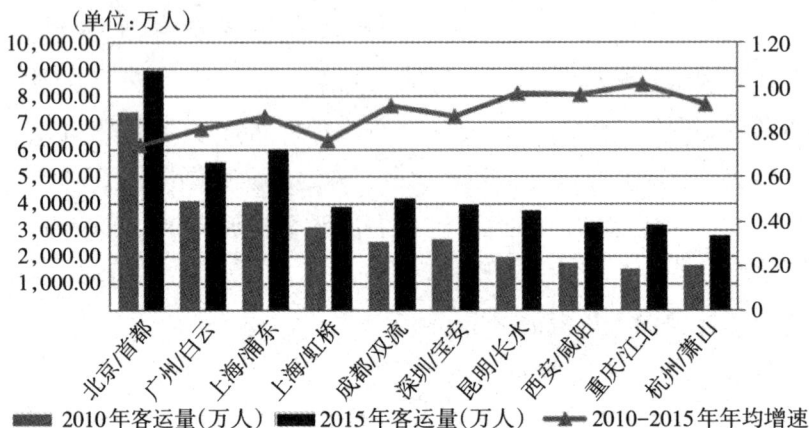

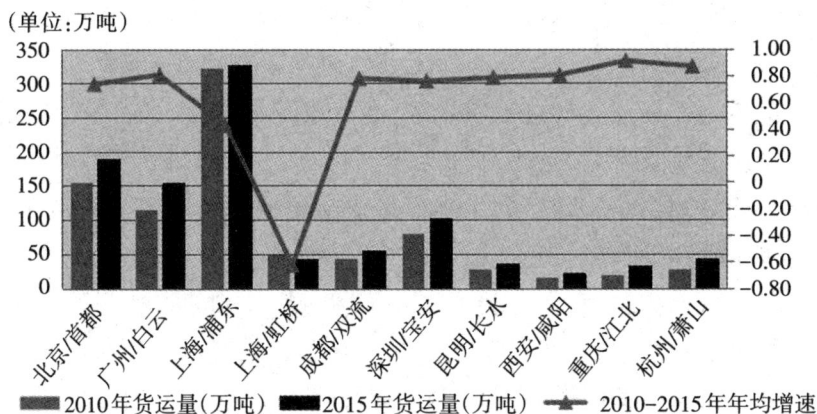

图2-1　中国十大机场近五年来客货量及其增速对比

随着客货运量的快速增长,江北国际机场也面临着发展转型。从上海、新加坡机场的发展经验来看,机场客运量每3年增长1000万人就进入了快速增长阶段,这个时期机场就从单一交通设施走向综合服务功能。

（单位：万人）

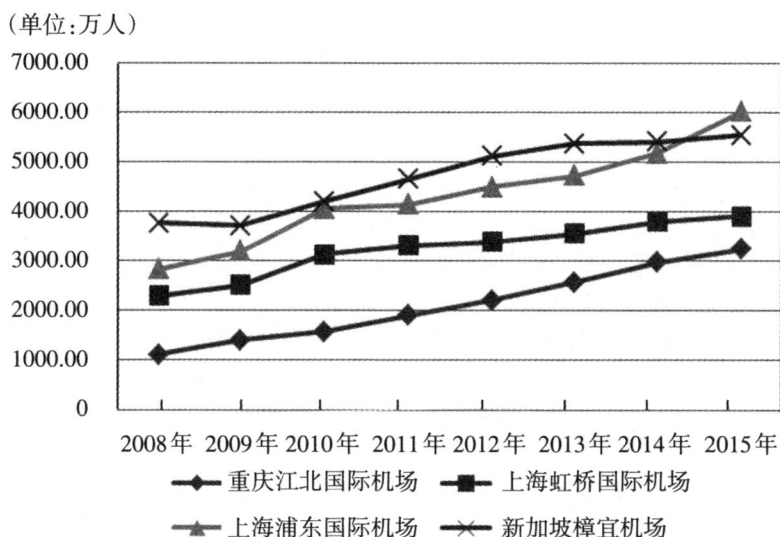

图2-2 江北国际机场与上海、新加坡机场客运量增速对比

上海浦东国际机场大约从2008年开始客运量快速增长，大约每3年增长1000万人，从不到3000万人增长到2015年的6008万人次。也正是在这个时期，浦东国际机场周边大量聚集了现代服务业企业，如联强国际（Synnex Technology International）、神州数码（Digital China）、佳杰科技（ECS），构成以IT通路为特征的信息产品供应链；同时以高新技术产业为主的高端企业总部集聚的态势也愈加明显，如有德国博世（BOSCH）、英国联合利华（Unilever）、美国伊顿（EATON）、新加坡佳通集团（GITI）、丹麦丹尼斯克（Danisco）、法国德高贝登（JCDe caux）等20多家著名企业总部；此外，航空服务业和现代物流业也快速聚集，如联邦快递（FedEx）、TNT（天地快递）、劲达国际货运（Expeditors）、鸿霖国际（Morrison Express）、扬子江快运（Yangtze River Express）、大航货运（Dahang International Transportation）等著名现代物流企业，浦东国际机场从单一的交通设施转变为以机场为核心带动的综合功能区域。

新加坡樟宜机场大约从2008年开始进入客运量3年增长1000万人的发展阶段，客运量的快速增长支撑了樟宜机场作为世界知名服务型机场的发展。通过针对旅客提供多层次服务产品的非航业务发展，该机场被评为全球顶尖机场、全球最佳机场、全球第六的国际交通最繁忙机场、全球第四的高零售收入机场等，获得旅游零售卓越DFNI全球奖。

图2-3　具有综合服务功能的新加坡樟宜机场

江北国际机场从2008年开始客运量快速增长，2008年旅客吞吐量超过1000万人次，2012年旅客吞吐量超过2000万人次，2015年旅客吞吐量超过3000万人次，达到3239万人次。参考上海、新加坡的经验，江北国际机场也面临着从单一交通设施走向综合服务功能的转型。在国际贸易辐射圈和中新合作大力推动下，江北国际机场功能提升正当其时。

2.支撑力度不足，功能提升势在必行

江北国际机场支撑国际贸易辐射圈的能力还显不足。

从外部来看，江北国际机场的国际航线还相对较少，主要原因是缺乏大型基地航空公司，开通国际航线的能力相对较弱。从引进的基地航空数量和影响力来看，中国民航四大航空公司仅有国航一家在重庆设立基地，重庆的基地航空多偏地方化，而其他三个机场至少有二至四家的大型基地航空公司。因此，重庆江北国际机场的份额呈现出均质化特征，缺乏大份额的基地航空的引导，一定程度上影响了江北国际机场新开优质国际航线的能力。

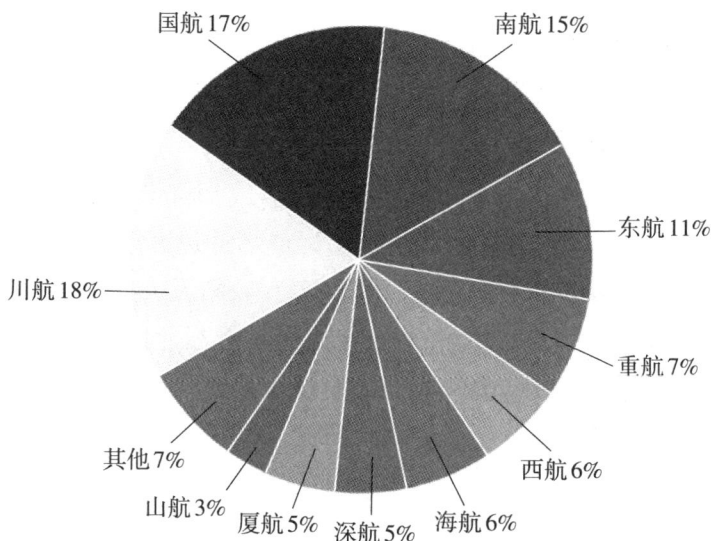

图2-4 江北国际机场基地航空公司的占比份额

表2-1 江北国际机场国际航线与周边机场对比表

城市	国际地区航线总数	主要洲际(远程)航点	即将新开航点
成都	89	巴黎、伦敦、法兰克福、阿姆斯特丹、莫斯科、旧金山、墨尔本、毛里求斯、布拉格	悉尼、纽约、洛杉矶、奥克兰、马德里、索契、亚的斯亚贝巴、迪拜
昆明	70	巴黎、温哥华、旧金山	悉尼、洛杉矶、莫斯科
西安	28	巴黎、罗马、赫尔辛基、莫斯科、悉尼	墨尔本、迪拜
重庆	58	罗马、悉尼、赫尔辛基、伦敦、多哈、迪拜	洛杉矶、奥克兰、纽约、芝加哥、多伦多

从内部来看,国际贸易辐射圈两大核心枢纽——江北国际机场和中欧班列(重庆)之间的联系有待强化。就硬件设施而言,目前江北国际机场仅仅通过绕城高速的海关监管通道与中欧班列(重庆)联系,交通方式

相对单一；从软件来说，机场口岸和铁路口岸是完全独立的两个系统，口岸平台互不联系，各自为政，通关程序有待协调，通关效率有待提高，这与目前江北国际机场与中欧班列（重庆）之间缺乏稳定货运联系因素相关。

3.面临激烈竞争，功能提升迫在眉睫

江北国际机场当前最激烈的竞争来自于成都机场。从现状来看，成都双流国际机场无论是客运量还是货运量都远远高于江北国际机场。从客运量来看，2015年成都双流国际机场为4200万人次，约高出江北国际机场1000万人次；货运量55.66万吨，约高于江北国际机场25万吨。此外，成都双流国际机场国际航线的数量和质量都优于重庆，重庆的远程洲际航线仅5条，航线主要方向为北欧且经停，但重庆主要经济联系方向为西欧；成都的远程洲际航线为8条且多为直达，航线方向为有主要经济联系的西欧。

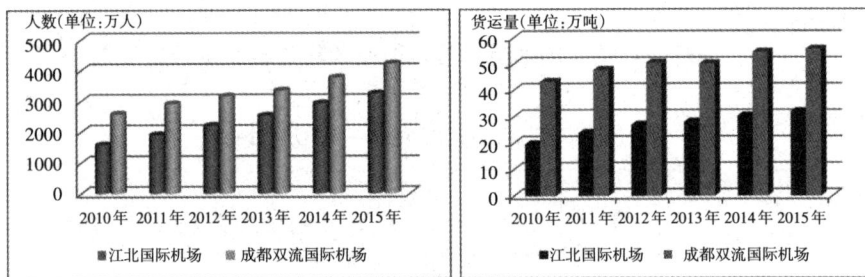

（1）客运量对比　　　　　　　（2）货运量对比

图2-5　江北国际机场与成都双流国际机场客货量对比

表2-2　重庆和成都国际航线对比

	重庆	成都
国际地区航线总数	58	89
国际定期客运航线	17	34
远程洲际航线	5	8
洲际航线联系方式	经停	直达
洲际航线主要区域	北欧	西欧

在成都双流国际机场客货量和国际航线数量质量都高于江北国际机场的背景下,成都还在大力推动第二机场的建设,届时成都客货量承载能力将远远超过重庆,势必对江北国际机场传统腹地造成激烈的竞争压力。因此,提升江北国际机场的功能已经刻不容缓。

随着近年来中国国际航线市场需求的不断增长,航权越来越成为国际航线开发中重要的稀缺资源。近几年国内航空公司纷纷加大对国际航线的开发力度,欧洲国家、美国等主要目的地国家的中方航权几乎已用完,国内航空公司要新增航班,必须依靠民航局与对方国家重新谈判,才能取得新的航权班次用于开航。目前,国内航空公司开通重庆至法国、德国、西班牙等西欧航点已无可使用的航权,中国至意大利、荷兰、葡萄牙等国家的航权已所剩无几,江北国际机场要新增优质航线航权,也面临着国内各大城市异常激烈的争夺。

(三)研究思路与技术路线

1.研究思路

本研究是一个目标和政策双重导向下的研究。从目标来说,江北国际机场要实现对重庆国际贸易辐射圈的支撑,将针对其目前还存在的问题和短板开展研究。从政策导向来说,中新合作为江北国际机场提供了难得的发展机遇和优惠政策,如何让这些政策落实从而推动江北国际机场发展,也是本研究的重要视角。

研究方法上,主要采取了对比研究、文献研究和调研踏勘。对比研究,重点针对具有相同特征的机场进行对比,包括在本国国际物流贸易通道中发挥了重要作用的机场,如阿姆斯特丹史基浦机场和上海浦东国际机场;非航业务发展较好的机场,如新加坡樟宜机场;扩大规模并完善综合功能的机场,如西安咸阳国际机场和成都双流国际机场等。文献研究,对非航业务的体系构成、非航业务对航空价值的贡献等新研究领域进行文献研究。调研踏勘,主要针对与国际贸易辐射圈构建密切相关的部门,如中新合作局等。通过理论、现实、对比等各种视角眼界,力求研究结论客观可信。

2.技术路线

```
┌─────────────────────────────────┐
│      江北国际机场功能提升必要性      │
└─────────────────────────────────┘
                │
    ┌───────────┼───────────┐
┌─────────┐ ┌─────────┐ ┌─────────┐
│  必要性  │ │  差距性  │ │  紧迫性  │
└─────────┘ └─────────┘ └─────────┘

┌─────────────────────────────────────┐
│  江北国际机场在国际贸易辐射圈中的功能定位  │
└─────────────────────────────────────┘
                │
    ┌───────────┴───────────┐
┌──────────────┐    ┌──────────────────┐
│ 类似机场的经验借鉴 │    │ 江北国际机场的功能定位 │
└──────────────┘    └──────────────────┘

┌─────────────────────────────────────┐
│ 江北国际机场功能提升行动路径——"机场+"    │
└─────────────────────────────────────┘
                │
 ┌──────────┬────────┬────────┬────────┐
┌─────────┐┌─────────┐┌─────────┐┌────────┐
│机场+中欧  ││机场+第五航权││机场+非航 ││机场+空间│
│班列(重庆)││         ││         ││        │
└─────────┘└─────────┘└─────────┘└────────┘

┌─────────────────────────────────┐
│            结论与建议             │
└─────────────────────────────────┘
```

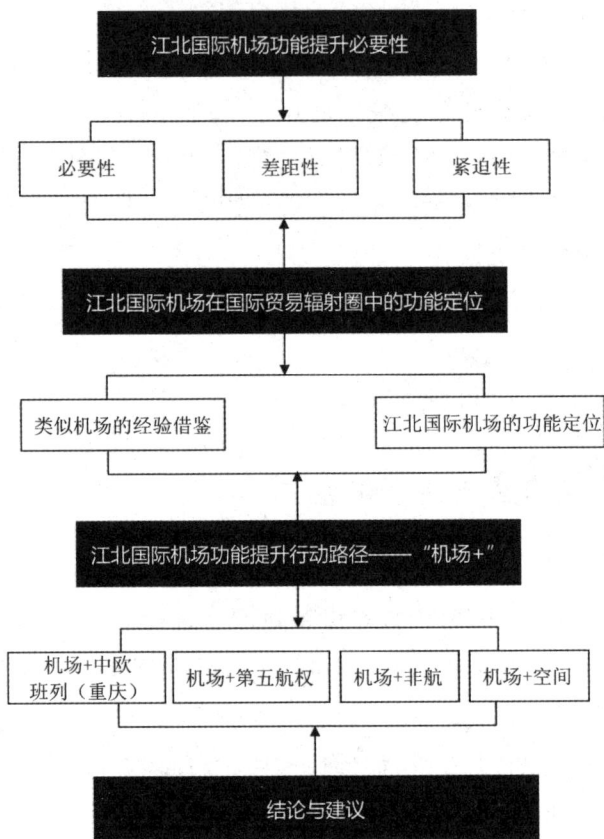

图2-6　技术路线示意图

二、江北国际机场的功能定位研究

（一）其他机场经验借鉴

1.阿姆斯特丹史基浦机场

荷兰首都阿姆斯特丹市是荷兰最大的工业城市和经济中心,拥有荷兰最大的机场史基浦机场和荷兰第二大港阿姆斯特丹港。在经营海港的过程中,荷兰政府在20世纪80年代找到经济增长的新引擎——机场,将史基浦机场列入国家规划。目前,史基浦机场与海港成为荷兰经济的两大支撑。在发展建设方面,史基浦机场主要有以下经验。

（1）定位为欧洲的门户,乘客可通过史基浦机场转机到欧洲各地。

史基浦机场所在的阿姆斯特丹市位于德国、法国及英国等欧洲生产及消费大国的中心位置,半径1000 km以内有不少于3亿的高能力消费者,这为空港经济发展提供了极佳的市场腹地。史基浦机场位于阿姆斯特丹城西南部15 km,是荷兰的空中门户,同时也是相当重要的北欧空中门户与航空网络中心,拥有100多条航线和超过200多个目的地。史基浦机场是欧洲的第三大货运机场以及第四大客运机场,运营效率和整体服务水平很高,曾荣获多项最佳机场服务奖项。史基浦机场已经树立起了汇聚人流、物流、展览、观光以及娱乐商贸一体化"国际空港城"的形象。

（2）功能齐全:"都市有什么,机场就有什么"。

史基浦机场不仅仅是航班起降的场所。它是一座"城市",一座"机场城",拥有全球第一家机场博物馆、机场花园、机场图书馆、贸易建筑群等。机场周边还有商业、房地产、高尔夫球场、酒店、休闲、娱乐等设施,此外,还拥有物流园区、办公园区,积聚了大量知名物流产业、企业物流中心、企业欧洲总部等。

1996年,阿姆斯特丹机场区域联盟成立,主要任务是在史基浦机场周边区域开发商务及工业园区,目的是吸引全球不同产业在机场周边集聚,建立起以临空产业为基础的空港都会区。目前,机场周边已开发7处商务园区、8处工业园区以及1处物流园区,集聚了物流、航空科技、商务金融、创意工业、信息通信技术、生物工程及医疗保健研究等多种类型产业;吸引了近600家与航空服务业有关的公司或企业在此设立总部或办公室,超过1400家国际企业在此设立总公司或欧洲地区的分公司。其中,仅航空科技工业如飞机零部件生产、航空机械维修保养及航空教育培训等每年就为荷兰带来超过1100亿欧元的收益和6万个左右就业岗位。此外,机场东南边还有一处占地10 km²的高尔夫球场和一个占地1.5 km²的阿斯米尔鲜花拍卖市场。这是世界上最大的鲜花交易市场,全球80%的花卉产品在这里交易。从空间布局来看,史基浦国际机场周边的用地分布大致遵循圈层影响模式,且各类园区混合布局,复合化程度高,这也大大加强了机场区域的活力。

史基浦机场周边园区大致可分为三类:物流园区、商务园区以及工业园区。史基浦机场物流园区是欧洲物流集散中心。许多不同类型的物流园区坐落于阿姆斯特丹机场区,史基浦南区是开展货物装卸业务的极佳选择。作为史基浦世界货运中心(Cargo World Schiphol)的一部分,这个园区提供了一系列高效率的办公场地和仓储空间。此外,史基浦物流园(SLP)是一个地理位置优越的物流园区,占地约45 hm²,适合开展大型的机场物流活动。其他的园区包括A4西园区和史基浦东南园区、阿姆斯特丹 Atlaspark 园区、阿尔梅勒 Stichtsekant 商业园等。

随着机场的客货吞吐量的增长,在政府政策的支持下,目前,发展至成熟期的史基浦机场地区的产业类型体现出明显的临空指向性。主要产业类型有航空物流产业、航空制造与维修产业、生物医药产业、电子信息产业、时装产业以及金融咨询产业,并且形成了这几类产业的产业聚集。

表2-3 史基浦机场地区主要产业类型及重要企业名录

产业门类	企业名称
航空物流产业	日本通运(Nippon Express),DHL(敦豪速递),TNT(天地快递),联合包裹(UPS)联邦快递(FedEx),嘉里物流(Kerry Logistics),VCK,Vat Logistics,尼桑(Nissan),泛亚班拿
航空产业	荷兰皇家航空(KLM),AAR,Aviall Services,波音(Boeing),贝尔直升机(Bell Helicopter),Textron,CAE,EADS,Epcor,霍尼韦尔航空航天(Honeywell Aerospace),寰科(Wencor),Dixie Aerospace,Stork Fokker Services,Schreiner Aviation Group,罗克韦尔柯林斯(Rockwell Collins)
电子信息产业	IBM,美国电报电话公司(AT&T),BMC Software,思科(Cisco Systems),惠普(Hewlett Packard),瞻博网络Juniper Networks,微软比荷卢(Microsoft Benelux),日本电器(NEC),LG,尼康(Nikon),理光(Ricoh),欧姆龙(OMRON)
生物医药产业	雅培(Abbott),博士伦(Bausch & Lomb),默克沙东(Merck Sharp & Dohme),爱德士生物科技(IDEXX)
时装产业	Hugo Boss,Mexx,Tommy Hilfiger,G-STAR,Gsus,Gucci Group,THE THING,Björn Borg,Blue Blood,Paul Warmer,Next in Line,No Excess,M&S Mode,BARTS
金融咨询产业	ABN AMRO(荷兰最大银行),贝克麦肯思国际律师事务所(Baker & McKenzie),东京银行(Bank of Tokyo),三菱UFJ金融集团(MUFJ),花旗银行(Citibank),德勤(Deloitte & Touche),毕马威(KPMG),美林证券(Merrill Lynch),普华永道(PricewaterhouseCoopers),Yapi Kredi Bank

(3)发展机场多式联运。

史基浦机场实行空、铁、水联运,推广ACT战略(Amsterdam Connecting Trade)即"阿姆斯特丹连接贸易"。一是区域铁路、高速铁路直接衔接机场。三个航站楼位置接近,火车站位于航站楼地下,每隔10多分钟就有一列从荷兰连接欧洲各国的国际列车进出机场,并在两小时行程范围内持续改善外围铁路线路。二是建设货运专线。将空运货站与此区域待建的卡车、铁路、水运码头连接起来。三是实行"零米支线飞行"服务。机场和航空公司为旅客提供的铁路和飞行之间的联程服务。四是机场不再过度关注如何吸引航空公司，而是改为吸引货源。实现仓储电脑化，完善快速清关和便利的税制；应用电子导向网络、自动传送系统；配套综合配套设施等。五是加强航空公司与铁路公司的密切合作。

（4）创新机场土地开发模式。

虽然史基浦国际机场在客货运量上并非全球十大机场，但机场周边的土地开发模式在世界上却相当著名，对其他地区影响深远。国家及多个地方政府、史基浦集团、其他私营机构共同组成了阿姆斯特丹机场区域联盟，由它们联合开发机场周边有价值的土地。土地收购、整理及基础建设等由政府为主要股东的史基浦区域开发公司负责，各地方政府亦可以股票红利的形式获得利润；而具体的土地开发及项目建设则主要由私营机构完成。这种模式既可避免保守的官僚式管理及政权交替带来的不稳定性，又能充分利用市场主体的资金和开发经验，体现了以市场经济为主导，政府间接调控的发展策略。

2. 韩国仁川国际机场

韩国仁川国际机场位于朝鲜半岛中西部的仁川市永宗岛上，距离仁川市中心约 15 km，距离首尔约 45 km。仁川国际机场拥有优越的地理区位，不仅背靠首尔都市圈，而且位于东北亚的中心点，在飞行时间 3 小时以内可到达 61 个人口超过 100 万的大城市。

（1）依托自由经济区，发展空港都市区。

2003 年 8 月，韩国政府依托仁川国际机场，在其周边地区划定了 169.5 km² 的自由经济区，致力于打造东北亚的空运枢纽和国际商务中心，并开发繁荣周边地区，建设一个可持续发展的集国际贸易、金融、物流、商住和旅游于一体的具有世界尖端水准的全球化城市。

仁川自由经济区分为三个部分：机场所在的永宗岛，机场东北面的青萝自由贸易区，机场东南面的松岛自由贸易区。规划总人口 64 万人，产业类型丰富多样,但均凸显高端性和服务经济特征。

在韩国政府的大力推动下,仁川自由经济区的建设按计划顺利进行,截至 2009 年底,除完成主要基础设施建设外,也推动了 30% 的开发项目建设,如引进了 10 所左右的国际学校。在空间布局模式上,仁川自由经济区则更依赖交通走廊的辐射作用,一开始就按照空港都市区的目标进行建设。自由经济区的三部分相互对立,依靠快速便捷的交通网络连接,并进一步通向仁川和首尔市中心。

表2-4 仁川自由经济区发展计划一览表

地区	永宗岛	青萝自由贸易区	松岛自由贸易区
开发面积	98.3 km²	17.8 km²	53.4 km²
规划人口	29.8 万	9 万	25.2 万
地区定位	航空和物流中心、世界级旅游休闲中心	兼具观光休闲的国际商业、金融中心	国际商业中心、高知识经济产业复合区、研发中心
开发计划	永宗航空城 复合物流中心 自由贸易区 国际商务中心 医疗保健中心 休闲旅游区	国际商务城(国际业务区、国际金融区、高端居住区、国际学校) 汽车开发研究区(GM大宇研究所、机器人园、尖端产业用地) 主题休闲运动区(主题公园、高尔夫球场) 花卉区	国际业务区 知识信息产业区 高新生物区 IT 聚集区 国际学术研究区 国际化复合用地区 仁川新港

(2)由政府主导推动,以重大项目和大规模的交通网络为支撑。

仁川国际机场能在短短几年间获得全球最佳机场和知名国际货运机场荣誉,并打造出在世界空港经济领域具有代表性的仁川自由经济区,除其本身区位优势外,更重要的是韩国政府的主导推动。韩国政府将仁川空港经济的发展上升为国家战略,作为全球化时代参与国际竞争、实现发展雄心的核心引擎,在机场运行初始就先行制定了抢占东北亚经济中心的目标和完善的规划,充分发挥了机场的辐射带动作用。仁川自由经济区的规划及发展突破了传统模式,无论是空间布局还是发展时序都具有很强的跳跃性。这是在机场周边用地条件的限制下,韩国政府基于目标导向的一种谋划,其成功一方面源于强有力的政府推动,另一方面也离不开大规模的交通网络的支撑。

3.上海浦东国际机场

(1)上海浦东国际机场利用天然的区位优势,规划发展为亚太地区的枢纽机场。

上海位于亚欧美三角航线上,从上海飞北美西海岸与从上海飞欧洲时间大致相等,约为10个小时。同时,上海位于远东中心地区,2~5小时飞行距离内可至东京、首尔、曼谷、新加坡、马尼拉、卡拉齐和孟买等。从国内看,浦东机场地处沿海、沿江两大经济带的交汇处,位于中国最大和最具活力的长江三角洲经济区的核心,是该地区航空货运的最佳进出口,因此有充足的货运量保障。浦东机场良好的地理位置,使得其规划发展为亚太地区的枢纽机场。

(2)依托浦东国际机场,建设"转口贸易型"综合物流基地。

在上海综合物流基地规划中,松江区九亭镇为"加工辐射型"综合物流基地,连接南方各省市自治区。普陀区桃浦镇江桥地区为"加工辐射型"综合物流基地,具备交易、运输、配载、流通加工等功能。宝山区杨行镇为"加工辐射型"综合物流基地,连接长江沿线"六省二市"的物资枢纽。浦东国际机场为"转口贸易型"综合物流基地,主要提供高附加值货源组织、中转、仓储、运输、多式联运,发展具有高附加值、交货时效强的奢侈品、电子产品、鲜活产品等的保税展示和专业贸易的常设市场。外高桥保税区为"转口贸易型"国际现代物流基地,吞吐大量进出口商品物资,建设国际贸易的港口交易中心。芦潮港国际集装箱为"转口贸易型"现代物流基地,以大型集装箱吞吐为主。

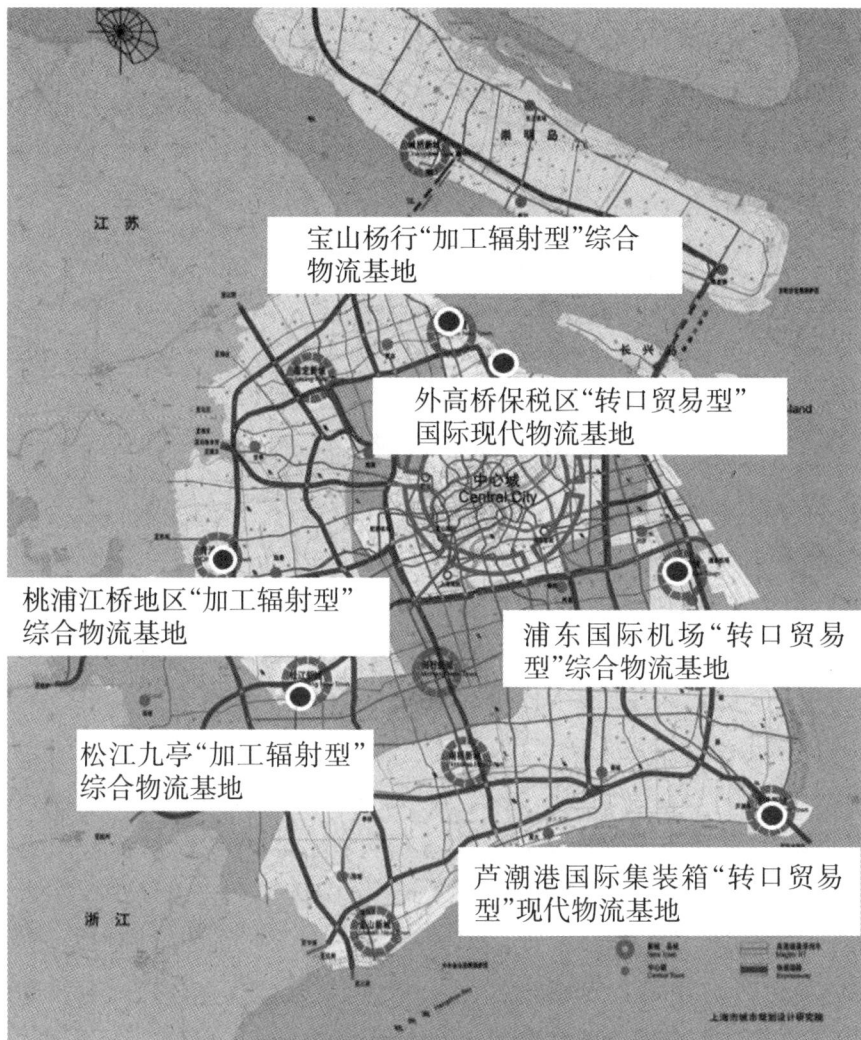

宝山杨行"加工辐射型"综合物流基地

外高桥保税区"转口贸易型"国际现代物流基地

桃浦江桥地区"加工辐射型"综合物流基地

浦东国际机场"转口贸易型"综合物流基地

松江九亭"加工辐射型"综合物流基地

芦潮港国际集装箱"转口贸易型"现代物流基地

图2-7 上海市综合物流基地规划布局示意图

（3）规划形成陆海空一体化的亚太综合交通枢纽港。

浦东机场是亚太地区第一个规划专用货运跑道的机场,浦东机场也是国际上第一家同一机场拥有两家地区级转运中心的机场。远期,浦东机场将被建设成为国际大型复合枢纽机场、亚太枢纽航空港。一是建设城市立体交通枢纽,不仅有磁悬浮线路、地铁2号线,还将打通上海东西轴线,连接两大机场,机场专业通道也将接入上海外环线、中环线。二是建设区域交通枢纽,高速公路南北接通沪崇苏大通道、芦潮港与东海大桥,浦东铁路也将实现南北接通。远景还规划11号线、沪通铁路浦东段,连接上海铁路新东站、迪士尼等。

（4）出台"三港三区"联动政策。

上海"三港三区",即外高桥港、洋山港、浦东空港、外高桥保税区、洋山保税港区、浦东机场综合保税区。由于在港区与保税区之间存在对非保货物服务的限制,导致企业内部业务链的割裂,也为监管带来困难。同时,由于各个港区与保税区内的优惠政策不一致、监管流程不统一,影响了港区与保税区之间的协作及效率。外高桥保税区是全国第一家保税区,与其他保税区最大的区别是实行离岸退税,在货物装船后进行退税,区域内可以提供非保货物的服务,而洋山保税港区与机场综合保税区都实行的是进区退税,区内仅提供保税货物的服务。洋山保税港区实行的免营业税政策对航运企业的吸引力很大,很多企业计划变更注册地。近年来,上海积极思考如何实现海港与海港、海港与空港的联动,主要规划措施包括以下几个方面。

一是围绕总体发展目标,统一规划。参照世界知名国际航运中心经验,认真研究上海国际航运中心和浦东核心功能区的发展定位,对三个港区进行整体规划,确定各港区的功能定位、配套产业、航班航线、市场范围、招商运作、政策法规、人才培养等,确立阶段性的目标和主要任务,逐项实施完成。三个港区按照把洋山保税港区建成上海国际航运中心的核心区域,把外高桥保税区建成上海国际贸易中心的重要功能前沿,把浦东机场综合保税区建成国际航运中心的重要组成部分的不同功能定位,各有侧重、功能互补。

二是整合政策资源,统一监管方式。充分利用外高桥保税港区的成功经验,通过海空货物直通、联动招商、政策延伸、贸易带动等措施,辐射延伸到洋山保税港区和机场综合保税区,推动经济快速增长;针对洋山保税港区内的优惠扶持政策,如航运企业免营业税的优惠政策,制定相应的企业财政扶持优惠政策,保证上海其他保税区内企业的利益,如允许非保货物进入保税区内等,避免上海三个保税港之间的恶性竞争。同时,提高监管手段,统一监管方式和报关手续,提高贸易便利化程度。实现电子化监管,在海关无纸通关、分类通关等改革创新的基础上,进一步简化通关手续,推进大通关建设,推动货物在海关特殊监管区间的便捷高效流通。

三是拓展合作空间和供应链业务延伸,开发中转货源。根据国际转运中心的成功运作模式,适时启动浦东国际机场西货运区7号、8号地块靠陆侧区域的市场开发工作,形成适应集成商运作的专业保税物流分拨中心和提高转运中心功能在运作流程中的整合运作。加强冷链等特种货运业务开发,逐步形成国际鲜活冷冻货物在浦东机场的监管、查验、存储、销售的各个冷链相关环节操作一体化和营销市场化的业务模式,进一步扩大浦东机场的中转货源。建立长三角地区机场货运联盟,在航线网络布局、异地监管货物运输、信息交互等方面建立密切的沟通和协调机制。发展卡车航班网络,加密长三角地区的卡车航班网络布局,增强全国的卡车航班网络覆盖点,使其成为国际国内中转的功能补充。

四是加强信息网络体系建设。重视金融信息港和支持现代航运业发展的信息高速公路建设,以及支持各种具有金融功能发展的"硬件"环境建设,切实优化航运中心的发展环境。选址建设航运中心大楼,打造公共综合信息服务平台和基础数据库网络体系,加强区域内行业企业间的横向交流。同时,推进相关信息平台向长三角区域及长江干线港口拓展。根据长三角地区和长江干线港口信息化建设和供求情况,确定具体推进计划和措施。

五是加快集疏运体系建设。推动集疏运体系建设,配套完善区域内多式联运网络建设。加快推进浦东铁路、内河港池、河西港区、高速公路网等基础设施建设,形成海、空、铁路、内河、公路全方位、立体式交通网络。加快航运物流重点区域内的道路网络建设,加强港区内及区港之间的道路体系和辐射通道建设,保障货物快速集散。推动建设水陆直通通道,提高港口中转直通能力,推动洋山港与外高桥港之间的短驳航线,大力提高区港间货物接驳的效率。

图2-8 "三港三区"联动示意图

（5）保障机场口岸物流与保税物流协调发展。

一是设置机场保税仓库、机场保税物流园、机场自由贸易区、机场异地保税货站。二是设置机场空运直通。将进口货物快速通过空运地面处理环节后直接运抵保税区,报关、报检、提货三个环节全部在保税区"一站式"完成。三是实行空陆联程中转。如苏州城市代码"SZV"的货物抵达机场后由航空公司直接中转至园区,省却货物在机场入库环节。从飞机落地到货物进工厂,由1~3天缩短为5~7个小时,物流费用节省30%。苏州工业园区具备国际机场口岸功能,成为一个"虚拟空港"。

(二)江北国际机场在国际贸易辐射圈中的功能定位

1.重庆"国际贸易辐射圈"演变历程回溯

重庆国际贸易辐射圈是促进重庆内陆开放从点到面、从自身到全球,不断深入、不断完善的新战略。回溯重庆内陆开放历程,可以分为以下几个阶段。

(1)基于国家经济布局向内陆拓展,重庆提出内陆开放战略,初步提出"内陆国际贸易大通道"的构想。

从改革开放初期设立经济特区,1984年开放14个沿海城市,到1990年以后实施沿海沿江沿边全方位开放战略,到2000年的西部大开发战略,我国对外开放采取由沿海向内地逐步推进的梯度开发战略。

2007年10月,国务院正式批复重庆市城乡总体规划。总体规划提出,提升重庆在全国区域经济格局中的地位,抓住西部大开发的战略机遇,推动与欧亚大陆桥、东南亚、长三角、珠三角相联系的战略通道建设;充分利用独特的区位条件,扩大对外开放,积极融入到全球生产和服务体系之中,逐步形成中国西部对外开放的窗口。这是重庆首次提出要成为欧亚大陆桥与沿海主要经济发展区域的战略通道。

2008年,国务院正式批复设立重庆两路寸滩保税港区,这是我国首个内陆保税港区和如今唯一的"水港+空港"一区双核的保税港区。保税港区的设立在扩大重庆对外开放,缩小沿海地区与内陆地区的经济差距,加快西部内陆发展步伐中具有深远意义。

2009年1月,《国务院关于推进重庆市统筹城乡改革和发展的若干意见》（国发〔2009〕3号）对重庆提出了更高的发展要求："以开放促改革促发展，积极探索内陆地区发展开放型经济的新路子。以重庆北部新区及保税港区为龙头和平台，把重庆建设成为长江上游地区综合交通枢纽和国际贸易大通道，成为内陆出口商品加工基地和扩大对外开放的先行区。"在此基础上，重庆首次正式提出要建设成为"国际贸易大通道"，扩大内陆对外开放。

（2）基于内陆沿海双开放国家战略调整，重庆启动"一江两翼连三洋"国际物流大通道建设，以"三基地四港区"为平台构建公、铁、水物流枢纽。

2009年9月，重庆市人民政府第49次常务会议审议通过了《重庆市人民政府关于认真贯彻国家物流业调整和振兴规划的实施意见》，正式启动"一江两翼三洋"为布局内容的国际物流大通道建设。"一江"即通过长江通达太平洋；"两翼"为"西北翼"和"西南翼"，"西北翼"即通过渝兰铁路，由新疆阿拉山口出境，经哈萨克斯坦—俄罗斯—白俄罗斯—波兰—德国—鹿特丹港通达大西洋；"西南翼"通过渝黔铁路，由贵阳—昆明—大理—瑞丽出境，经缅甸中部城市曼德勒—石兑港通达印度洋和中东地区。通过改善长江航运通道，建设"三基地四港区"（铁路物流、航空物流、公路物流三大基地和寸滩、果园、东港、黄磏四大港区）打造国家级物流枢纽。

2009年12月，重庆团结村铁路集装箱中心站作为全国18个铁路集装箱中心站之一开始运营。

2010年2月，国务院批准设立西永综保区，与两路寸滩保税港区一起，构建起重庆水陆空保税区的"双子星座"，成为重庆打造内陆开放高地的重要平台，助推重庆加快建成中西部第一大加工贸易基地。

2010年6月，中国内陆地区第一个国家级开发开放新区——两江新区设立，这是国家推进新十年西部大开发的重要突破口，是新时期国家发展战略转型的"新载体"。其战略定位为：立足重庆市，服务大西南，依托长江经济带，面向国内外，形成"一门户两中心三基地"——西部内陆地区对外开放的重要门户、长江上游地区现代商贸物流中心、长江上游地区金融中心、国家重要的现代制造业和国家高新技术产业基地、内陆国际贸易大通道和出口商品加工基地、长江上游的科技创新和科研成果产业化基地。

2010年9月,重庆公路物流基地开建,这是重庆唯一的国家级综合性枢纽级公路基地,是西部最大的公路物流基地。2010年底果园港一期投入使用。至此,"三基地四港区"物流枢纽格局基本形成。

(3)紧扣国家"一带一路"倡议和重庆构建"三个三合一"对外开放平台,由点及面推进国际贸易辐射圈。

2011年3月,中欧班列(重庆)国际铁路联运班列首次全程运行,为我国西部地区产品开辟了一条经铁路进入欧洲市场的黄金通道。

2013年12月,国家口岸办批准团结村铁路集装箱中心站作为铁路口岸临时对外开放——这是我国西部内陆地区唯一对外开放的铁路口岸。

2014年7月,国务院批准重庆设立汽车整车进口口岸,重庆铁路口岸是国家在内陆地区设立的第一个一类铁路口岸和汽车整车进口口岸,尤其是中欧班列(重庆)货运班列的常态化运行,使得重庆铁路口岸在功能定位和营运模式上均与周边地区拉开了差距,形成了领先优势。

2014年10月,团结村铁路保税物流中心(B型)获国家批准。

自此,重庆市形成水、陆、空三个国家级交通枢纽。三个国家级交通枢纽配备了三个保税区——寸滩保税区、两路空港保税区和团结村铁路保税物流园,三个枢纽、三个保税区成立了国家一类开放口岸,铁路、航空和水运"三个三合一"的开放格局基本形成。"三个三合一"的开放格局为未来重庆提升对外开放程度和提升开放产业层次,为未来重庆内陆开放高地向高度、广度和深度拓展打下了坚实的基础。

2015年12月,国家批准设立重庆南彭公路保税物流中心(B型)。这是重庆继团结村铁路保税物流中心(B型)后获批的第二家保税物流中心(B型)。重庆已经形成公、铁、水、陆"四个零公里""四个口岸"的对外开放格局。

2016年,重庆市政府工作报告正式提出构建"国际贸易辐射圈",这是进一步提升重庆在国家战略中的地位的需要,也是重庆进一步融入世界经济体系的需要,更是重庆整合各对外开放平台、深入推动内陆开放的需要。

2.江北机场在国际贸易辐射圈中的功能定位

从重庆国际贸易辐射圈的演变历程可以看出,重庆一直在不断努力优化完善公路、水路、铁路等交通设施,并积极争取国家政策高地的落户,力争将重庆建设为内陆贸易大通道的枢纽。在当今速度经济时代,机场可以发挥距离远、时效快的特征,是国际贸易通道中重要的枢纽载体。

中新合作为"构建以重庆为运营中心、辐射内陆、联通欧亚的国际贸易辐射圈"提供了可能。从实体来说,就是要发挥"中欧班列(重庆)+江北国际机场+新加坡樟宜机场"联动优势,开辟欧亚贸易新通道;从虚拟来说,就是要形成"中欧班列(重庆)+江北国际机场+新加坡"贸易体系,面向东亚、东北亚,开辟"重庆+新加坡"的欧亚贸易新模式。在这两个层面,江北国际机场任重道远。

结合其他城市机场的功能定位,再结合重庆国际贸易辐射圈的建设要求,我们认为江北国际机场的功能定位应该是:江北国际机场是重庆构建"一带一路"枢纽支撑点的重要组成部分,是重庆国际贸易辐射圈两大核心枢纽之一,是重庆建设国家中心城市、参与全球产业分工的战略平台。

图2-9　江北机场远期规划示意图

（三）行动路径

江北国际机场功能定位的总体思路是：以中新合作为契机，以与中欧班列（重庆）互联互通为突破，以强化中转为出发点，以"机场+"为行动路径，提升综合功能。

一是"机场+中欧班列（重庆）"，构建国际贸易辐射圈的基础通道，并叠加新加坡樟宜机场和新加坡贸易体系，形成欧亚贸易新格局。

二是"机场+第五航权"，充分利用国家给予江北国际机场第五航权的优惠措施，尽快开通优质航线，尽早实现"11157"发展目标，将中新合作落到实处。

三是"机场+非航"，提升机场综合服务能力，扩大非航业务的经济效应，推动江北机场打造为综合复合型机场。

四是"机场+空间"，保障机场用地拓展需求，为机场完善综合功能、优化空间布局提供空间保障。

三、"机场＋中欧班列（重庆）"规划研究

（一）政策导向

重庆是"一带一路"和长江经济带的重要联结点，也是中国内陆向东、向西开放的前沿。2011年，中欧班列（重庆）国际铁路联运大通道正式开通，打通了重庆至欧洲的陆路货运通道，并实现了常态化运行，重庆至欧洲运行天数稳定在13～15天，回程运行天数为15～17天。目前，中欧班列（重庆）实行"1+N"运行模式，"1"是以重庆至德国杜伊斯堡为主线，"N"则是根据客户需要选择沿线途经的国家和城市作为集结点和分拨点，进一步扩大了中欧班列（重庆）货源市场，提升了其辐射影响能力。2013年，中欧班列（重庆）开通了首趟回程班列，随后开通整车进口口岸和运邮试点，为吸引回程货源创造了基础条件。

2015年11月，中国和新加坡签订第三个政府间合作项目——中新（重庆）战略性互联互通示范项目，该项目确定以重庆为营运中心，合作领域包括金融服务、航空、交通物流和信息通信技术，其中航空物流合作是中新（重庆）合作项目的突破口和重点。

在重庆扩大内陆开放、繁荣外向型经济的大背景下，市政府正式提出打造以重庆为运营中心、辐射内陆、联通欧亚的国际贸易辐射圈。即借助中新（重庆）战略性互联互通合作的契机，以"江北国际机场+中欧班列（重庆）+新加坡樟宜机场"铁空联运大通道为有形载体，以"江北国际机场+中欧班列（重庆）+新加坡贸易体系"为无形载体，加快推动航空板块项目落地，积极发展铁空联运业务，逐步构建起以重庆为运营中心，连通欧洲，辐射新加坡、马尼拉、东京、首尔等亚洲城市或地区的国际贸易辐射圈。

（二）可行性分析

1.欧洲—重庆—新加坡（东南亚）国际贸易通道可行性

（1）对欧贸易总量。

2013年，新加坡与欧盟正式签署全面自由贸易协定，该协定是欧盟首次与东南亚国家签订的贸易协议，也是欧盟通过新加坡开启与东盟其他成员国全面自由贸易的通道。

协议内容包括新加坡出口到欧盟国家的货品将以5年为期，逐步降低关税；欧盟产品进入新加坡则将立即享有免税待遇，包括啤酒等商品。双方同时也承诺降低非关税障碍，并让服务业进入对方市场。

2014年，新加坡对欧盟国家的商品贸易额为96亿美元，仅占新加坡对外商品贸易额的10%。2010—2014年新欧贸易保持相对平稳，但略有下降趋势。双边贸易一直保持逆差，且有扩大趋势。

（单位:百万美元）

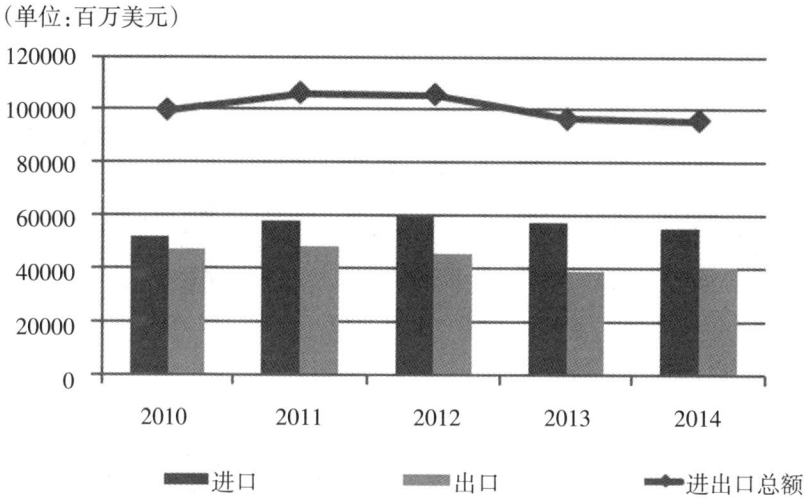

图2-10　2010—2014年新加坡对欧贸易量

2010年,欧盟是新加坡除马来西亚外的第二大贸易伙伴。这种趋势
保持到2013年,而此后,欧盟与新加坡贸易量萎缩。

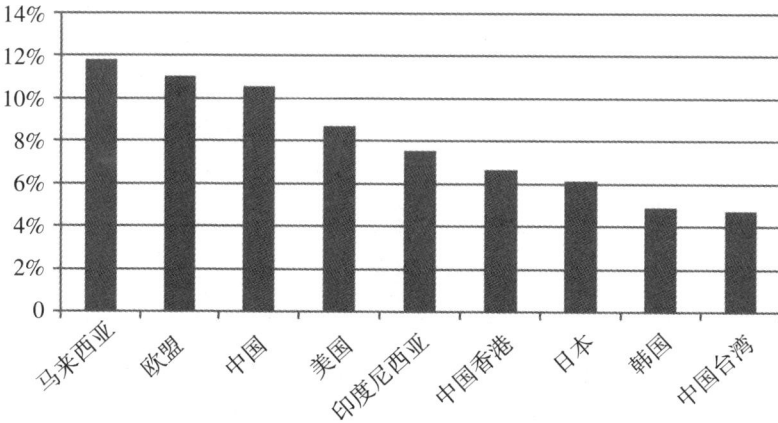

图2-11　2010年新加坡对外商品贸易主要合作国家/地区情况

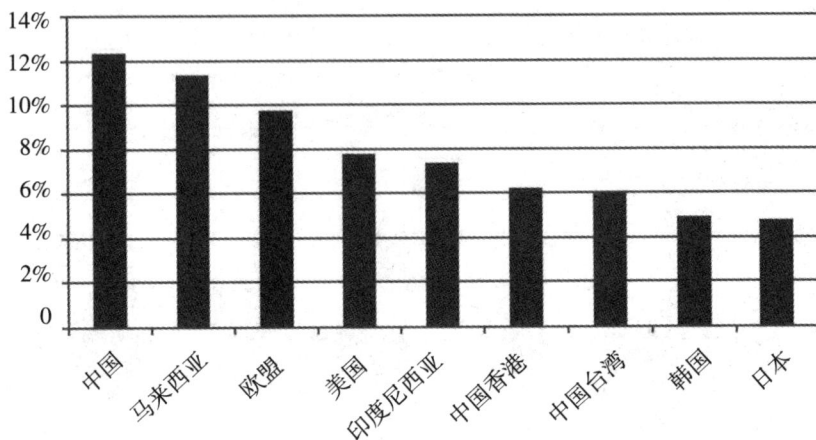

图2-12　2014新加坡对外商品贸易主要合作国家/地区情况

2010年至2014年,新加坡对欧贸易总额每年稳定在1000亿美元左右,进口额接近600亿美元左右,略高于出口额。对欧贸易占新加坡外贸的近10%,排名第三,仅次于新加坡对中国、马来西亚的贸易额占比。

(2)对欧贸易产品种类。

新加坡从欧盟进出口的产品主要是机械设备、石油类矿物燃料以及化学产品,包括电子、汽车、制药、石化产品等产品。其中,进口货物中机械设备占比为41.4%,矿物燃料和润滑油占比为31.0%;出口货物中机械设备占比达到45.7%,矿物燃料和润滑油占比为23.7%。

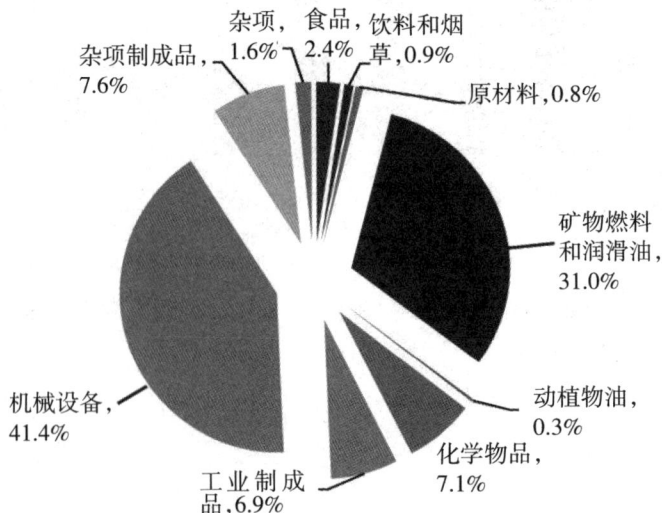

图2-13　2014年新加坡从欧盟进口的产品占比

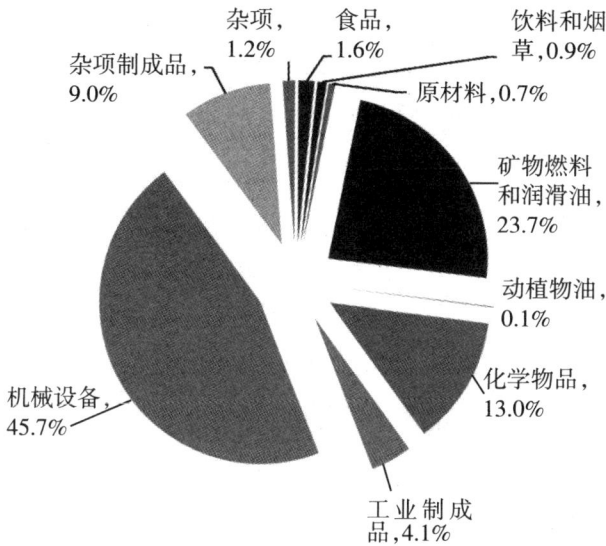

图2-14　2014年新加坡对欧盟出口的产品占比

（3）主要国际贸易通道成本对比。

从杜伊斯堡、汉堡、法兰克福、鹿特丹等欧洲主要城市出发,欧洲与
新加坡的国际贸易通道主要为空海联运(欧洲—迪拜—亚洲)和铁空联
运[中欧班列(重庆)+江北国际机场]。根据测算,空海联运(欧洲—迪拜
—亚洲)的时间为14天,运费成本为20万~31万元/标箱;铁空联运[中欧
班列(重庆)+江北国际机场]的时间为14~16天,运费成本为13万~15万
元/标箱。

表2-5　新加坡贸易通道成本分析

始发地	中转		目的地	时间	运费
杜伊斯堡、汉堡、法兰克福、鹿特丹等欧洲主要城市	空运	迪拜	海运	新加坡	14天	20万~31万元/标箱
	中欧班列（重庆）	重庆	空运	新加坡	14~16天	13万~15万元/标箱

当前,中新合作为重庆面向新加坡的铁空联运通道提供了机遇和基础;依托中新合作大力引入国际物流企业、加密渝新航班、开通货运专线、开放第五航权,有利于构建新的国际贸易通道;但需加快推进合作的具体项目。

2.欧洲—重庆—台湾国际贸易通道可行性

(1)对欧贸易总量。

从贸易额来看,根据Wind数据库的统计,2015年台湾对欧盟进出口贸易额达到545亿美元,占台湾进出口贸易额的24%。2010—2015年,台欧贸易出现小幅波动。其中,德国是台湾对欧贸易的主要国家,贸易额占对欧贸易的近16%。

(单位:亿美元)

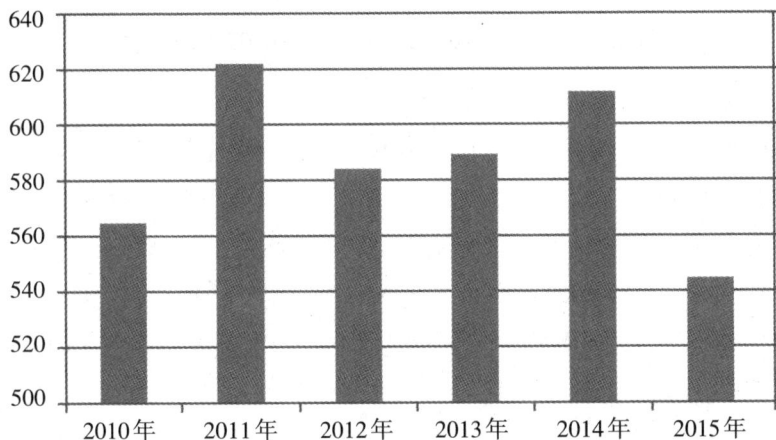

图2-15　2010—2015年台湾对欧盟货物进出口总额变化图

(2)对欧贸易产品种类。

从贸易货物种类来看,台湾对欧盟的出口产品主要为电子产品、光电材料和机械产品,如计算机、半导体、自行车等。

(3)主要货运机场与航线。

台湾主要有两大货运机场,分别为桃园国际机场和高雄国际机场。其中,桃园国际机场是台湾第一大货运机场,年货运吞吐量超出台湾地区的50%。桃园国际机场总面积1223 hm²,共有两个航站楼、两条跑道,场内有2个航空货运站;货运园区及桃园航空自由贸易港占地43 hm²。入驻的主要货运公司有卢森堡货运航空(Cargolux Airlines International)、贸易风航空(Tradewind Airlines)、联邦快递(FedEx)、联合包裹服务(UPS)、敦豪速递(DHL)等。目前,桃园国际机场已开通的货运航线遍布美洲、欧洲、亚洲及其他地区,其中开通至国内的货运航线主要包括香港、上海浦东、广州、厦门、福州、南京、重庆、郑州、深圳等城市。

表2-6　中国台湾桃园国际机场已开通的航线分布表

地区	城市
美洲	洛杉矶、旧金山、纽约、达拉斯、芝加哥、迈阿密、亚特兰大、西雅图
欧洲	卢森堡、荷兰阿姆斯特丹、德国法兰克福、英国曼彻斯特、意大利米兰、捷克布拉格
亚洲其他地区	新加坡,马来西亚吉隆坡,印度尼西亚雅加达,泰国曼谷,斯里兰卡科伦坡,越南胡志明,印度德里,日本东京、名古屋、大阪、冲绳
中国大陆、港澳地区	香港、上海浦东、广州、厦门、福州、南京、重庆、郑州、深圳

(4)主要国际贸易通道成本对比。

从现状来看,目前已经形成中欧班列(台湾—平潭—欧洲)、中欧班列(台湾—厦门—成都—欧洲)两条主要的对欧贸易通道,其中,中欧班列(台湾—平潭—欧洲)开通于2015年11月,路线为台湾—平潭澳前码头—福州江阴港—郑州—郑新欧—汉堡,运行时间是16～20天,从台湾出口的主要货物是电子信息、机械、化学制品与钢铁等产品;从运行情况看,由于福平高铁可直通码头,该线路进一步加大了对台湾货物的进出口吸引力度。中欧班列(台湾—厦门—成都—欧洲)开通于2015年8月,路线为台湾—厦门—成都—欧洲,运行时间是21～23天,从台湾出口的主要货物是电脑配件;从运行情况看,借助厦门自贸区的设立,截至2016年4月24日,中欧班列(台湾—厦门—成都—欧洲)共发送31列出口班列和2列进口班列,进出口货值超过2.7亿元。此外,由于郑州已经开通至台北的货运航线,郑州正在酝酿开通中欧班列(台湾—郑州—欧洲)贸易通道,届时,台湾经郑州至欧洲的货运时间将缩短至16～18天。

经分析,欧洲与台湾之间的国际贸易通道主要为空海联运通道(欧洲—迪拜—亚洲)和铁空联运通道[中欧班列(重庆)+江北国际机场]。根据测算,空海联运通道(欧洲—迪拜—亚洲)的耗时为19天,运费成本为22万～33万元/标箱;而铁空联运通道[中欧班列(重庆)+江北国际机场]的耗时为14～15天,运费成本为10万～12万元/标箱。

表2-7 台湾贸易通道成本分析

始发地		中转		目的地	时间	运费
杜伊斯堡、汉堡、法兰克福、鹿特丹等欧洲主要城市	空运	迪拜	海运	台北	19天	22万～33万元/标箱
	中欧班列(重庆)	重庆	空运	台北	14～15天	10万～12万元/标箱

3.欧洲—重庆—日本国际贸易通道可行性

(1)对欧贸易总量。

近期,日本与欧盟正在推进自由贸易协定的签订。2015年,日本对欧盟国家进出口贸易额为1372亿美元,是欧盟第7大贸易伙伴。2012年至2015年,日本对欧贸易总量每年保持在1300亿美元以上,但有逐年下降的趋势。2012年,日本对欧贸易总额超过1600亿美元,2015年对欧贸易总额略低于1400亿美元,呈逐年下降趋势,但贸易总量较大。

(单位:亿美元)

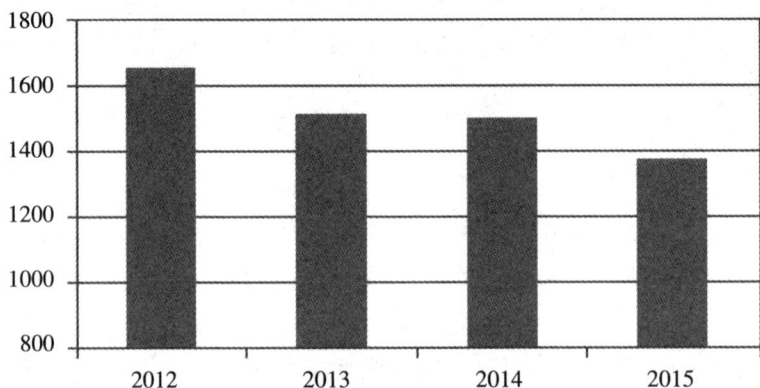

图2-16 日本对欧盟货物进出口总额变化图

日本对欧贸易占其对外贸易的比例接近13%,排名第三位,接近日本对北美贸易的占比。

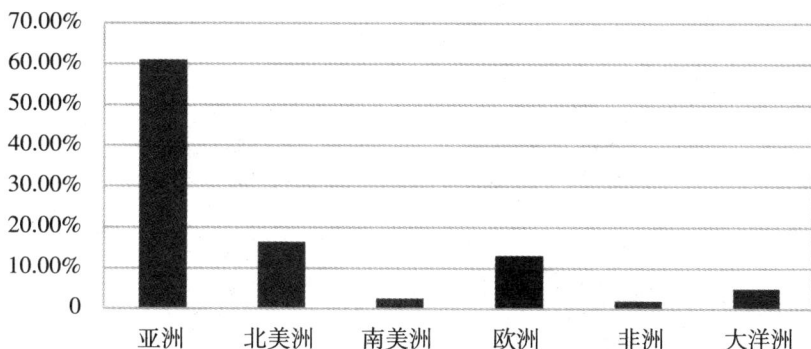

图2-17　2015年日本对外贸易主要合作地区情况

从主要联系区域看,亚洲是日本航空货运往来最主要的地区。2015年,日本航空货运量中中国(不包括港澳台地区)占17.5%。

(2)对欧贸易产品种类。

从贸易货物种类看,在日欧双边贸易中,以机械、运输设备及化学物品贸易为主。2015年,日本出口欧盟的货物68%为机械和运输设备;日本从欧盟进口的货物33.9%为机械和运输设备,32.5%为化学物品。

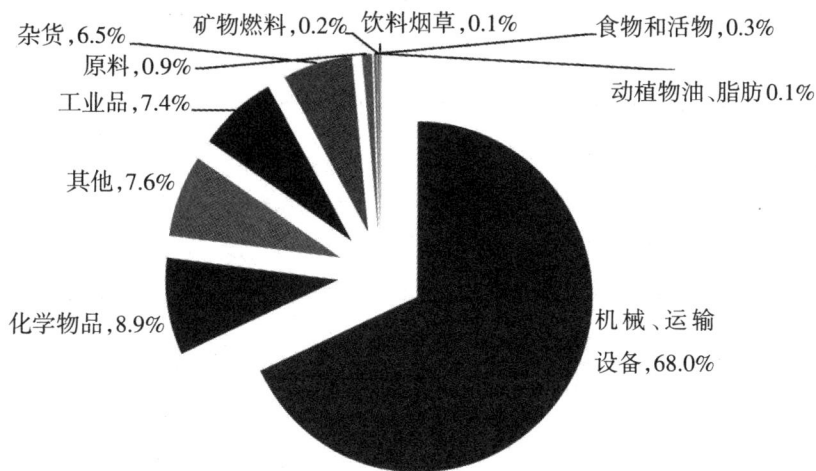

图2-18　2015年日本对欧盟出口的各产品占比

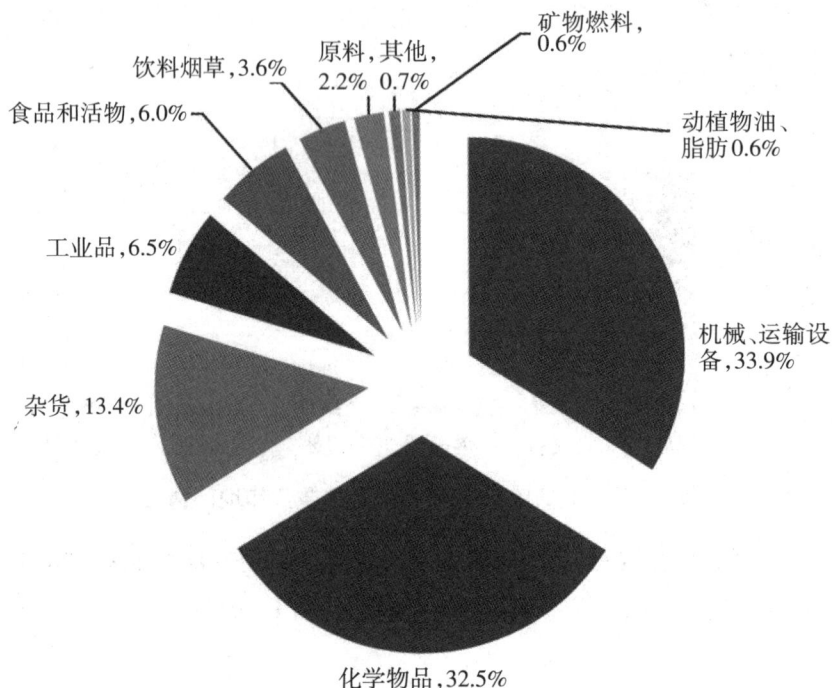

图2-19　2015年日本从欧盟进口的各产品占比

（3）主要货运机场与航线。

日本主要的货运机场有成田国际机场、东京羽田国际机场、关西国际机场、中部国际机场、名古屋机场、福冈机场、札幌机场、那霸机场、大阪国际机场、鹿儿岛机场、新千岁机场，其中成田国际机场是日本国际货运的门户，东京羽田国际机场是日本国内货运的支撑，关西国际机场是FedEx、UPS等国际货机的主要停靠地。

以成田机场为例，该机场的货运总量大于客运总量，从开通的航线分布看，与欧洲、美洲之间的航线较多。近年该机场也在不断拓展远东货运市场，但暂未开通至重庆的货运航线。

表2-8　日本开通的主要航空货运航线

区域	主要国家、地区或城市
远东	中国大陆、韩国、中国台湾
东南亚	中国香港、新加坡
中近东	沙特阿拉伯、伊朗、伊拉克、科威特
欧洲	德国、荷兰、英国、瑞典、比利时、法国、瑞士、意大利、俄罗斯
北美	加拿大、瑞典、美国
中南美	墨西哥、巴拿马、委内瑞拉、巴西
非洲	埃及、南非
大洋洲	澳大利亚、新西兰

从日本航空货运情况看,日本主要的中转货运线路输出方向主要有2条:线路一是从日本东北、东京都、关东、东海经成田机场转远东、东南亚、欧洲的机场,到远东、东南亚、欧洲;线路二是从近畿、大阪、东海经关西机场转北美、东南亚、欧洲的机场,到北美、欧洲、中南美。

日本主要的中转货运线路输入方向主要有3条:线路一是从远东、东南亚转远东、东南亚的机场,经成田机场到日本东京都、关东、东海等;线路二是从欧洲转远东、欧洲的机场,经成田、关西机场到日本东京都、关东、大阪等;线路三是从北美转远东、北美、欧洲的机场,经关西机场到日本大阪等。

目前,日本主要的直达货运线路输出方向主要有2条:线路一是日本东京都、关东—成田机场—远东、东南亚、北美;线路二是大阪—关西—远东、东南亚、北美。

日本主要的直达货运线路输入方向主要有2条:线路一是远东、东南亚、欧洲、北美—成田机场—日本东京都、关东等;线路二是远东、东南亚、北美—关西机场—日本大阪、近畿等。

综合来看,根据机场的货运量按从高到低排序,依次为成田机场、关西机场、羽田机场、中部机场、福冈机场、那霸机场。其中,输入与输出流向基本一致的国际货运枢纽机场是成田机场、羽田机场和关西机场。此外，新千岁机场主营欧洲和东南亚业务。

（4）主要国际贸易通道成本对比。

从杜伊斯堡、汉堡、法兰克福、鹿特丹等欧洲主要城市出发，欧洲与东京的国际贸易通道主要为空海联运（欧洲—迪拜—亚洲）和铁空联运[中欧班列（重庆）+江北国际机场]。根据测算，空海联运（欧洲—迪拜—亚洲）的时间为25天，运费成本为25万~36万/标箱；铁空联运[中欧班列（重庆）+江北国际机场]的时间为14~16天，运费成本为13万~15万/标箱。对比空海联运、铁空联运和海陆联运（东京—荷兰—欧洲，时间为30~40天），空海联运和铁空联运的对比明显。

表2-9 日本贸易通道可行性分析

始发地	运输方式		目的地	时间	运费
欧洲主要城市	空运 —迪拜中转→ 海运		东京	25天	25万~36万/标箱
	中欧班列（重庆） —重庆中转→ 空运		东京	14~16天	13万~15万/标箱
东京	海运 —荷兰中转→ 铁路或公路		欧洲其他地区	30~40天	

4. 欧洲—重庆—韩国国际贸易通道可行性

（1）对欧贸易总量。

2009年，韩国与欧盟签署自由贸易区协定，并于2015年12月13日全面生效。该协议是仅次于《北美自由贸易协定》的第二大自由贸易协定，主要内容包括：减免关税方面，韩国将对欧出口产品种类的82%减免关税，欧盟将对韩出口产品种类的94%减免关税；欧盟所有对韩出口产品都将在五年内削减关税，而韩国对欧盟部分产品将在十年内取消关税。双方还同意减少多项非关税壁垒，为双边农产品贸易提供绿色通道，减少冗余检验，为工业制成品提供通关便利等。

从贸易额情况来看,2015年韩国对欧盟进出口贸易额达到1053亿美元,占韩国进出口贸易额的11%。2012年至2015年,韩国对欧贸易总额每年保持在1000亿美元左右,且有逐年增长的趋势。对欧贸易占比逐年增大,2015年占比高达11%,对于韩国来说,欧洲市场越来越重要。韩国对外贸易中,欧洲市场占比排名第三位,低于亚洲贸易、美洲贸易。

单位:亿美元

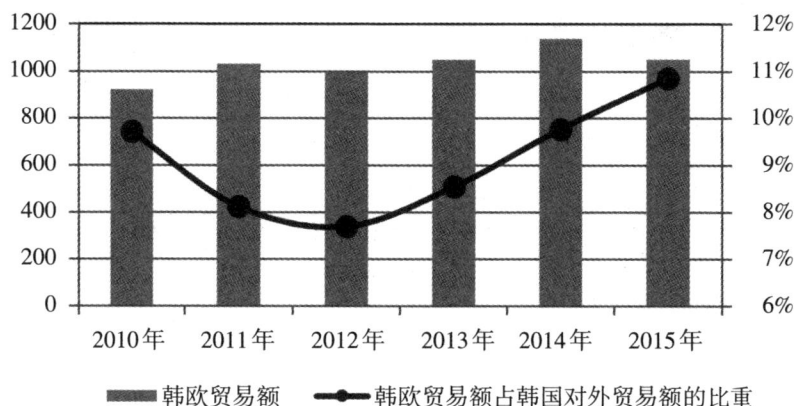

图2-20 韩国对欧盟货物进出口贸易额变化图

(2)对欧贸易产品种类。

根据韩国国际贸易协会(KITA)网站数据,韩国出口欧盟的主要产品为机械和交通设备、电子产品、非金属材料以及成品油;从欧盟进口的主要产品包括能源、机械和交通设备、药品、电子产品、化学品等。其中,韩欧双边贸易量最大的产品类为机械和交通设备。

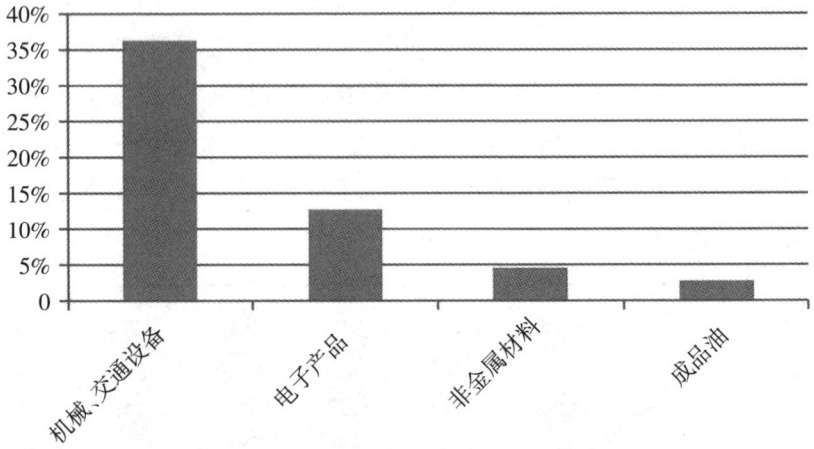

图2-21　韩国出口欧盟的主要贸易产品情况

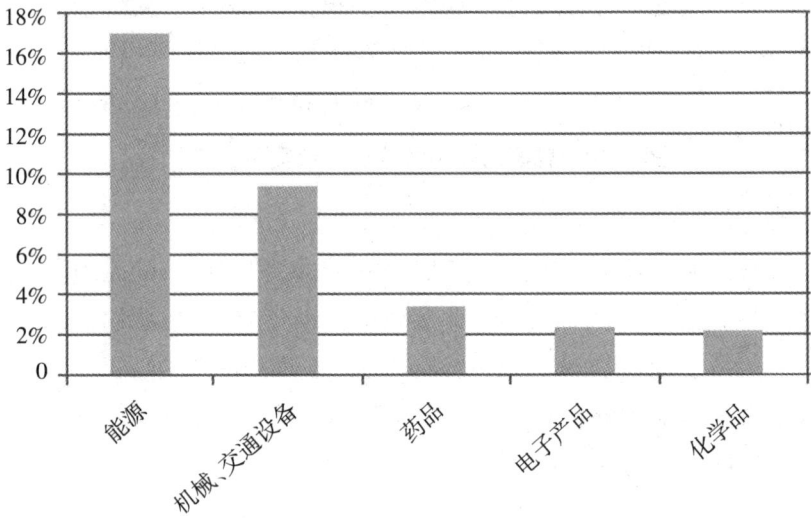

图2-22　韩国从欧盟进口的主要贸易产品情况

（3）主要货运机场与航线。

韩国主要的货运机场有四个,其中仁川国际机场是国际航空枢纽,也是韩国第一大货运机场。据统计,2013年上半年(1～6月),韩国航空货运量为170.4万吨,仁川机场为151万吨,占比达到89%。釜山金海国际机场是韩国第二大国际机场。首尔金浦国际机场是以国内航线为主的国际机场,该机场的国际航线主要飞往中国、日本。济州国际机场是中国台湾与中国大陆间转运的节点。

韩国仁川机场内部有2条平行跑道,乘客区面积580万平方米,货运区面积360万平方米(60个机位),货邮处理区面积20.5万平方米。货运以中转货运为主,本地进出口货运量及入驻企业较少。机场自由贸易区已入驻敦豪速递(DHL)、大韩航空(KAL)、天地快递(TNT)、CAT等。

图2-23　仁川国际机场货运区的知名物流企业分布

仁川国际机场主要锁定中国至日本、东南亚至北美的中转客户群。从航线网络分布上看,仁川机场位于中国至日本、东南亚至北美航线的中心位置,区域之间往来需求旺盛。该机场目前已开通至青岛、天津、无锡、石家庄、济南、郑州、烟台等地的货运航线,暂未开通至重庆的货运航线。

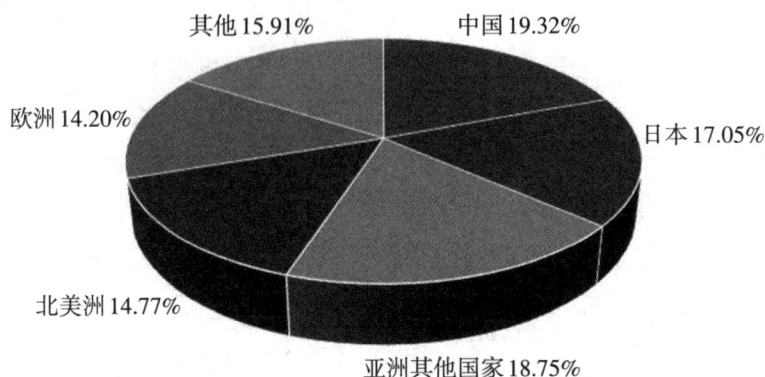

图 2-24　韩国仁川国际机场开通航线城市分布

（4）主要国际贸易通道成本对比。

从仁川港出发，欧洲与韩国的国际贸易通道主要为海铁联运通道，路线为仁川港—大连—莫斯科，时间为20天，运费成本为6万～7万元/标箱；从釜山港出发，欧洲与韩国的国际贸易通道主要为海铁联运，路线为釜山港—海参崴—莫斯科，时间为35天，运费成本为7万～8万元/标箱；从首尔出发，欧洲与韩国的国际贸易通道主要为空铁联运，路线为首尔—重庆—汉堡，时间为14～16天，运费成本为12万～14万元/标箱。

表 2-10　韩国贸易通道可行性分析

始发地	运输方式		目的地	时间	运费
仁川港	海运	大连 中转 铁路	莫斯科	20天	6万～7万元/标箱
釜山港	海运	海参崴 中转 铁路	莫斯科	35天	7万～8万元/标箱
首尔	空运	重庆 中转 中欧班列 （重庆）	汉堡	14～16天	12万～14万元/标箱

同时，该通道也面临着长春、郑州的激烈竞争。国务院批复的《哈长城市群发展规划》明确提出："适应'中蒙俄经济走廊'陆海丝绸之路经济带建设需要……稳定运营长春—满洲里—欧洲、哈尔滨—欧洲的国际铁

路货运班列……在长春建设对韩贸易为主的物流产业合作园区。培育哈尔滨、长春面向俄远东地区、日韩朝地区的区域航空枢纽。"从国家层面来看,可能会将长春、哈尔滨作为辐射日韩地区的航空枢纽,依托中欧班列(哈尔滨)等铁路线,实现铁空联运。此外,2008年11月,郑州已经开通至首尔的货运航线,由大韩航空承担,这也极易转化为以郑州为运营中心的铁空联运。

5.小结

总的来看,"机场+中欧班列(重庆)"是具有经济可行性的,主要体现在两个方面:

一是繁荣的东亚对欧贸易是"机场+中欧班列(重庆)"的经济基础,对新加坡、日本、韩国及我国台湾等国家或地区来说,对欧贸易量超过其对外贸易量的10%,排名多在第二、第三位,巨大的对欧贸易量是新开通道的重要支撑。

二是良好的贸易产品结构是铁空联运的有力支撑。新加坡对欧贸易产品中机械设备占比最大,其次为矿物燃料和润滑油、化学物品、杂项制成品、工业制成品;其中,轻型高端机械设备、化学物品和杂项制成品比较适合铁空联运。日本对欧贸易产品中机械设备占比约34%,其次为化学物品、杂货、工业品;其中,可转换到铁空联运的大多为高端轻型机械设备和化学物品。韩国对欧贸易产品中能源占比17%,机械交通设备占比9%,药品、电子产品、化学物品占比分别为3%、2%和2%。其中,机械设备、电子产品和药品等均适合铁空联运,总占比达到了14%。总体看来,东亚对欧贸易中电子、食品、药品、轻型工业品等适合铁空联运的产品占比较大,超过20%;可进一步挖掘具有潜力的机械装备、化学物品等产品,其占比也较大,约占50%。

三是运输时间和贸易综合成本优势较为明显。与海空联运模式相比较,"机场+中欧班列(重庆)"模式运输时间与之相当,越往北可节省时间越多,而综合运输成本可降低50%。与铁海联运模式相比较,"机场+中欧班列(重庆)"模式的运输时间可缩减20天左右,而综合运输成本仅增长20%。

表2-11 "机场+中欧班列（重庆）"与海空联运和铁海联运比较

始发地	运输方式	中转地点	运输方式	目的地	时间（天）	运费（元/标箱）
杜伊斯堡、汉堡、法兰克福、鹿特丹等欧洲主要城市	空运	迪拜	海运	新加坡	14	20万～31万
	中欧班列（重庆）	重庆	空运	新加坡	14～16	13万～15万
	空运	迪拜	海运	东京	25	25万～36万
	中欧班列（重庆）	重庆	空运	东京	14～15	13万～15万
汉堡/莫斯科	铁路	大连	海运	仁川港	35/20	8万～10万
		海参崴		釜山港	43/35	10万～12万
汉堡	中欧班列（重庆）	重庆	空运	首尔	14～16	12万～14万

（三）现状及问题

1."机场+中欧班列（重庆）"模式易复制，将面临中欧班列（X）的激烈竞争

目前，中欧班列（重庆）运行稳定、班列最多、货源充足，其成功引来众多追随者，中欧班列（X）纷纷上马，影响力较大的有中欧班列（郑州）、中欧班列（成都）、中欧班列（哈尔滨）等。"江北国际机场+中欧班列（重庆）"的铁空联运模式将难免被复制，竞争将更加激烈。

国内已开通的中欧班列（台湾—平潭—欧洲）、中欧班列（台湾—厦门—成都—欧洲）等海铁联运通道，极易转化为铁空联运，可见重庆的潜在竞争者众多。

表2-12 "中欧班列(重庆)+机场"铁空联运潜在竞争者

名称	运行时间(天)	去程主要产品类别	去程产品来源地	回程主要产品类别	回程产品来源地	备注
中欧班列(重庆)	13	IT产品、汽车整车及零配件、机械产品、服装、鞋帽、日用品以及工艺工业用品	重庆	净水壶、汽车、特殊钢材、酒等	德国、波兰、英国、西班牙、奥地利	从欧洲到重庆的回程货少,双向未平衡,运量占了全国总运量约80%,对进出口的增速贡献率达到32%
中欧班列(成都)	14	IT产品及其他出口货物	重庆、广东、成都及浙江等	啤酒、饮料、饼干与巧克力,肉类、奶粉等畅销快消品	欧洲	将全面提升成都口岸的资源集疏能力,是成都口岸经济规模和质量双提升的强有力的发动机
中欧班列(武汉)	15	笔记本电脑等消费电子产品,以及周边地区的其他货物	武汉	木材(松木半成品)、欧洲红酒和钾肥等	俄罗斯托木斯克、欧洲	拓展了市场份额,扩展了货源范围和境外范围,推行境外办事处的设立等

名称	运行时间（天）	去程主要产品类别	去程产品来源地	回程主要产品类别	回程产品来源地	备注
中欧班列（郑州）	15	轮胎、高档鞋帽、服装、文体用品、工艺品、电子产品等	河南、山东、广东、浙江、福建等中东部省市	汽车原配件和动车、高铁钢板	德国汉堡	至2014年7月17日，运载量位列国内班列开行第一位，其运输的货物超过了过关班列总量的40%，货值也约占到总货值的四分之一
中欧班列（合肥）	15	太阳能光伏、电子、轻纺、家电、机械设备、汽车等	合肥、江苏、浙江等	矿产品和木材	中亚	货运市场越做越大，有望成为国际内陆港一类口岸
中欧班列（义乌）	21	小商品、机电产品	浙江、广东、福建、江苏、上海	酒、箱包、文具、生活日用品和工艺品为主的小商品	马德里、西班牙	是目前所有中欧班列中路线最长的一条，实现双向常态化运行，创延伸服务助力义乌进出口贸易

名称	运行时间(天)	去程主要产品类别	去程产品来源地	回程主要产品类别	回程产品来源地	备注
中欧班列 (台湾—平潭—欧洲)	16~20	电子信息、机械、化学制品与钢铁				福平高铁直通码头,进一步加大对中国台湾货物的进出口吸引力度
中欧班列 (东京—郑州—欧洲地区)	16~18				东京—郑州—欧洲	2015年10月,郑州已经开通郑州—东京货运航线,由日本全日空公司承担
中欧班列 (首尔—郑州—欧洲地区)	16~18				首尔—郑州—欧洲	2008年11月,郑州已经开通至首尔的货运航线,由大韩航空承担,重庆还无货运航线
中欧班列 (台湾—厦门—成都—欧洲)	21~23	电脑配件			台湾—厦门—成都—欧洲	该班列共发送31列出口班列,2列进口班列;进出口货值超过2.7亿元

2."机场+中欧班列(重庆)"模式下的铁空联运技术与制度存在障碍

技术方面,航空集装箱是根据飞机货舱的形状设计的、以保证货舱有限空间的最大装载率的集装箱。航空集装箱与国际标准集装箱在箱体结构、使用材料方面都存在巨大的差异。铁路集装箱与航空集装箱尺寸、标准不统一,铁空联运须更换集装箱,而这在目前的技术条件下较难实现。

图2-25　航空集装箱

图2-26　铁路集装箱

制度方面,铁路与航空口岸未实现一体化通关,须通过虚拟通关公司出关再进关;加之,机场海关、边防、检验检疫未实现24小时口岸通关,导致货物滞留时间长,通关效率较低。

随着重庆机场国际航线的快速发展,由于时刻紧张或航班衔接需要,部分新增国际航班不得不安排在午夜甚至凌晨,这对口岸通关环境提出了更高的要求。由于人力、财力等因素制约,海关、边防、检验检疫在实现24小时口岸通关目标上有较大困难,难以持续地超负荷开展查验、完成现有航班保障工作。重庆市政府口岸办于2016年9月发布关于口岸协管员的配置方案,机场口岸协管员配置落地后将在一定程度上改善口岸通关环境,有利于江北国际机场国际客货运航线的开拓。但口岸协管员不能替代联检人员的查验工作,国际货物实现24小时通关仍困难重重。

日前,"中欧班列(重庆)+机场"进行了首次运输试验(德国杜伊斯堡—重庆—新加坡),出现了货物集散耗时较长,班列在阿拉山口滞留时间增加和重庆境内通关不便等现实问题。在德国杜伊斯堡进关材料准备额外耗时长达4天,货物运至阿拉山口耽搁4天,货物到达重庆团结村铁路中心站后进关出关长达3天,转运至机场后出关耗时2天,导致实际运输总时间是理论运输时间的两倍,接近1个月。

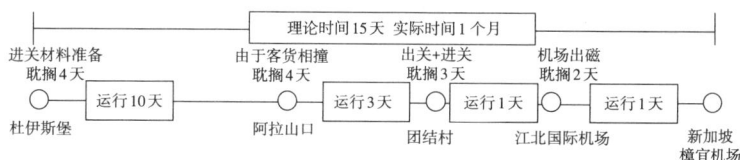

图2-27 "中欧班列(重庆)+机场"铁空联运实验程序及时间

表2-13 "中欧班列(重庆)"理论去程及回程运行时间

方向	路径	运行时间(天)
去程 (15天)	重庆至阿拉山口	3
	阿拉山口停留天数	1
	阿拉山口至杜伊斯堡	11
回程 (16天)	杜伊斯堡至阿拉山口	11
	阿拉山口停留天数	2
	阿拉山口至重庆	3

（四）规划建议

1.加强团结村与机场之间的交通联系,打通铁空物理阻隔

一是,近期可直接利用城市道路、绕城高速,但需加强海关监管、划定固定通道。利用城市内部快速路,须避开城市内环;同时严格限定货车通行时间(21:00—06:00),降低对城市交通的干扰程度。

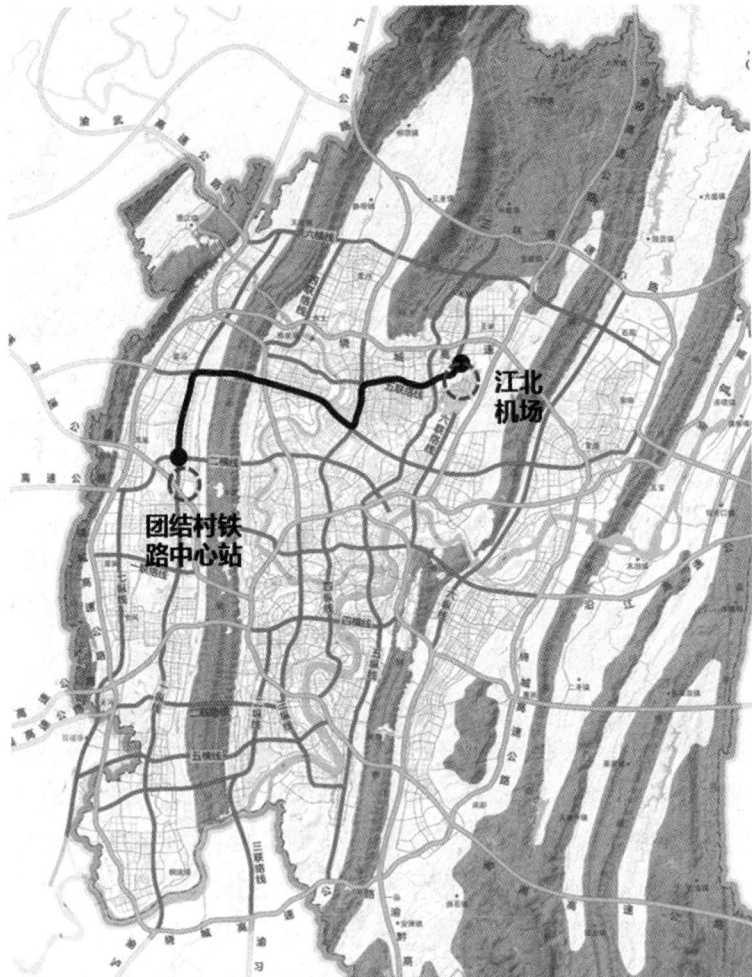

图2-28　利用城市内部快速路加强团结村与机场联系

　　二是,远期可拓宽绕城高速两侧,新建海关专用通道,形成全封闭的、高效的保税转运通道。与城市交通完全隔离,可实现全天候运输,安全高效,但工程量较大,在各大口岸转运货量达到一定规模下方可实施。

图2-29　拓宽绕城高速公路加强团结村与机场联系

　　三是,加快铁路东环线、渝万支线的建设,将江北国际机场接入重庆铁路网。通过铁路东环线及渝万支线,江北机场可与团结村铁路中心站无缝衔接。渝达城际铁路、渝万城际铁路支线均可直通江北机场站、重庆北站。当空铁转运量较大时可新增石子山—磨心坡联络线,开通以江北国际机场为终点的中欧班列(重庆),降低中转率。

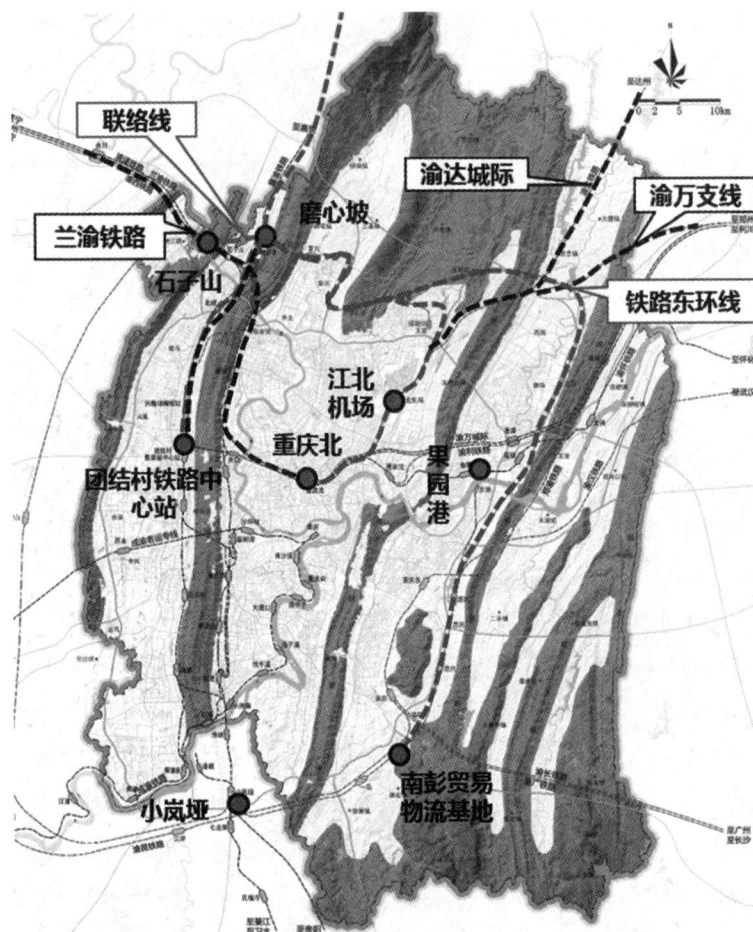

图2-30　利用铁路通道加强团结村与机场联系

2.拓展江北国际机场国际航线

开通更多的国际航线是构建以"中欧班列(重庆)+江北机场"为载体的国际贸易辐射圈的重要支撑。

一是,新增重庆至"4小时航空圈"内重要城市的货运航线。目前,江北国际机场与国际(地区)货运通航城市达13个,包括洛杉矶、芝加哥、安克雷奇、法兰克福、阿姆斯特丹、悉尼、莫斯科、阿拉木图(哈萨克斯坦)、杜尚别(塔吉克斯坦)、新加坡等,但与成都等周边城市相比还存在较大差距。近年来,江北国际机场已开通了覆盖新加坡、东京及中国台湾等客运航线,但货运航线还有待进一步拓展,建议加密重庆至新加坡、中国台湾的货运航线,新增重庆至日本成田国际机场、韩国仁川机场等货运航线。

二是,新增至中东、南美的国际货运航线,实现全球五大洲的全覆盖。开通重庆直飞墨西哥城、里约热内卢等南美洲城市的货运航线,开通重庆直飞开罗、迪拜等中东地区城市的货运航线。

三是,鼓励货运航空公司提升现有货运航线运力投放,积极引进货运航空公司落户。加密顺丰、邮政现有航班,积极引进美国联合包裹服务公司(简称UPS)、圆通等国内外货运航空公司落地;大力拓展高附加值、时效性强的货源。例如,在2005年,广州机场引入UPS,开通了往返广州与美国之间的直航航班。在此之前,广东珠三角地区的货物必须经过香港或上海才能运至美国,而开通广州直航后,货物运输效率大为提高,中国发出的包裹次日就可到达美国80个主要城市。白云机场认为,中国是国际物流企业"必争之地",而广州又坐落于具有重要战略地位的华南地区,华南地区对外贸易量占全国的30%~40%。同时,UPS开通广州直航航班吸引了三大竞争对手联邦快递(FedEx)、敦豪速递(DHL)和天地快递(TNT),加快进军广州的步伐。

3.探索创新铁空联运技术标准和制度突破

一是,探索中欧班列(重庆)铁路货运集装箱与航空集装箱的技术标准统一,便于铁空联运,避免重复拆箱、装箱,提高转运效率。

二是,深化一体化通关制度,加强与沿线国家对接,实现中欧班列(重庆)货运的畅行无阻,进一步提升运输效率,缩短运输时间。

三是，打破铁路与航空通关政策瓶颈，实现铁空联运通关的一体化，降低制度成本。例如，青岛海关创新方式，推动青岛建设"一带一路"双向桥头堡城市，建成沿海第一家多式联运海关监管中心，并支持其打造全国多式联运示范区，对内辐射山东省内外集疏港货源。对外辐射日韩、中亚各国、欧洲各国、美国等国家过境及进口货源。首趟青岛至新疆进口整车专列顺利发运，实现汽车口岸疏港运输模式由公路到铁路运输的突破。青岛海关还与西安海关探索共同建设执法互认、错位监管、优势互补的海关监管通关一体化格局，实现"一带一路"沿线海关空运、海运、铁路、公路等运输方式互联互通。青岛多式联运海关监管中心启用后，实现了与港口的无缝对接，形成"前港后站、一体运作"的海铁联运模式。正式封关运营后，青岛海关同检验检疫部门将逐步实现"一次申报、一次查验、一次放行"的"三个一"通关模式，为企业提供一站式通关服务。总之，探索建立多式联运海关监管中心，可将各种运输方式的货物进行换装、仓储、中转、集拼、配送等，实现海关监管的一体化作业，大大节约了制度成本。

四是，探索在万州、黔江、渝西、川东、黔北等工业园区建立异地航空货运站的模式。例如，早在2002年上海与苏州建立了空陆联程中转快速通关方式，成为苏南地区第一条物流配送超级干线。苏州工业园区的陆路口岸在货物进口方面具有了类似国际机场的功能，成为一个"虚拟空港"。实行这种空陆联程中转，苏州工业园区内的企业进口的货物在上海机场下飞机后，不必分拨至机场的监管仓库，而可以直接通过海关监管车，运至苏州工业园区陆路口岸。企业在苏州工业园区即可办理收货和通关手续，不必再像过去那样，派人到上海办理这些手续。这种快速通关方式，相当于实现了货物从境外到园区的"直航"，所以被形象地称为"二程班机"。从运行效果看，该模式平均通关时间降至8～10小时左右（从飞机落地至企业收货），物流成本下降10%～40%（上海至苏州段）。

四、"机场+第五航权"规划研究

(一)第五航权对江北国际机场的重要性

1. 第五航权是重庆国际贸易辐射圈形成的基本保障

航权是世界航空业通过国际民航组织制定的一种国家性质的航空运输权利,是指国际航空运输中的过境权和运输业务权,它是一个国家的重要航空权益,是国家主权的重要组成部分。因此,航权的谈判、协议、分配、使用等问题均属于国家与国家之间的对等关系问题,不涉及某一个城市国际航权的问题。我国国际航权的谈判和协议由民航局国际司负责,但国际航权的审批和分配则由民航局运输司负责。重庆国际航线开发所需的国际航权必须在我国与他国的航权协议范围内,除协议特别指出的以外,重庆应当与国内其他城市共同分享已达成协议的航权数量。近年来,民航局国际司对重庆国际航线发展给予了大力支持,先后将中美航权谈判、两岸航权谈判等重要会谈安排在重庆举办,并在与新加坡、法国、土耳其、埃塞俄比亚等多国航权谈判或协议中,积极考虑重庆市提出的航线发展需求,为重庆市国际航线快速发展创造了有利的航权政策基础。

近年来,中国国际航线市场需求不断增长,航权越来越成为国际航线开发中重要的稀缺资源。国内航空公司纷纷加大对国际航线的开发力度,欧洲各国、美国等主要目的地国家的中方航权几乎用完,国内航空公司要新增航班,必须依靠民航局与对方国家重新谈判,才能取得新的航权班次用于开航。目前,国内航空公司开通重庆至法国、德国、西班牙等西欧航点已无可使用的航权,中国至意大利、荷兰、葡萄牙等国家的航权也所剩无几,国内各大城市争夺异常激烈。

第五航权是指一个国家或地区的航空公司在其登记国或地区以外的两国或地区间载运客货,但其航班的起点必须为其登记国或地区的权利。更多的国际国内航线是一个机场甚至一座城市竞争力的重要体现。形成重庆国际贸易辐射圈、实现机场"11571"目标（见下页阐释）的最大制约就是国际航线不多、支撑不足。此时，重庆第五航权开放具有重大意义，意味着可以借助国外航空公司的力量开辟更多国际客货航线，进一步丰富重庆国际航线，近期逐步增加国际航线达到100条，培育形成重庆国际贸易辐射圈。

目前，国内已有近20个城市开放了对美国、新加坡、泰国、印度等国家的第五航权。据《关于发布中国—新加坡航权通告》，2016年4月中旬，我国已向新加坡等多个东盟城市开放经停重庆到第三国的第五航权。额外向新加坡开放经停重庆至美国货运第五航权，若新方要求经停上海，须同时经停重庆，即新加坡—重庆—上海—美国。

表2-14　中国已开放第五航权的城市

国内开放第五航权城市	对应开放的国家或城市	国内开放第五航权城市	对应开放的国家或城市
海口（2003）	泰国	成都（2007）	美国、新加坡（2016）
南京（2003）	美国	广州（2008）	包括印度共11个国家（但目前未开通航线）
厦门（2003）	新加坡、美国	烟台（2010）	韩国
天津（2005）	荷兰	重庆	新加坡（2016）、泰国、美国
上海（2006）	印度、新加坡、阿联酋、美国、韩国	银川（2013）	阿联酋
北京（2006）	印度、美国、新加坡、日本、阿联酋	郑州、长沙、桂林、昆明、南宁、乌鲁木齐、西安等	新加坡（2016）

2. 第五航权是重庆实现机场"11571"目标的基本条件

机场"11571"目标,即在2020年江北国际机场将实现100条国际航线、100万吨货邮量、5000万人次客运吞吐量、70万平方米航站楼、100架过夜飞机(1~2家旗舰型基地航空公司)的目标。

当前,在现有58条国际航线的基础上,重庆可利用第五航权新增13条航线。在与新加坡深度合作的情况下,利用面向新加坡的第五航权增开航线、航班,这样才有可能实现100条国际航线的目标。

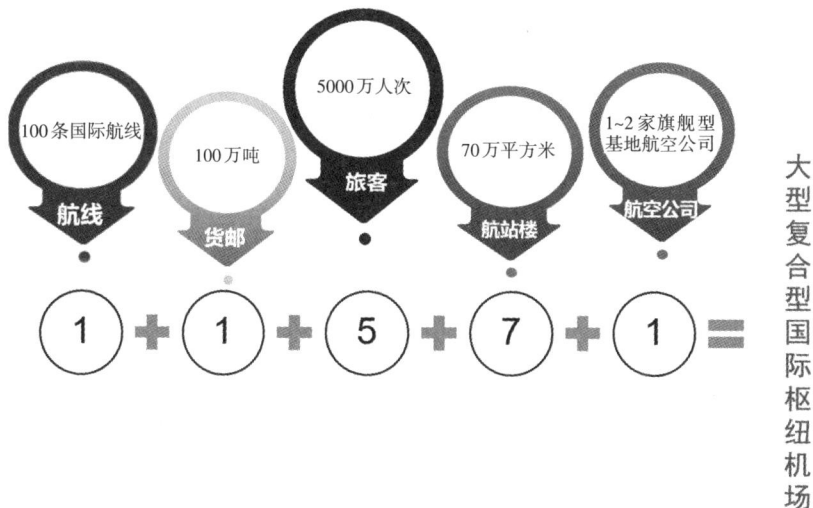

图2-31 江北机场"11571"目标释义

(二)现状及问题

1. 中新(重庆)合作受国际政治影响较大,第五航权至今还未发挥作用

国际航线开发受多种市场因素影响,新的航权政策需要满足航空公司的发展需要和战略要求。重庆市高度重视与新加坡在航线开发方面的合作,并积极协调民航局国际司、运输司支持重庆吸引新加坡航空公司,利用好第五航权开发航线。然而,由于市场原因和战略定位,新加坡航空公司对利用重庆第五航权开辟新的国际航线一事并不积极,只希望

利用第五航权开通北上广至第三国航线,获取短期利益,对进入重庆则持谨慎态度。

2.航线补贴不足影响新开航线的效率

目前,重庆市国际航线发展专项资金的来源为在渝五家民航企业缴纳的营业税增量(以 2007 年为基数,营改增后为增值税)的市级留存部分与渝北区分成部分的 50%之和。按此政策,每年所能筹集到的资金规模约为 2 亿元,重庆市国际航线奖励主要集中在旧金山、赫尔辛基、悉尼、罗马等国际航线上。

根据已签订的协议,2014 年、2015 年需要支付的航线补贴,均超出 2 亿元的资金规模,超出部分财政局按照滚动平衡的原则,已经预支了未来几年的国际航线补贴资金。据了解,成都、昆明、西安、武汉等周边城市对国际航线发展的每年财政支持额度均在 4 亿元以上,均超过重庆。"十三五"期间是重庆发展国际航线的关键时期,急需进一步扩展资金来源范围,扩大资金规模,加大对国际航线发展的财政资金支持。

表2-15　国内已开放第五航权的部分省市对新开航线补贴情况

	新开航线	航班	货运企业	其他
郑州	航空公司新开辟国内货运航线每条补助5万元,国际航线20万元	洲际货运航线每航班10万～20万元补助,亚洲航线8万～15万元,国内航线2万元	根据运输距离补贴300～700元/吨	以补货运为主
重庆	2014、2015 年要支付的航线补贴超过了2亿元的规模,超过的部分财政局按照滚动平衡的原则,已经预支未来几年航线补贴资金		2011—2015年期间从事货物运输、仓储、装卸搬运业务取得所缴纳的营业税给予前两年60%,后三年50%的补贴	以客运为主

续表

	新开航线	航班	货运企业	其他
甘肃	地区航线6万~8万元,亚洲区域航线8万~12万元,洲际航线15万~18万元			以补客运为主《甘肃省航空发展引导专项资金管理暂行办法(试行)》(2012)
广州	基地航空公司:根据时间补贴800~600元/吨,1000万元为上限;非基地航空公司为500~400元/吨,800万元为上限	新增量按照新开辟航线标准补贴,超出20%再补贴300~200元/吨		《广州白云国际机场货运航线财政补贴专项资金管理暂行办法》(2008)

3.对国外航空公司依赖较强,对国内航空公司投入力度不够

国外航空公司航权申请难度高,虽然引入外航开辟国际航线在国际航线发展初期有明显的成效,但长期来看这对机场枢纽建设作用有限。国外航空公司同样非常看重飞往中国的航权,但由于战略导向、航线网络、客源组织、地面保障等问题,往往只是将中国城市作为客源输出地,为其在国外的主要基地枢纽服务。著名的中东海湾三大航空公司——阿联酋航空、卡塔尔航空、阿提哈德航空,非常希望开通包括重庆在内的中国多个城市航线,但他们的主要目的是将旅客送往迪拜、多哈等中东枢纽机场再转机前往欧洲或非洲,从而打造连接欧亚的航空枢纽。因此,民航局对国外航空公司的航权开放控制非常严格,对中东三大航空公司的限制特别明显。重庆国际航线的发展和航空枢纽的打造还是需要国内航空公司制定战略,加大投入,充分发挥主导作用。

4.缺乏旗舰型基地航空公司

江北国际机场现有6家基地航空公司,但各基地航空公司在重庆所占市场份额均不高,国航、川航在2015年甚至出现市场占比下降的趋势。国航、东航、南航把打造国际航线网络的重点放在北上广三大门户机场,国内几大航空公司均无在重庆打造大型航空枢纽的规划。受限于

在重庆的航线网络与机队规模，6家基地航空公司均未投入宽体客机。如果没有以重庆为枢纽基地的大型航空公司的推动，重庆远程国际航线、国内宽体机干线的发展将会很困难。

5.航空物流增速放缓，货源结构单一易受冲击

"十二五"初期，在重庆落户的笔电产业快速发展，江北国际机场国际货运业务迎来了爆发式增长，开辟了多条直达欧美的国际货运航线，机场国际货运的保障能力得到大幅提升，国际货运量居西部第一。在国际经济大环境影响下，2015年笔记本生产量5年来首次出现负增长（较2014年减少12.19%），笔电出口放缓，中欧班列（重庆）的开通也分流了部分对运输成本敏感的货源。另外，航空普货受铁路、公路等替代运输方式分流冲击明显，而新兴产业的航空货运需求不够旺盛，江北国际机场航空物流在"十二五"末期发展放缓，陷入瓶颈。货邮中转业务落后也是面临的严峻挑战，在机场目前货邮吞吐量中，中转货邮所占比重极低。2015年，江北国际机场中转货邮吞吐量不到1.1万吨，在货邮吞吐量中占比不到4%；国际中转货邮量仅600吨左右，在已突破10万吨的国际货邮吞吐量中微乎其微。

6.国际航线发展不平衡，洲际客货运航线滞后

随着国内大众对国际旅游需求的爆发式增长，国际客运航线成为国内各城市扩大开放、加强竞争的热点。其中，中西部二线城市已成为国内外航空公司开辟洲际客运航线的重要据点。

以成都、昆明、西安、武汉为代表的中西部机场在地方政府政策的大力扶持下，加大了对洲际客运航线的开发力度。成都双流国际机场现已开通9条洲际直飞航线，2016年在成都举办的世界航线发展大会上，成都市政府宣布还将开通成都至悉尼、纽约、洛杉矶、奥克兰、马德里、索契、亚的斯亚贝巴、迪拜8条洲际直飞航线，并计划将成都直飞莫斯科包机转为定期直飞航线。昆明机场已开通昆明经青岛至旧金山航线，近期计划新开昆明至悉尼、洛杉矶、伦敦、莫斯科航线。

而重庆江北国际机场截至2016年6月仅有直飞赫尔辛基、罗马、伦敦、悉尼4条洲际客运航线,国际航线市场仍以东南亚为主(年旅客吞吐量占比达国际旅客吞吐量的64.57%),尚未实现北美直航,在洲际航线的开拓、营销宣传上与成都、昆明等城市还存在一定差距。

(三)规划建议

1. 争取国家支持,依托中新合作示范项目,要求新加坡利用第五航权新开通航线必须经由重庆

一是,争取民航局大力支持,要求新加坡利用第五航权开通北上广至第三国的航线必须经停重庆。即航线安排必须是新加坡—重庆—上海(北京、广州)—北美(欧洲)。

二是,市政府统筹协调,要求新加坡积极承担中新合作应尽责任,积极利用重庆第五航权开展业务。重庆市政府可将江北机场商业资源作为筹码,积极与新加坡樟宜机场等谈判,要求其尽快利用第五航权,开辟国际航线。

2. 在航权开通基础上,加大航线开通力度

在国际客运航线方面,加快北美突破,强化欧洲布局,均衡亚洲发展,推动澳洲加密。积极引入大型基地航空公司,提升江北国际机场客货保障能力。组建立足重庆本土的大型基地航空公司,或引入1~2家具有100架过夜飞机的外来基地航空公司,支撑国际客货航线开发。

3. 完善航线补贴资金支持政策,加大新开国际航线补贴力度

一是,扩大国际航线补贴范围,包括将航线航班补助、机场使用费减免补助、市场开拓奖励、融资担保等均纳入重庆国际航线发展支持政策中,促进新开航线的正常运营。

二是，提高国际航线补贴标准，可参考成都、武汉、郑州等，将现有补贴标准从每年2亿元提高至每年3亿~4亿元。郑州机场给予货运较大优惠，主要包括新开辟洲际货运定期航线，根据业载吨位给予每航班10万~20万元补助；新开辟亚洲区域货运定期航线，根据业载吨位给予每航班8万~15万元补助；对新开辟货运航线航班和重点培育航线航班减免机场使用费。重庆可深入学习借鉴郑州的经验。

三是，延长国际航线补贴周期，可参考郑州，将现有新开航线两年的补贴周期延长为三年，对重点国际航线还可根据经营情况进行长期补贴。

四是，建议对在机场集散货物的运输企业给予补贴，以吸引更多货源通过江北机场中转。郑州对在新郑国际机场集散货物的公路运输企业也给予较大优惠，根据运输距离，给予运送货物每吨300~700元补助。

五是，向市政府争取拓宽国际客运航线补贴资金来源，扩大资金规模，力争实现"十三五"期间资金规模达到25亿元，并积极支持基地公司引进远程宽体客机，开辟远程国际航线。向市政府争取出台支持航空物流发展的相关政策，协调市经信委物流办、渝北区政府出台有力的支持政策，争取相关优惠奖励措施早日落地，以鼓励货运航空公司在重庆机场加密货运航班频次，增开国际、国内货运航线。

六是，针对货运中转业务，根据重庆机场国际（地区）、国内货物运输的不同特点，分别制订专项优惠及奖励措施，以调动货运代理企业的积极性；协调航空公司，对中转货物予以优惠运价；在舱位、仓储、装卸操作等方面，对中转货物给予优先保证。

4. 拓展航空货源

重点发展时效性强、附加值高的 IT 类产品，澳牛、波士顿龙虾等水生动物，三文鱼等冰鲜产品，进口水果、电商货物等货源。主动开展行业走访，了解市场需求，扩大江北国际机场的认知度。积极深入龙头企业，通过定制专属合作方案，帮助企业认知重庆机场的航线网络、货运物流优惠政策、保障能力等；积极对接各类产业园区，利用园区平台调研市场情况,也借由平台宣传重庆机场货运物流资源优势,集中吸引园区企业,提升货运营销工作效率。

5.推动国内大中型航空公司围绕重庆建设国际航线基地,增强重庆开辟国际航线的能力

配合航空公司制订国际航线发展规划,积极引入宽体客机落户重庆,协调大中型航空公司与重庆合作相关事宜。加强与国外潜在航空公司的沟通交流,积极引进外航开辟远程国际航线;利用中新合作契机,争取开辟基于第五航权的新航线,为重庆国际航线发展注入新活力。积极参与国际航线开发的国际会议和交流活动,加强利用世界航线发展大会、亚洲航线发展大会的平台,通过搭建展台、赞助宣传、一对一会谈等多种形式开展航线营销和宣传;积极推动市政府申办 2020 年世界航线发展大会或亚洲航线发展大会;积极与航空公司协调,丰富国际中转联程产品,加强与中外各航空公司在西北、西南、华中区域的营销推介,加强中转客源组织,为国际航线可持续发展提供保障。

五、"机场+非航"规划研究

(一)认识非航空性业务

1.概念

非航空性业务与航空性业务是相对的概念,它不直接从航空主业获得,但依赖航空主业发展的其他业务都应该算是非航空性业务,包括商业、广告和地面服务等。研究认为广义的非航产业还应包括机场核心区以外的临近地区开展的物流、商务、研发、制造等临空产业。

2.特点

(1)非航业务发展与机场客货吞吐量具有强相关关系。

机场吞吐量直接影响非航业务发展。任新惠、唐少勇、苏欣总结了国内外优秀机场的经验,得出非航业务在不同吞吐量级别的发展阶段呈现不同的特点。

一是,机场的年吞吐量小于500万时,这一阶段称为航空主业开发阶段。在这一阶段,机场的非航业务处于从属地位,非航收入也较低,开展的一些非航业务如地面服务、配餐、餐饮、物业等也是为了支持和保障航空性业务。

二是,机场的年吞吐量在1000万到2000万之间时,非航业务开始向多元化发展,有些业务开始外包,非航业务量得到提升。机场开始规划配置资源,对同类业务进行专业化重组,自营为主,外包为辅。

三是,机场的年吞吐量在2000万到4000万之间时,机场的客货量达到一定规模,商业经营和设施主要采用外包委托方式进行特许经营。

四是,机场的年吞吐量在4000万到5000万之间时,机场的管理趋于成熟,营业业务范围几乎覆盖全面,此时以商业、酒店、会议、展览等物业地产业发展为主,吸引资金多元化投入,促进空港经济区的形成。

五是,当机场的年吞吐量在5000万以上时,机场与临空经济相互促进发展,此时机场只负责核心业务或资源的管理,其他业务多以特许经营、特许专营、合资等方式实现专业化的管理,商业开发拓展到"航空城"。

(2)不同非航业务受航空主业的影响程度及因素有所不同。

地面服务业务及后勤保障类业务受航空主业业务流量影响较大,且与机场开发程度和其提供此类服务的数量、质量、规模大小有关。

候机楼商业零售、餐饮等业务的影响因素较多,有旅客流量、商业经营方式、旅客购买力、机场定价水平、产品及服务质量等。

物业、商业地产与广告等业务的影响因素有旅客流量、机场所在地区经济水平与外向程度、机场的业务量结构等。

3.国内外非航业务发展情况

机场商业开发给航空产业带来巨额非航空收入,非航产业已经成为机场经济增长的重要支柱。在需求多样化和机场盈利增长要求的共同趋势下,全球主要机场已经由单纯的"机场"转化为人流物流集聚、商业休闲功能齐备的"航空城"。非航空业务替代航空性业务,成为枢纽机场盈利的主要来源。发达国家(地区)机场发展共同特征明显。

(1)非航空收入占比不断提高。

从全球主要机场看,非航空收入占比提高的趋势非常明显。以香港机场为例。2000年至2006年,香港机场旅客吞吐量年均递增5%,而机场收费年均递增仅为2.5%,机场主业收入在总收入中的占比由45.7%下降到37.9%,下降了7.8%。再看德国法兰克福机场,2004—2006年机场收入构成相对稳定,从各业务占总收入的比重来看,航空业务约为33%,非航空业务约为67%,其中商贸物业约为18%,地面服务约为29%,其他延伸服务约为20%。

(2)与航空性业务相比,非航空业务具有更高的盈利能力。

全球主要机场普遍将商业、餐饮、广告,以及机场禁区内的辅助服务等业务交由具有较强品牌实力的专业机构经营,机场则通过"保底+收入分成"等模式收取特许经营费、专营费等。这样使得机场商业机会得以不断拓展,机场最大限度地节省了资源占用,盈利能力反而大幅提高。

据统计,新加坡樟宜机场非航空业务收入占比高达61%,香港机场也接近60%;它们从每位旅客获取的非航空业务收入平均达100元(人民币),远高于航空业务收入。而国内机场非航产业发展普遍较差,非航收入占比远低于航空收入。

(二)现状及问题

1.现状特征

(1)江北机场非航产业门类单一,增长缓慢。

2015年,江北国际机场非航经营业务占机场总收入的47%,非航收入来源以商业租赁和地面服务收入为主,占非航业务总收入的58%。其非航经营业务主要集中在与航空主业关联度较高的货运、物流、航站楼商业领域，其收入增长主要处于随旅客吞吐量自然增长的状态。

对比新加坡樟宜机场，2008年机场非航业务收入占机场总收入的61%，是机场主要的经济来源。其非航业务发展也促使樟宜机场获得全球顶尖机场、全球最佳机场、旅游零售卓越DFNI全球奖、全球第四的高零售收入机场等荣誉。樟宜机场非航业务占地面积约7万平方米，配套了350家零售和服务商店、120家食品和饮料商店，包括购物、餐饮、休闲娱乐、公共服务(医疗中心、免费休息区、淋浴设施、邮政电信服务、商务中心、货币兑换、汽车出租、理财、迎宾服务等)、物流、飞机检修和维护、物流和供应链管理等功能。

链接

樟宜机场非常重视非航业务发展，首先针对不同人群开发了多样化多层次的非航业务。

针对商务客：提供带锁的免费手机充电站、免费高速上网、商务中心、新闻资讯服务。

针对游客：借助数字化手段，如利用"社交树"增强与乘客互动；开展有趣的活动，如利用各国明星在新加坡转机时间举办歌友会，在跑道上开展飞机与跑车的竞速比赛，在候机楼里开办跳蚤市场等增添机场候机的趣味性。

针对家庭旅客：提供家庭区(包括换尿布室和婴儿护理室)服务。

针对儿童：配备儿童游乐场。

针对年轻人：建造了从LAN游戏和音乐室到MTV视听室和各种游戏机的体验区。

其次，制定相应的政策，推动非航业务发展。如制定特许经营权和可出租商业用地等，优化商业设施的回报；保持对航空公司的低廉收费，减少航空公司在樟宜的运作成本，以维持樟宜机场的成本竞争能力，从而促使各航空公司将新加坡作为中转枢纽，带来更多的人流物流。

表2-16　2015年重庆与新加坡机场非航收入比重比较

指标	新加坡樟宜机场	江北国际机场
非航空业务收入比重	61%	47%

表2-17　重庆与新加坡机场非航业务功能比较

	江北国际机场	新加坡樟宜机场
配套功能	购物、餐饮、休闲娱乐、公共服务(货币兑换、电信服务、养生保健)	购物、餐饮、休闲娱乐、公共服务(医疗中心、免费休息区、淋浴设施、邮政电信服务、商务中心、货币兑换、汽车出租、理财、迎宾服务等)、物流、飞机检修和维护、物流和供应链管理
配套设施规模	近80家零售和餐饮商店	350家零售和服务商店、120家食品和饮料商店,占地面积约7万平方米

(2)江北机场口岸功能众多,具备拓展非航业务的基础条件。

与非航业务息息相关的是机场的口岸功能。从现状来看,国家已批准江北机场开展7项口岸功能:国际进境水果口岸、国际进境冰鲜水产品口岸、口岸落地签证签注、5年期台胞证换发、过境72小时免签证、保税航油、进出境免税商店。其口岸功能较为丰富,已与周边机场相差无几,具备非航业务发展的基础条件。

2.存在的主要问题

江北机场的非航业务依然存在整体收入高、成本高、利润低等特点,在对本身口岸功能的利用、与周边口岸的协作、非航产业类型的拓展等方面存在以下问题。

(1)航空口岸功能未充分利用。

一是功能发挥不足。72小时免签,刺激入境游市场的通用法则的功能没有得到充分发挥。2013年,广州72小时过境免签政策获批,次年白云机场国际中转旅客量增幅达到8%。重庆在2013年成为中国第五个获批城市,但国际中转客流并未明显增加。

二是单纯交易类口岸多,综合服务类口岸少。从各个进出口口岸的发展现状来看,均以进出口贸易、商品展销买卖等交易为主,缺乏体验服务,以及提供金融、商务租赁等专业服务的综合性国际化的服务贸易口岸。从空、铁、水、公四大口岸的功能及环境条件来看,机场最具打造综合类服务口岸的优势,可进一步借鉴新加坡机场经验,培育相关功能。

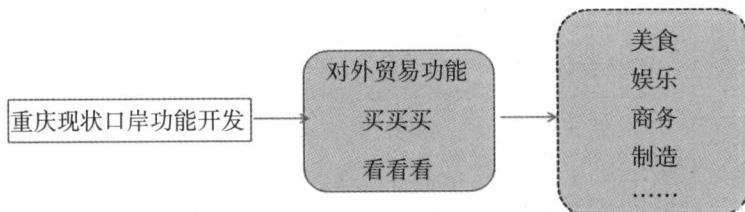

图2-32　重庆口岸功能现状示意图

图2-33　新加坡机场主要功能示意图

（2）航空口岸与其他口岸之间道路硬件设施不畅,导致空铁、空水、空公联运功能难以发挥。

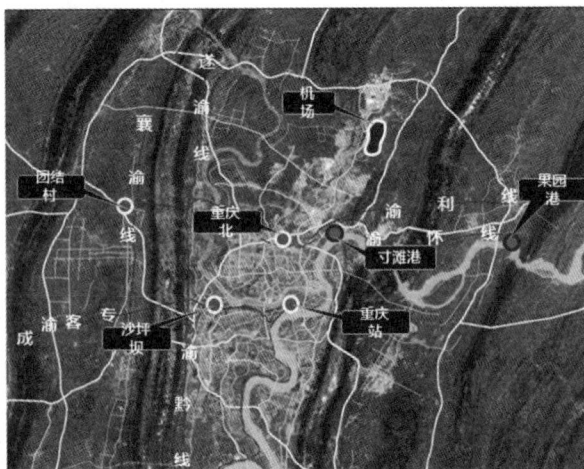

图2-34　重庆市主要口岸之间交通联系情况

联系方式单一,航空口岸与其他口岸间未形成快捷的空、铁、水联运。现在口岸之间交通联系主要依靠公路交通,即绕城高速公路,此路上虽设海关专用通道,但只设置了西永保税区到机场这一段,机场与其他口岸之间的联系缺乏专用通道。虽然规划有预控铁路引入机场,但未明确其形式和功能,且未注重机场与都市区铁路系统的有效衔接。

(3)航空口岸与其他口岸间软环境不畅。

一是,"大通关"管理体系有待健全。近年来,重庆机场与各口岸联检单位积极打造航空口岸大通关平台,在物流园区规划、物流设施建设、"三互"(信息互换、监管互认、执法互助)大通关体系构建、监管方式优化等方面虽然都取得了一定成效,但在当前重庆自由贸易区获批及中心合作加快的大背景下,各口岸单位在服务意识、通关协同、通关效率等方面还需要进一步增强,还需创新管理理念、监管方式,加大科技创新的力度与投入。

二是,信息化水平有待提高。重庆、陕西等六省市成为我国第一批内陆沿边地区国际贸易"单一窗口"建设试点城市。2016年4月,重庆市政府办公厅印发《重庆市国际贸易"单一窗口"建设方案》。按此要求,江北国际机场已经按照"电子口岸"及"单一窗口"建设项目相关要求,推动了相应的信息交互整合及物流信息平台建设等工作,但总体来说,机场航空物流信息资源开发利用还相对滞后,公共服务平台发展比较缓慢,尚未建成全链条的物流信息处理系统,不能保障对货物在机场的全过程进行电子化、信息化处理及实现在线实时查询货物位置、状态等情况;同时机场与各口岸联检单位的信息化互联互通、信息共享等方面也亟待加强,信息技术对机场航空物流发展的支撑力度还需进一步强化。

(4)港城融合不足,制约非航业务发展。

江北国际机场背山面城,其区位是我国机场与城市功能融合的典型案例。但机场周边产业发展与机场功能互动、融合、协同不够,产业集聚效应低,对航空利用率低。首先,机场周边多为航空指向性不强的装备制造业,如汽车、装备、机械制造等,对航空运输的利用不足;其次,作为重庆市最大的空运基地,并且拥有空港保税区,机场周边的物流仓储用地明显不足,难以满足未来发展需求;最后,金融及商贸服务在机场周边聚集度不够，主要商业购物娱乐的地块布局在江北沿江地带，与机场距离较远。

世界主要机场周边的用地是航空利用率最高的地区，是临空指向性产业的稀缺资源。

从国内机场来看，北京首都国际机场沿着机场与北京市的主要通道，聚集了物流、保税、国展、商务区、汽车生产、经济开发区等大量的功能组团，机场运输与临空产业的发展相互融合、相互促进。广州白云机场周边布局了航空物流、航空维修、航空制造、航空运营、航空配套等产业，以及总部经济、会议展览、高端商业、高端商务、文化旅游、时尚创意等产业。

从国外著名机场来看，比如荷兰阿姆斯特丹的史基浦机场，围绕机场周围建设了媲美城市的综合功能载体，机场周边有商业、房地产、高尔夫球场、酒店、休闲、娱乐等设施，有物流园区、办公园区等，积聚有知名物流产业、企业物流中心、企业欧洲总部等。此外，该机场还建设了全球第一家机场博物馆、机场花园、机场图书馆、贸易建筑群等，围绕机场人流、物流需求，统筹用地布局，高效利用航空资源。

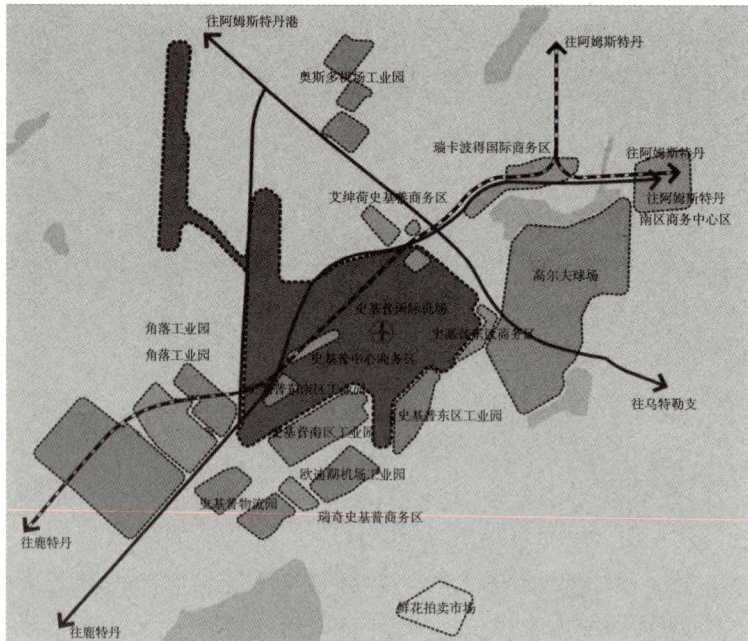

图2-35　荷兰阿姆斯特丹史基浦机场周边用地功能布局图

(5)中新项目虽推动非航领域业务合作,但进展缓慢。

中新合作非航领域方向已确定,包括餐饮、广告、商业、停车、贵宾服务等,航空地面服务(地服、设施、场地租赁),航空配餐,航空物流。但受制于航权相关事宜未能完全确定,实质性合作进展缓慢。

(三)规划建议

要刺激非航业务增长,最重要的就是增加客货流量,自然带来消费的增加和综合能力的提升。

1.将江北国际机场打造为综合服务口岸,丰富服务业态

江北国际机场应充分利用中新商业合作的机会及互联网技术支撑,依托国际贸易的核心功能,拓展贸易方式,延伸产业业态,打造综合性服务口岸。

(1)设立"中欧班列(重庆)+机场"的免税商品服务平台,提升免税服务贸易的能力。利用进出境免税商店的口岸功能,利用中欧班列(重庆)铁路+机场形成的欧洲货物贸易集散枢纽的优势,设立"中欧班列(重庆)+机场"的免税商品服务,丰富免税商品的种类,吸引客流到重庆江北国际机场中转消费,提高中转业务量,增加非航业务收入。

(2)培育电商平台,开展跨境电商业务,助力重庆国际贸易辐射圈构建。引进国内外知名电商平台公司,在重庆建设欧洲、东亚、东南亚商品货物西部总部,增加对周边商贸辐射作用,推动重庆建设成为内陆国际物流枢纽和口岸高地。

(3)利用新加坡樟宜机场购物平台,推广重庆特色商品,扩大重庆的国际知名度。

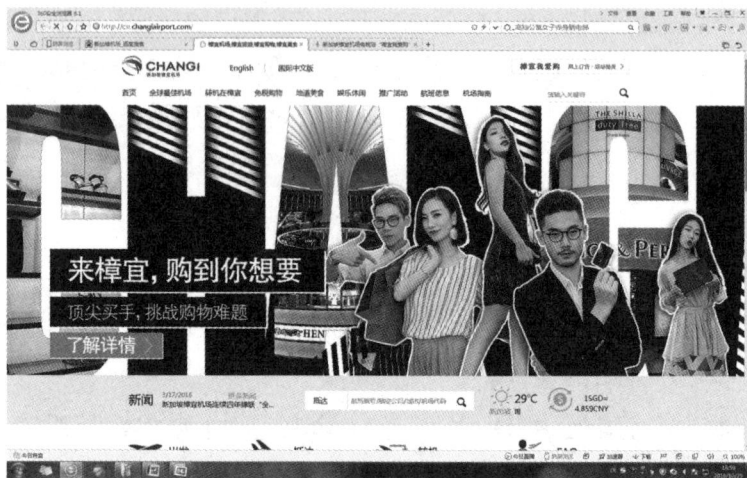

图2-36　新加坡樟宜机场商业服务平台

（4）建立一体化的口岸管理平台。学习上海口岸一体化管理模式。上海外高桥港、洋山港、浦东空港之间由上海综合保税区管理委员会建立了统一的管理体系，包括建设统一的信息服务平台，采用海空货物直通、联动招商、政策延伸、贸易带动等一体化的管理措施。建议积极推进重庆各口岸间金融监管、检疫改革，升级大通关服务平台，扎实推进口岸监管信息创新整合工作，建立统一标准的一体化信息管理体系。推动机场与其他口岸物流货物的全链条物流处理信息系统建设，加强与航空公司、物流企业和联检单位的合作，对货物的交收计量、收费、存储、装卸、安检、年检、运输等全过程进行信息化处理，并实现实时在线查询货物位置、状态等功能。提升货物多式联运的透明度与效率，加快多式联运的发展。

（5）增加综合服务业务。以中新合作的四大非航领域为依托，增加餐饮、文化、娱乐等功能，并强化与两路城区之间的互动，充分利用两路城区商贸、商务、休闲娱乐配套，拓展机场非航业务的空间限制。具体措施如下。

一是，引入战略伙伴，塑造服务品牌。按照非航业务发展与机场吞吐量的关系，在客运量为2000万到4000万人次之间时，机场商业经营和设施主要采用外包委托方式进行特许经营；而在机场的年吞吐量为

4000万到5000万人次之间时,机场的营业业务范围广泛,并以商业、酒店、会议、展览等物业地产业为主,将吸引资金多元化投入,促进空港经济区的形成。2015年,江北机场已经突破3000万人次客流量,即进入非航业务类型快速增长、经营模式专业化运营的阶段。因此,建议引入成熟、专业的运营商,开展非航业务的市场策划和运营。

二是,建设一站式服务。在机场客流量突破3000万人次以后,大规模的客流带来多样化的客户,机场此时在硬件上应增加广告服务、旅客休闲、商业零售、商务楼宇、酒店服务等配套。在管理上应针对不同的客流人群开发多样化服务。比如学习新加坡按人的年龄构成,为特殊人群如小孩、老人提供游憩设施;按不同人群的收入,提供高端服务和廉价服务等。

2.促进各大口岸之间的互联互通

空、铁、水口岸之间的互联互通,有利于人流物流的快速集散和转化,促进重庆作为西南地区交通综合枢纽的建设,也有利于江北机场集聚周边地区的客货量,成为中转枢纽。

比如,荷兰阿姆斯特丹史基浦机场是欧洲的第三大货运机场以及第四大客运机场,是荷兰对外贸易发展依托的中心之一。该机场已由单一航空运输枢纽走向多式联运综合枢纽。一是机场与高等级火车站无缝衔接,扩展腹地。火车站是欧洲高速铁路的一个节点,每隔10多分钟就有一列从荷兰连接欧洲各国的国际列车进出,因此,与火车站的衔接就能实现与欧洲各国的无缝衔接。荷兰将地铁站、火车站建设于航站楼地下,机场与整个欧洲大陆实现快速联系,机场的腹地不只是荷兰,也是整个欧洲。二是新建公、铁、水联运货运专线。机场专门新建了一条货运专线,将公路、铁路以及30 km外的水运码头连接起来。

图2-37　史基浦机场与火车站无缝衔接

再如美国孟菲斯构建的空、铁、水联运系统。孟菲斯国际机场和美国其他的机场相比较小,但却是世界第一大货运机场,源于其构建的以航空运输为核心、集多种交通运输模式无缝衔接的交通系统。各交通站场以机场为中心,呈轴线方式布局。各站场之间有发达的公路联络线路,铁路站场与港口码头实现了无缝衔接,如孟菲斯密西西比河河港均布局有铁路站场。

表2-18　孟菲斯公、铁、水、空联运模式

运输模式	概况
公路	"一环十射"干线公路联通南北,横贯东西。拥有400家卡车运输公司,货物通过卡车运输能在一夜间到达全美152个市场
铁路	美国第三大铁路中心。联结了5条一等级的铁路:NS,BNSF,UP,CSX,CN
港口	美国第四大内陆港口;密西西比河第二大内陆港口。每年运作的货物量超过1900万吨

图2-38　孟菲斯各交通站场的布局

3.优化产业布局,推动港城融合

依托中新合作契机,在机场周边集聚发展高新技术、研发以及休闲旅游等临空指向性产业,推动机场与城市功能的融合,也有利于增加客货来源,构建航空产业链。

在机场周边10分钟车程以内统筹构建临空产业空间,主要发展航空运营、航空物流、航空制造、航空保税消费、高技术产业。空间优化调整建议如下:

(1)机场核心区:以航空运营、航空运输服务为主。

(2)机场紧邻区:航空物流、航空制造、航空保税消费、高技术、休闲娱乐产业。

后勤保障基地：航空公司基地总部、航空运营保障。

空港工业园区：提档升级，将低端机械企业迁出，重点发展汽车电子、消费数码、特殊金属材料。

空港保税区：保税物流、笔电加工、智能设备、国际转运中心、保税贸易。

临空都市服务区（两路）：免税消费、旅游集散、酒店住宿、休闲娱乐。

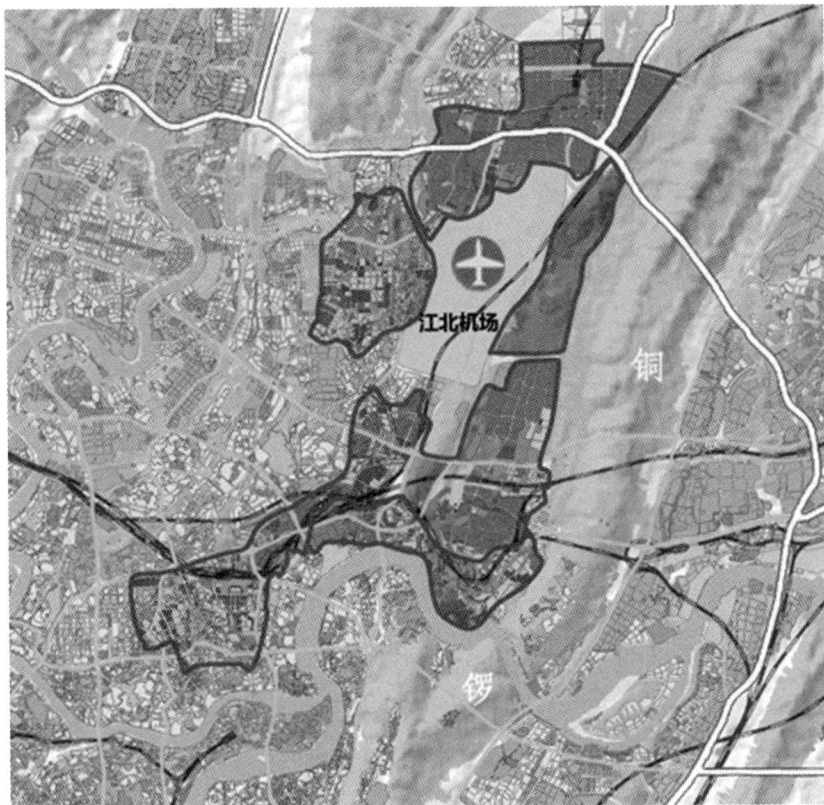

图2-39 "10分钟"产业圈层图

临空创意经济走廊：包括台商工业园区、农业园区，以及北部新区、龙溪片区，以临空商务商业、创意研发、临空制造、都市商贸等功能为主。其中，机场路沿线地区以体现重庆城市形象的国际总部基地、商务办公、创意产业研发为主，重点打造石盘河临空商务区；此外台商工业园区（农业园区）调整低端汽车零部件、机械制造、食品制造，重点发展服装设计与制造、高端轻纺材料、时尚文化创意、广告媒体、商务休闲,依托重庆的产业基础,发展生物医药研发、软件研发、精密仪器研发等,预留国际国内重大体育赛事用地;台商园石坪片区发展智能终端、应用电子等临空制造产业;北部新区以及龙溪的部分区域进行用地挖潜,逐渐将区域内工业企业迁出到相应的工业园区内,重点发展商务商贸、现代物流等都市服务业。

寸滩保税区:水、空、铁保税物流,免税消费。

唐家沱文化康体区:以码头文化旅游、创意社区为主,预留文化休闲项目用地。

表2-19 机场周边产业调整建议

区域	产业调整建议
机场核心区	以航空运营、航空运输服务为主,预留航空公司基地总部、航空运营保障
后勤保障基地	航空公司基地总部、航空运营保障
空港工业园区	提档升级,将低端机械企业迁出,重点发展汽车电子、消费数码、特殊金属材料
空港保税区	保税物流、笔电加工、智能设备、国际转运中心、保税贸易
临空都市服务区	免税消费、旅游集散、酒店住宿、休闲娱乐
临空创意经济走廊	临空商务商业、创意研发、临空制造、都市商贸等功能为主
	台商工业园区:提档升级,重点发展服装设计与制造、高端轻纺材料、时尚文化创意、广告媒体、商务休闲,预留国际国内重大体育赛事用地
寸滩保税区	水、空、铁保税物流,免税消费综合交易平台

六、"机场+空间"规划研究

（一）机场优化发展空间的必要性

1.扩大机场空间规模是提升机场客货量的有效途径

（1）西安咸阳机场通过机场规模翻番（26 km²→46.64 km²）实现客运量翻番（3100万人次→9500万人次）。

西安咸阳国际机场于1991年建成投用，位于距西安市中心47 km的咸阳市渭城区底张镇境内。作为关中城市群目前唯一的国际机场，中国八大区域性枢纽机场，全国面积第五大机场，西北地区最大的空中交通枢纽，和北京、上海、广州、深圳等7座城市一起，被民航局列为"不限起飞"的城市，更被Skytrax评为与北京首都国际机场、上海虹桥国际机场、海口美兰国际机场、三亚凤凰国际机场等共为现时内地综合评级最高的航空港。西安咸阳国际机场目前拥有T1、T2、T3航站楼，总建筑面积36万平方米，是西部地区第一个实现双跑道独立运行的机场，现有的硬件设施由于逐年暴增的客流量，已逐渐接近饱和。现有的航站楼（T2+T3B）设计流量是5000万人次，按照如今的客流量增速，2021年西安机场旅客吞吐量将会超过5600万人次。若考虑重大事件等因素，机场和配套设施都将进入超负荷运转，这不仅妨碍了大西安地区甚至整个陕西的航空业进一步发展，还大大影响了通勤效率及服务质量，一定程度上甚至带来了安全隐患。

基于此，正在编制的《西安咸阳国际机场总体规划(2016年版)》确定了咸阳机场近期（2025年）旅客吞吐量7000万人次/年、货邮吞吐量80万吨/年，远期（2045年）旅客吞吐量9500万人次/年、货邮吞吐量150万吨/年的运量目标。用地方面，机场近期规划用地面积26.45 km²；远期规划控制用地面积46.64 km²，较2009年版总体规划增加规划用地26 km²。机场远期共规划5条跑道，分为东、西两大航站区，通过机场内部轻轨链接，西航区为现有的T1、T2、T3，东航区新建60余万平方米的T4航站楼，客机位107个，西银高铁在此设站无缝连接;新建3条平行滑行道和东联络道,场道面积425万平方米,形成西区航站西进西出,东区航站东进东出,建设东交通中心,主要包括停车楼、换乘中心等设施。

(2)成都通过修建第二机场实现客货量翻番。

2015年1月,国务院和中央军委正式下发文件,同意建设成都新机场。机场性质为区域枢纽机场,场址位于成都天府新区芦葭镇,预计2019年基本建成,2020年投入使用。机场建成后,成都将正式成为继北京、上海之后,国内第三个拥有双机场的城市。

成都第二机场定位为西部地区最大的国际复合型枢纽机场。远期规划用地面积52 km²,共布局"四纵两横"6条跑道,航站楼总面积126万平方米,远期可满足旅客吞吐量9000万人次/年、货运吞吐量200万吨/年,飞行区等级为4F,规划总机位资源为202个。机场一期工程按满足2025年机场旅客吞吐量4000万人次、货邮吞吐量70万吨、飞机起降量32万架次的目标设计,用地超过20 km²,新建3条跑道,建设52万平方米的航站楼、157个机位的站坪、5.9万平方米的货运站。机场通过新建高速公路、机场快线轨道交通、快速通道实现民航、轨道、公路的"零距离换乘"和与周边区域的快速对接。

在功能布局方面,形成两个层次。一是机场周边3 km区域的小型机场城。功能设施包括酒店、办公楼、停车场(楼)、餐饮、大型购物中心、银行、免税店、会议及展览中心、文化和娱乐设施、休闲及康乐场地、医疗和保健机构、飞机维护和维修、物流配送、保税区、经济特区及保税仓库等;二是机场周边15~30 km区域的大型航空城。核心区面积约100 km²,分为西侧和东南侧板块,其中,西侧板块60 km²,规划发展城市综合服务、商贸物流、高新技术等产业;东南侧板块40 km²,规划发展商贸物流、临空制造等产业。临空经济区用地规模达到400 km²。

2.机场功能逐渐多元化需要更多承载空间

(1)上海浦东国际机场。

一是整体规划为飞行区、航站区、货运区、机务维修区、综合工作区以及综合发展用地。综合工作区的一般功能包括机场当局办公、一关三检办公、医疗急救中心、消防站、航空加油站、航空公司基地等,在此基础上,拓展了行政管理、商务办公、商贸、文化娱乐、休闲以及仓储货运功能。二是大力发展航空物流功能。依托货运区、海关监管仓储区、快件处理中心等设施,建立空港物流园区,吸引航空公司、物流公司入驻,建立海关监管仓储区,解决国际货物中转的仓储、转运、分解、装箱等业务。

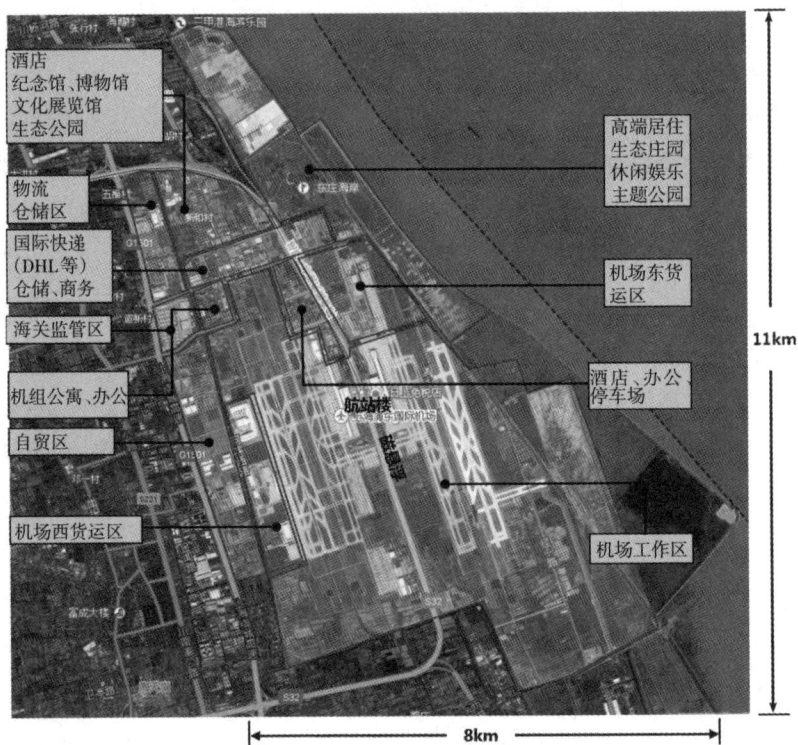

图2-40　上海浦东机场及近邻区域功能分布示意图

(2)广州白云国际机场。

一是建设复合枢纽机场工作区。集中布局机场当局基地航空公司办公区、航空食品区、油库区、环保设施区、货运区、飞机维修区、综合服务区(包括航空公司和飞机的后勤服务、政府派驻机构等)。二是联系大田铁路集装箱枢纽,拓展口岸通关、保税物流、保税加工、电子信息产业、

商贸服务等功能。三是大力发展非航空性功能,如民航类设计,监理及
建设、土地、物业等开发管理,广告业务,医疗教育,信息系统开发维护,
旅客运输及停车场,航站楼商业等。四是外围布局物流、服务以及航空
农业功能。

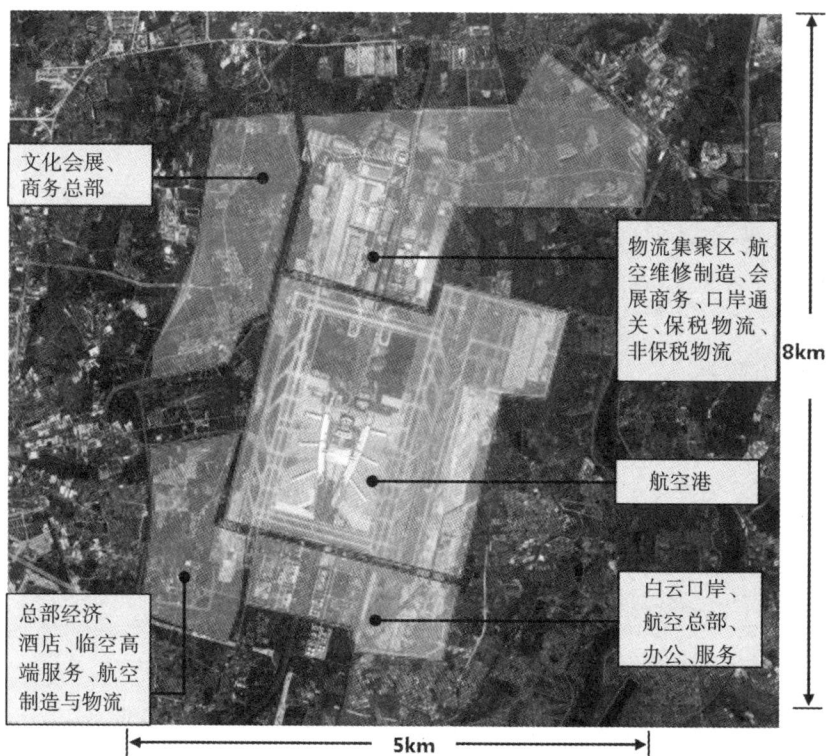

图2-41 广州白云机场及近邻区域功能分布示意图

(3)新加坡樟宜机场。

一是丰富核心区域服务功能。航站楼内集聚免税购物、餐饮、休闲
娱乐(电影院、室内花园)、酒店、公共服务(医疗中心、免费休息区、淋浴
设施、邮政电信服务、商务中心、货币兑换、汽车出租、理财、迎宾服务等)
功能。二是将自贸区与物流园紧密结合。在国际物流运输、货运中心、
物流管理、港口物流的功能基础上,发展货物包装分类、一般商业性加

工、外汇管理、离岸金融、短期免费储存功能。三是设立廉价航空区,配套飞机检修和维护功能。四是在周边紧邻区域,发展高附加值功能。设立度假休闲区(俱乐部、高端居住、会议)、商业商务区、研发区(航空宇航等高科技制造、电子信息研究)。五是建设大型公共建筑,如展览等。

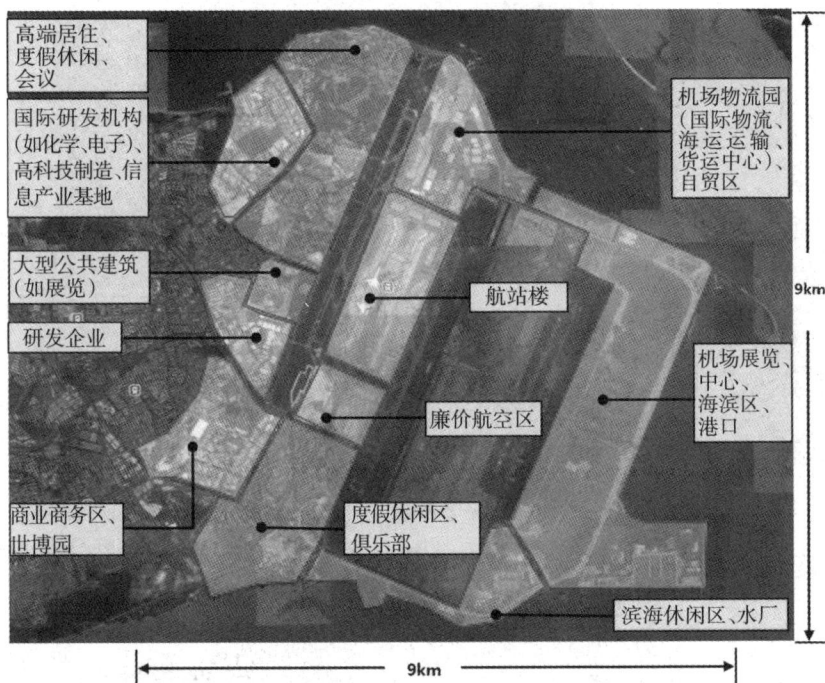

图2-42 新加坡樟宜机场及近邻区域功能分布示意图

(4)日本成田机场。

一是强化物流枢纽功能。机场内部建设快运物流枢纽、货物仓储区,发展国际物流、货运、近铁航空物流配送功能。二是设立国际空港特区。范围包括成田机场南部地区保税仓库和临空工业区,面积约为1 km²,实行自由贸易区政策。三是外围结合村庄建设休闲农场和分散的物流中心。

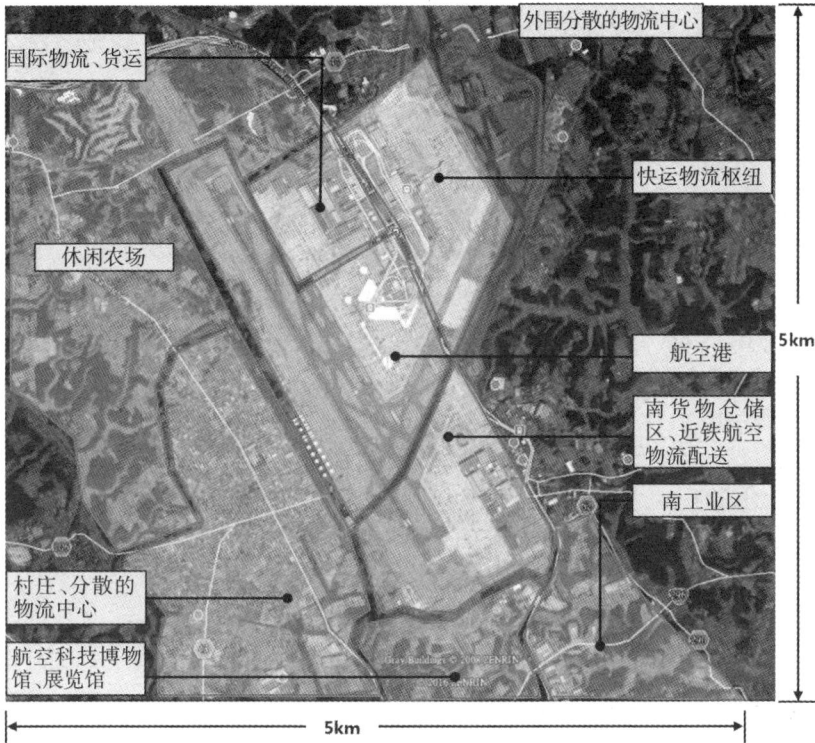

图2-43 日本成田机场及近邻区域功能分布示意图

3.相关规划提出要新增发展空间

根据相关研究的分析,目前国际上的大型机场规模基本达到50 km²左右。比如,迪拜机场面积为139.85 km²,华盛顿杜勒斯国际机场面积为47.9 km²,仁川国际机场规划面积为56.1 km²,吉隆坡国际机场规划面积为100 km²。因此,以建设国际一流机场为目标,江北国际机场应当保证足够的发展规模,拓展机场相关功能。

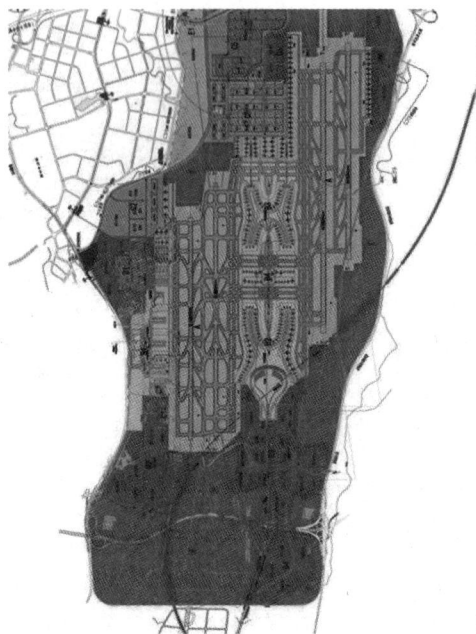

图2-44　江北机场总规划(2010年版)

图2-45　《重庆构建航空大都市发展规划研究》中对江北机场用地拓展建议

基于此,《重庆构建航空大都市发展规划研究》中提出:结合国际机场未来的功能安排与布局,在东侧拓展区域范围内打造通用航空跑道、后勤保障基地以及医疗休闲、文化休闲设施等功能。拓展区北侧用地条件佳,整体高程较大,地形坡度较小,适宜建设国际机场的第五跑道,面积约 4 km²,作为机场商务航空跑道;南侧用地条件次之,地形坡度也较小,面积约 6 km²,适宜建设国际机场后勤保障基地;中部用地条件一般,地形坡度较大,面积约 8 km²,可以利用其复杂的地形条件,预留物流基地。

(二)功能与空间布局思路

1.解读相关规划指引

(1)《重庆构建航空大都市发展规划研究》提出打造机场的大平台、大物流、大中转、大联运功能。

该研究明确了航空大都市的定义,提出航空大都市是以机场为核心,以航空网络为支撑,航空指向性产业高度集聚的新型都市。规划范围包括两江新区全域、西永综保区、经开区,总面积 1740 km²。该研究强调机场与城市的互融,要转变机场交通枢纽功能为城市功能,提升机场对航空指向性产业的聚集和吸引能力,打造依托于机场的大平台、大物流、大中转、大联运四大城市功能;构建了重庆航空大都市产业、空间、交通三大模型,并参照模型和问题,提出了用地、空间和交通方面的优化调整建议。如提出预控机场东部 18 km²,作为机场航空物流及后勤保障用地;交通方面提出引高铁、城际铁路进入机场,构建机场快速环线等。

图2-46　航空大都市功能空间结构示意图

（2）《重庆临空都市区概念性总体规划》提出重点依托机场发展临航相关产业。

重庆临空都市区指机场周边约15 km范围，规划总面积197 km²，包括江北机场、北部的空港工业园区、保税港区，南部的台商工业园、石盘河商务区，西部的空港新城、悦来会展城。确定目标定位为临空国际创新城；划定"一核、三区"空间结构和功能板块，"一核"为机场工作区，"三区"为物流加工板块、国际都会板块、国际商务休闲板块。

该规划明晰了各个功能板块产业布局，如物流加工板块发展临空高新制造（与航空相关的信息技术、材料技术）、临空现代物流（航空快递、电商集散中心、冷链物流、保税物流）、临空先进制造（电子信息、智能装备、生物医药、时尚服务）。规划还优化和完善了区域交通支撑设施，并针对做大做强机场提出了相应的规划建议。机场方面重点发展与航空相关的信息材料技术等高新制造产业,航空快递、电商集散中心、冷链物流、保税物流等临空现代物流产业,电子信息、智能装备、生物医药、时尚服务等临空先进制造产业,以及相关的商贸、商务、现代服务产业。

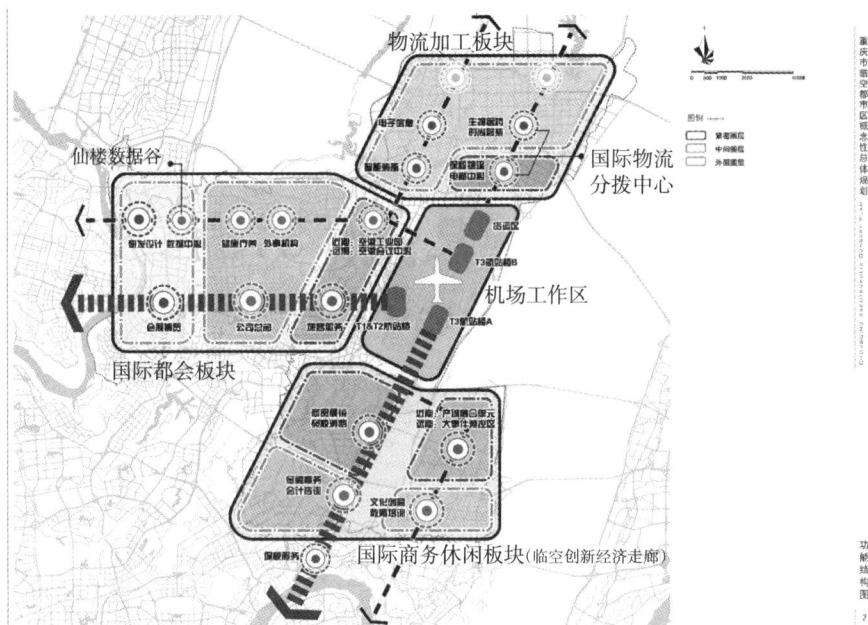

图2-47 航空都市区功能布局示意图

（3）《重庆市临空经济区总体规划》提出调整机场内部用地布局。

该规划于2014年11月上报重庆市政府常务会议审议通过,2015年8月,重庆市发改委结合该规划向国家发展改革委报送了《关于申请设立重庆临空经济示范区的请示》,2016年10月,渝北区成功获批国家首批临空经济示范区。主要规划要点包括以下内容。

规划范围。根据临空经济发展需求,结合重庆市土地利用总体规划、城乡总体规划与"十三五"规划,示范区拟规划范围东至渝邻高速,西至嘉陵江,北以后河、龙王洞山和铜锣山山脉为界,南以渝北区南部范围线为界,包括渝北区空港工业园区、创新经济走廊、空港新城、江北国际机场控制区、悦来会展城、保税港区空港功能区、两路老城区及其他,总面积为146.8 km²,其中江北国际机场控制区34 km²。

功能定位。内陆开放空中门户、临空高端制造业集聚区、临空国际贸易中心、全国创新驱动核心区、低碳人文国际临空都市区。

发展目标。到2020年，初步构建起结构优化、功能清晰、动力强劲、特色明显的示范区框架体系。与航空关联的高端制造业和现代服务业快速发展，临空产业增加值占GDP比重超过50%，R&D投入占GDP比重达到3.5%，航空客货年吞吐量预计分别达到4500万人次和110万吨，国际货物年吞吐量在16万吨以上，在创新驱动型、贸易国际化、产业链条式等方面取得实质性突破，形成可推广、可复制的样本。

到2025年，全面建成创新驱动、开放引领、宜居宜业的示范区。临空产业增加值占GDP比重达到70%以上，R&D投入占GDP比重保持在4%以上，航空客货年吞吐量预计分别达到5500万人次和165万吨，国际货物吞吐量在25万吨以上，成为内陆地区重要的综合物流枢纽，综合经济实力位居中西部地级市前列，在创新驱动型、贸易国际化、产业链条式等方面取得重大突破，成为全国创新驱动核心区、对外开放的空中门户、临空高端产业集聚的高地和低碳人文的国际临空都市区。

产业布局及发展重点。按照核心引领、区域联动的发展思路，构建"一核五区"的产业空间和"一主轴、三核心、九廊道"的生态空间格局。"一核"，即机场工作区。"五区"，包括临空制造区，重点发展临空制造业和通用航空制造、维修与培训等通用航空产业；临空商务区，重点发展具有临空指向性、增值空间大的现代服务业；临空物流区，重点发展航空运输产业链前端和后端的现代物流业；临空会展区，重点发展会展及关联产业；临空保税区，重点发展保税加工和保税贸易。"一主轴"为生态景观主轴；"三核心"即航空文化公园、中央综合公园、湿地科普公园；"九廊道"为九条线性生态景观廊道。

主要建设任务。一是打造国家级复合型航空枢纽，加强与新加坡樟宜机场合作，整合枢纽、口岸与保税区"三个三合一"资源，将江北国际机场打造成为连接东南亚地区，辐射中国中西部、北部地区，联通中亚和欧洲的中西部航空物流中心和客货集散转运中心。二是四区并举构建高端临空产业集群,以集群为导向,大力发展临空物流、临空制造、临空商务、服务贸易四大临空产业,打造中西部临空高端制造业基地和临空现代服务业集聚区,以临空产业发展推动区域经济转型升级。三是三园互动建设国际一流的机场城市,高标准规划建设城市,推广海绵城市、智慧城市等先进理念,促进产业园、公园、家园三园互动,推动城市基础开发、形态开发和功能开发,为临空经济发展提供有力支撑。四是打造内陆开放第一门户,积极利用中国内陆唯一拥有水陆空三个国家级枢纽、三个一类口岸、三个保税区"三个三合一"的优势,进一步提升平台开放水平,营造良好环境,创新体制机制,带动内陆地区实现更大范围、更广领域、更高层次的开发开放。五是建设资源节约型环境友好型社会,坚持生态优先,构建低碳产业体系和"会呼吸"的生态园林城市,推动形成绿色低碳的生产生活方式,实现可持续发展。六是打造全国创新驱动核心区,坚持需求导向和产业化方向,建立以企业为主体配置全球要素资源的创新机制,为发展方式转变提供动力源泉。

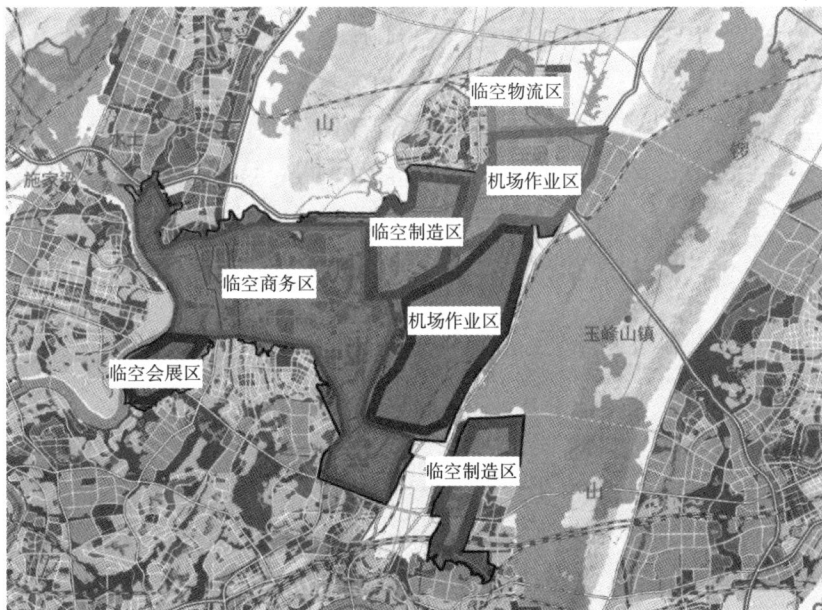

图2-48 航空经济区功能布局示意图

此外，国家发改委同意重庆市发改委关于申请设立重庆临空经济示范区的相关请示，支持修编重庆江北国际机场总体规划。同时，为满足未来发展需要，预留预控发展用地，支持将渝邻高速以东 18 km² 土地纳入江北机场现有总体规划，保障其功能拓展空间。

（4）"重庆航空城规划研究"提出围绕"一场一园"完善机场内部功能。

航空城研究范围为：江北国际机场、保税港区（围网区+两路 K、P 分区）、渝北区空港工业园区（除长安用地）、木耳物流园、同德片区。航空城总面积 63.9 km²，其中重庆机场集团所属用地 36.2 km²、渝北区 9.3 km²、保税港区 18.4 km²（围网区 6.6 km²）。该研究综合上位规划、案例借鉴，确定重庆航空城目标定位为"内陆开放的空中门户，临空产业的集聚区，航空生活融合区"。

"规划研究"提出了"一场、一园、四板块"的空间结构。"一场"指江北国际机场，包括机场内部的客货运功能、航空维修、航空配餐、航空公司、办公与后勤保障、临空商业等功能，面积 32.5 km²。"一园"指航空产业园，包含除机场板块的其他三大板块，即空港工业园区（除长安用地之外的生产用地）、保税港区（围网区+两路 K、P 标准分区）、木耳物流园、同德片区，面积约 31.36 km²。"四板块"是指航空生产服务配套板块（7.1 km²）、保税港区板块（15.18 km²）、临空先进制造板块（9.08 km²）、机场板块（32.5 km²）。

该规划研究将航空城具体划分为 12 个功能区，即机场飞行区（飞机起降作业）、航站区（机场航站楼、旅客周转、旅客运输服务）、机场工作区（基地航空公司、机场办公、飞机维护）、机场商业商务区（商业商务办公，总部基地）、机场货运区（航空物流）、航空生产服务配套区（发展创新研发、技术服务、高新制造）、临空商业商务区（商业商务办公）、临空物流区（航空货运、物流分拨）、临空保税制造区（高新技术、科技加工）、临空先进制造区（先进制造、时尚服饰）、国际贸易区（国际贸易、展示交易）、多式联运物流区（空铁物流、仓储服务）。

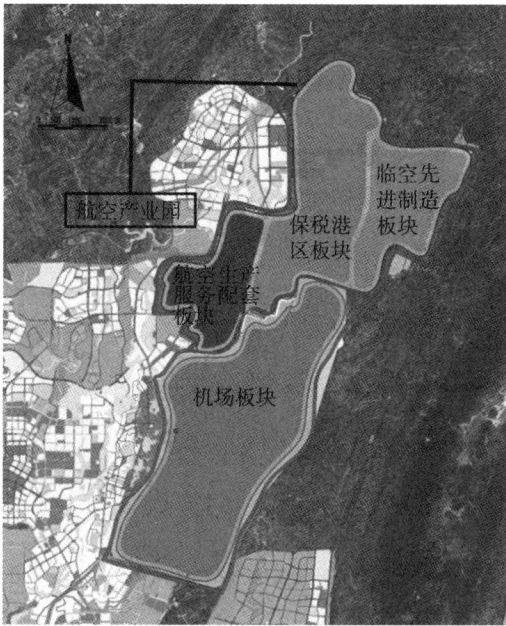

图2-49　航空城功能结构图

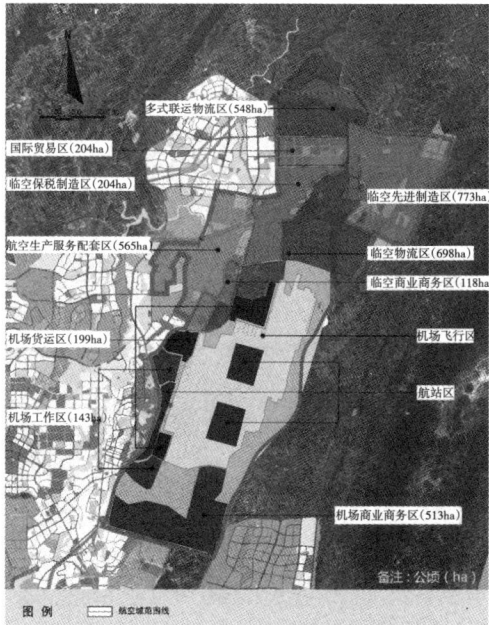

图2-50　航空城功能布局示意图

2.现状功能分析

(1)机场周边区域已聚集生产制造、保税物流产业功能区,但临空产业导向需进一步强化。

根据现状布局情况,保税加工贸易区(保税港区)已入驻3家笔电生产企业,企业产品或原料仅有少部分通过航空运输。空港制造区(空港工业园)主要以汽摩制造、机械加工及制造、装备制造企业为主,三种类型企业占到总企业数的78.4%,基本无企业的产品或原料通过航空运输。此外,空港工业园的航空产业比重仅占0.2%。

(2)现状物流和商业商务设施用地占比偏低,商业设施的可达性弱。

从已开发用地看,现状用地约300 hm²,在建用地约28 hm²,其中机场飞行区占50%,物流仓储用地占约30%,商业商务用地仅占5%。周边商业设施的可达性弱,如T2航站楼与金港国际之间受地面停车场、高速公路阻隔,不能快速通达。

(3)机场内部南客北货的整体分区已经形成,部分功能有待强化,部分功能欠缺。

机场内部航空物流区、航空货运、保税物流园等布局在北部,综合服务区、航空基地、配套服务集中在南部,基本形成了南客北货的布局特征。但部分功能有待强化,如航空维修、物流增值、商业商务、科研教育、配套居住等功能;部分功能欠缺,如国际会议展览、自由贸易为主题的商服、航空相关休闲娱乐等还较缺乏。

图2-51　机场内部现状功能分布示意图

3.功能布局优化思路

功能布局优化的总体思路是:在维持南客北货的整体布局下,丰富功能,形成综合效益。

一是提质。依托保税物流区等,结合果园港、团结村等枢纽,增加国际物流中转比例,增加物流增值服务能力。以中新为契机,重点以T3航站楼为依托,增强非航业务发展能力。

二是补缺。利用政策高地优势,发展以自贸为主的跨境商服,打造国际知名的特色产品集聚和交易地。充分利用地形地貌特征,新增航空休闲、会议会展等功能。

三是扩容。预控第五跑道、机场航空后勤保障等功能(东侧18 km²),增强与周边机场竞争能力。

4.功能空间结构

规划形成"一心、两带、五板块"的空间结构。

"一心"指依托T1、T2、T3航站楼、航空货运服务和基地航空公司,规划形成集商务航空、综合航空飞行服务、非航服务等功能的航空服务中心。

"两带"指北侧依托物流园、保税区,形成物流产业发展带,南侧规划布局商务、商业和现代服务功能,形成商旅服务休闲带。

"五板块"即总体分区形成临空物流功能板块、航空飞行功能板块、航空休闲功能板块、现代商务功能板块、后勤保障+跨境商贸功能板块。

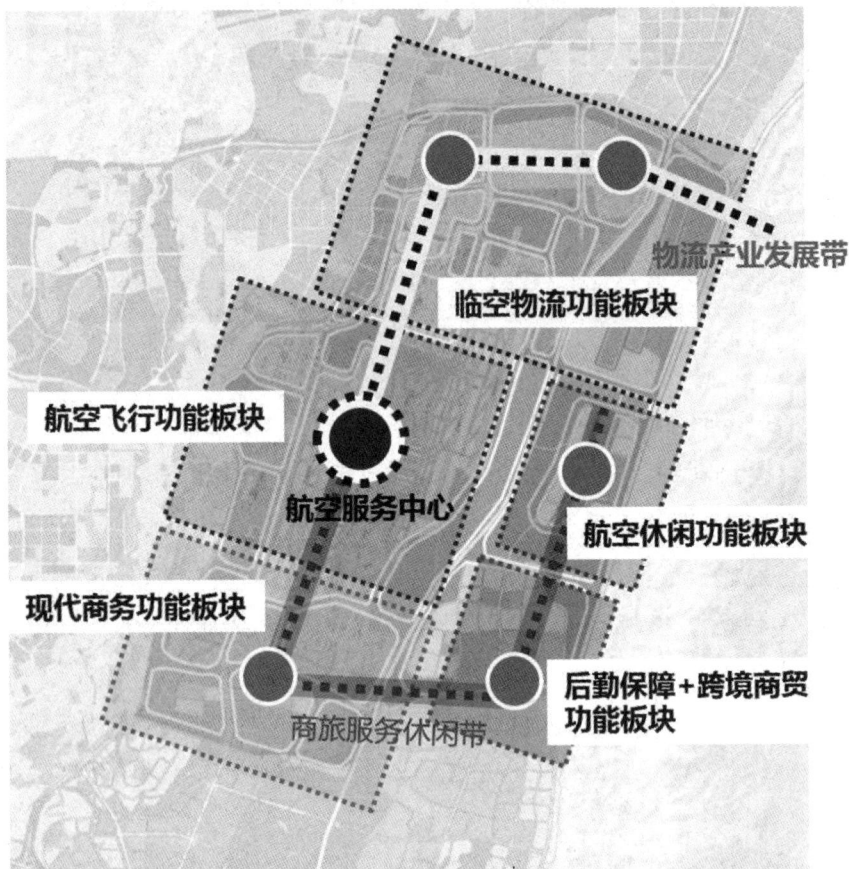

图2-52 机场功能空间结构示意图

具体布局有航空飞行服务区(高端商旅飞行、机务维修等)、临空物流发展区(包括航空物流转运、特殊物流监管、国际快递企业区域分拨中心、各类冷链物流中心、保税物流、保税仓储等)、展览与航空休闲区(主题公园、国际会议论坛、航空展览与休闲娱乐)、跨境贸易服务区、航空基地生活服务区、文化交流培训区等功能设施。

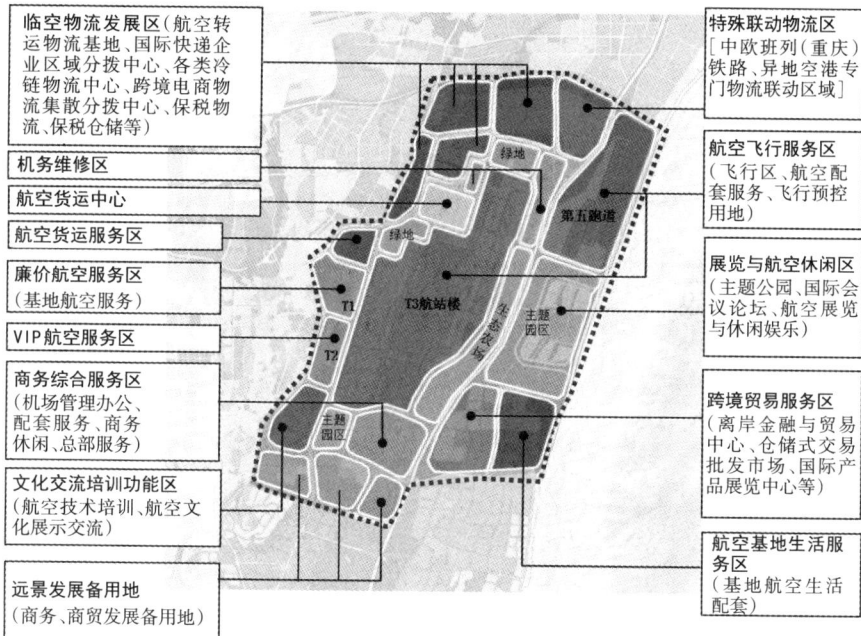

图2-53　机场内部各功能空间布局示意图

(三)用地布局优化

1.可用地识别

对江北国际机场周边用地条件进行分析,北、西、南三侧均有大量现状城市建设,无法拓展国际机场范围,东侧基本没有现状城市建设,具有足量的拓展空间,是国际机场拓展的主要方向。

国际机场东侧紧邻渝邻高速公路,阻隔了国际机场向东进行空间拓展。为了保证国际机场具有足够的发展空间,建议将渝邻高速公路向东外移,腾挪形成国际机场与渝邻高速公路之间的用地,将承载国际机场的规模拓展,保证约50 km²的机场面积。对国际机场东侧用地进行地形条件分析,利用GIS软件模拟计算,具体情况如下。

(1)高程分析。

规划片区沟谷纵横,连绵起伏。规划片区内主要高程集中在60～250 m,西北侧和南侧相对高差均在50 m以内,整体起伏度不大,北部中段及中部地区相对高差较大,起伏度较大。

表2-20 不同高程的土地面积占比

	高程(m)	面积(hm²)	占比
高程分析	<90	262.09	13.92%
	90～130	650.49	34.55%
	131～170	461.83	24.53%
	171～210	290.50	15.43%
	210以上	217.89	11.57%

图例

	规划范围线		129~141
	0~9		142~154
	10~26		155~166
	27~41		167~176
	42~54		177~187
	55~66		188~199
	67~78		200~212
	79~90		213~225
	91~102		226~238
	103~115		239~254
	116~128		

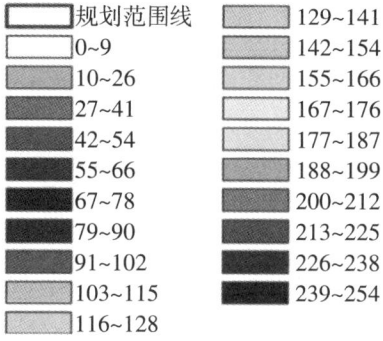

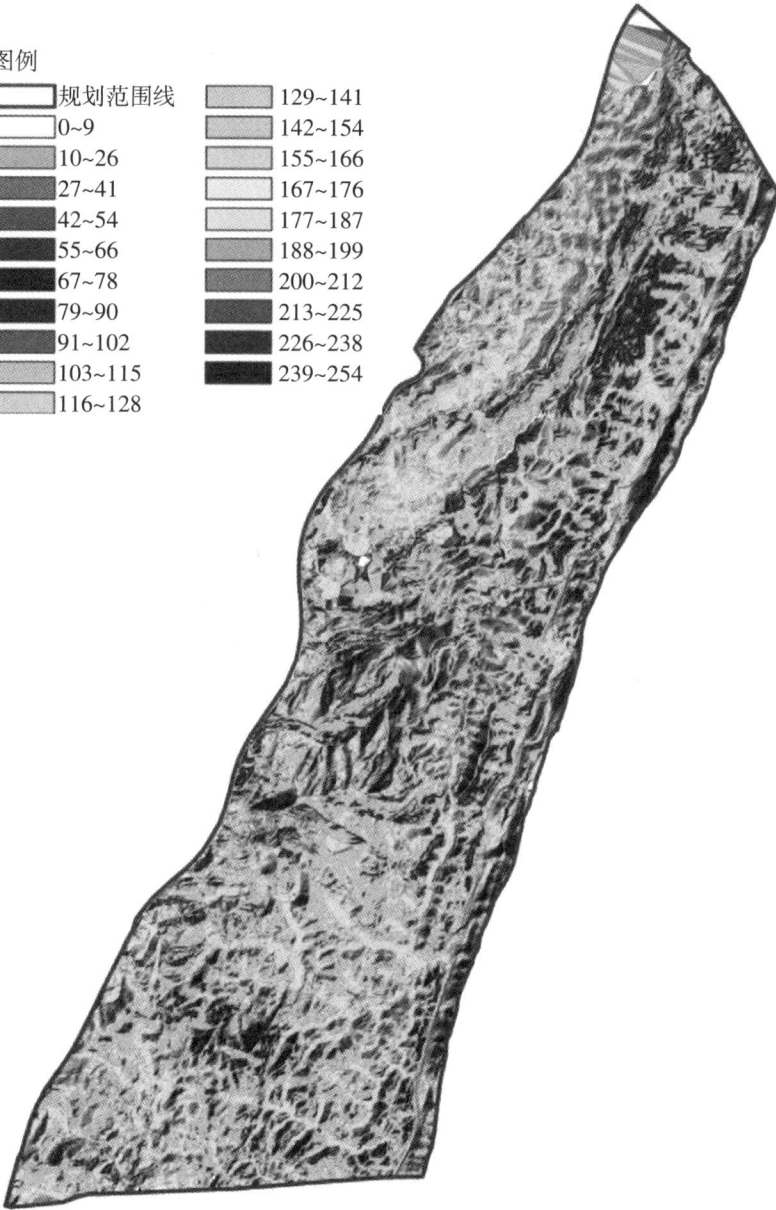

图2-54　高程分析图

（2）坡度分析。

规划片区地形总体较为平缓,坡度15%以内占比达48.47%,坡度35%以内占比高达88.43%,规划范围内除北部中段及中部地区存在较陡的陡坡,其他地区较适合各类城市功能的开发建设。

根据评价标准,本次评价将范围内坡度大于35%的区域评定为不可建设用地,坡度在25%～35%的区域评定为限制建设用地,坡度小于25%的区域评定为可建设/适宜建设用地。

表2-21　不同坡度的土地面积比重

	坡度	面积(hm²)	占比
坡度分析	0～5%	262.09	13.92%
	6%～15%	650.49	34.55%
	17%～25%	461.83	24.53%
	26%～35%	290.50	15.43%
	35%以上	217.89	11.57%

图例

规划范围线

0~5%

6%~15%

16%~25%

26%~35%

36%~90%

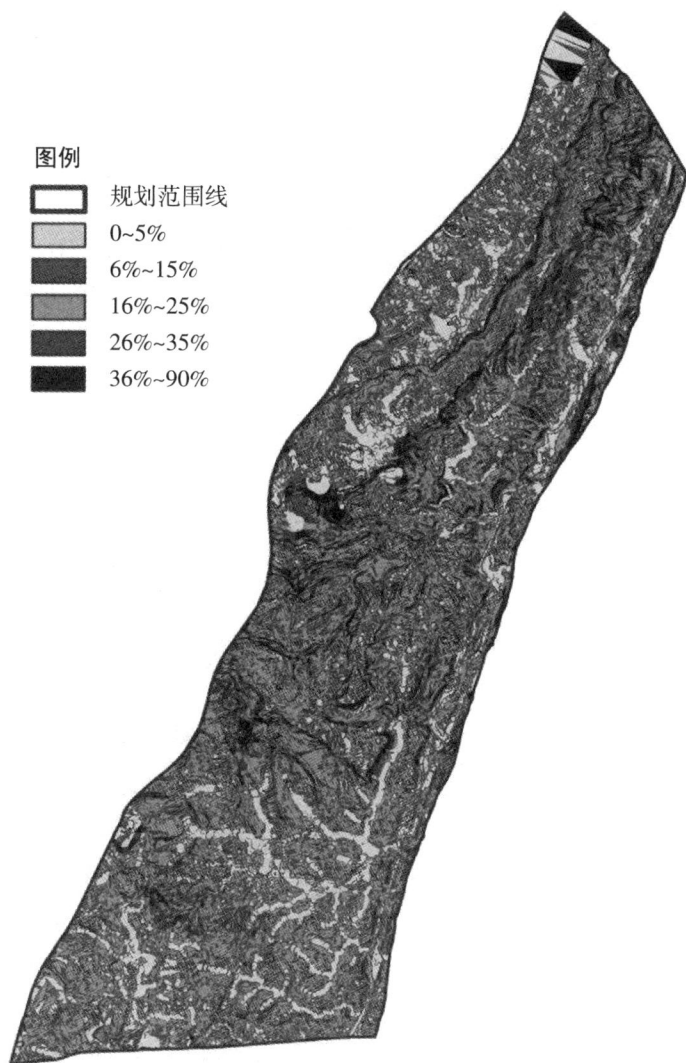

图2-55　坡度分析图

（3）起伏度分析。

起伏度指20 m×20 m范围内，最高点与最低点的相对高差值。规划片区内地形起伏度稍大，起伏度在8 m以内占比仅达13%，地形起伏影响较大，北部中段有较大的冲沟，中部起伏度大，开发成本较高。

根据评价标准,本次评价将范围内起伏度12 m以上的区域评定为不可建设用地,8～12 m的区域评定为不宜建设用地,小于8 m的区域评定为可建设/适宜建设用地。

表2-22 不同起伏度的土地面积比重

	起伏度(m)	面积(hm²)	占比
起伏度分析	0～4	110.73	5.88%
	5～8	142.88	7.59%
	9～12	458.93	24.37%
	13～16	671.59	35.67%
	17以上	498.67	26.49%

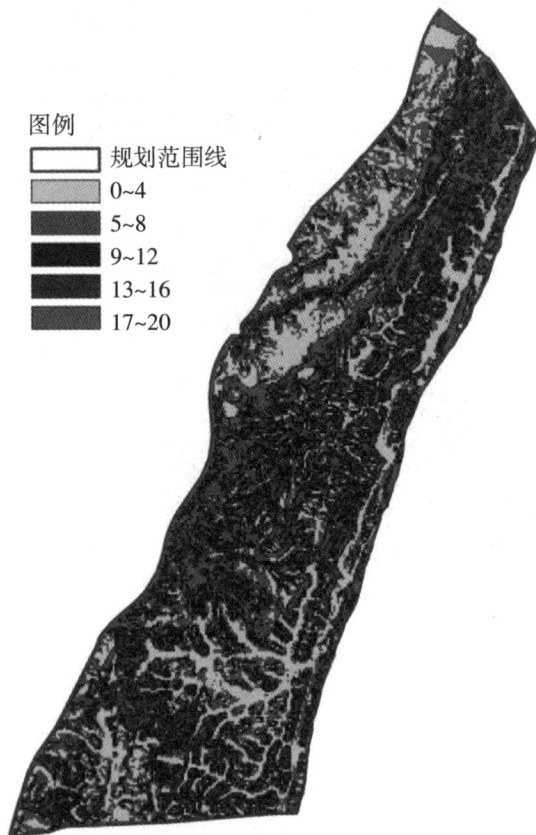

图例
☐ 规划范围线
0~4
5~8
9~12
13~16
17~20

图2-56 起伏度分析图

（4）用地综合适宜性评价。

根据以上单项评价结果，利用GIS综合叠加计算，得出了基于本地现实条件的建设用地适宜性评价初步结果。

基于本地条件的初步成果，适度叠加工程改善措施的影响因子，得出本次规划用地适宜性评价结果。

表2-23 基于综合适宜性评价的不同类型用地面积比重

	面积(hm²)	占比
最适宜建设	476.64	25.32%
适宜建设	262.25	13.93%
比较适宜建设	509.71	27.07%
有条件限制建设	411.67	21.86%
不适宜建设	180.64	9.59%
特别不适宜建设	41.89	2.22%

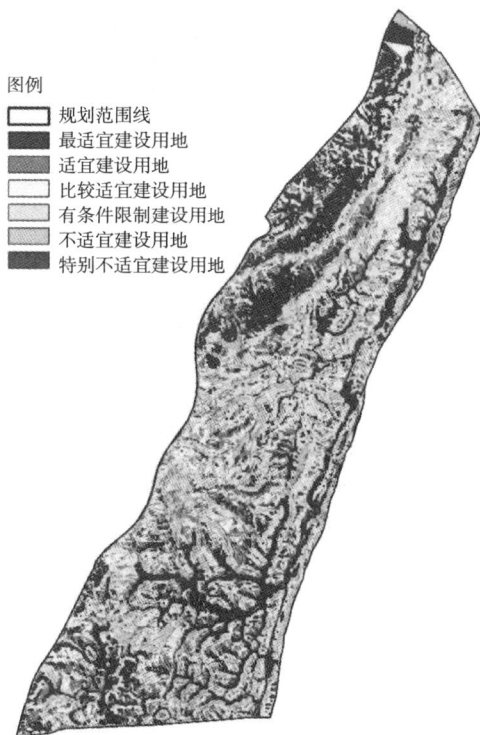

图2-57 用地适应性分析图

综合考虑高程、坡度、坡向三大要素,并分别赋予权重计算,片区内的用地以适宜、比较适宜两类为主,其中,适宜建设用地约有7.4 km²,比较适宜建设用地约有5.1 km²,有条件限制建设用地约有4.1 km²,特别不适宜建设用地约为2.2 km²,适宜和比较适宜建设用地占机场东侧总用地的66%。

图2-58 可开发用地示意图

东侧18 km²区域内可开发用地主要集中于四部分。总体而言,机场东侧用地地形比较复杂,部分地区用地条件较好,能够作为城市建设用地,承载机场拓展功能。

西北部可用地面积约3.34 km²。由于紧邻机场,可依托渝邻高速、绕城高速,结合江北机场北侧功能联合开发。东北部可用地面积约1.5 km²,

可着重考虑道路联通问题。中东部可用地面积约 68 hm²,由于地块可开发面积较少,规模较小,应着重考虑适宜的功能开发。南部可用地面积约 6.5 km²,是主要开发区域,面积较大,靠近主城方向,应承载该片区的主要功能。

2.用地布局方案

近期总体规划范围 57.32 km²。规划飞行区域用地约 12.26 km²,各类功能设施建设用地面积约 18.73 km²,非建设用地约 9.2 km²,道路及相关设施建设用地 17.13 km²。远景预控新增建设用地约 2.77 hm²,其中在第五跑道东侧布局配套物流与加工服务功能,约 1 km²;在机场南联络线南侧布局中新国际商务商贸产业园,约 1.77 hm²。

①物流轻加工区　　　　　⑮国际快递企业区域岔拨中心
②保税物流、保税仓储　　⑯特殊联动物流区
③航空转运物流服务　　　⑰跨境电商物流集散岔拨中心
④机务维修 A　　　　　　⑱机场飞行区
⑤机务维修 B　　　　　　⑲预控第五跑道
⑥预控第五跑道物流服务区⑳机场货运中心
⑦航空展览与休闲娱乐区　㉑航空主题公园
⑧离岸金融与贸易管理中心㉒仓储式贸易交易中心
⑨国际商品展销区　　　　㉓基地航空公司生活配套区
⑩航空货运服务区　　　　㉔廉价航站楼及基地公司
⑪T2航站楼　　　　　　　㉕T3航站楼 B 区
⑫T3航站楼 A 区　　　　　㉖机场商务休闲服务区
⑬中新合作商务区　　　　㉗航空教育境况产业园
⑭航空文化交流中心　　　㉘发展备用地

图2-59　近期用地布局示意图

①物流轻加工区 ⑮国际快递企业区域岔拨中心
②保税物流、保税仓储 ⑯特殊联动物流区
③航空转运物流服务 ⑰跨境电商物流集散岔拨中心
④机务维修A ⑱机场飞行区
⑤机务维修B ⑲预控第五跑道
⑥预控第五跑道物流服务区 ⑳机场货运中心
⑦航空展览与休闲娱乐区 ㉑航空主题公园
⑧离岸金融与贸易管理中心 ㉒仓储式贸易交易中心
⑨国际商品展销区 ㉓基地航空公司生活配套区
⑩航空货运服务区 ㉔廉价航站楼及基地公司
⑪T2航站楼 ㉕T3航站楼B区
⑫T3航站楼A区 ㉖机场商务休闲服务区
⑬中新合作商务区 ㉗航空教育境况产业园
⑭航空文化交流中心 ㉘中新国际商务商贸产业园

图2-60　远期用地布局示意图

（四）优化道路交通

1.渝邻高速东移，新增6个互通强化联系，形成环状对外联系通道

一是将渝邻高速东移。具体走向为经王家互通，向南沿铜锣山脚到达唐家沱互通。分流包茂通道过境交通，为原渝邻高速（绕城高速内）功能置换创造条件。

图2-61　渝邻高速东线方案

　　二是新增6个互通强化联系。南北向新增4个互通。在西侧预留2个
互通立交与渝邻高速衔接,方便西侧机场片区的进出客货交通。在东侧
预留2个互通立交与渝邻高速东线衔接,有效集散外来交通。东西向新

增2个互通。布局两条南北向物流大通道，其中一条以隧道形式与北部物流片区联系。此外，预留2个互通立交，与机场南联络线等衔接，与机场南部加强联系。

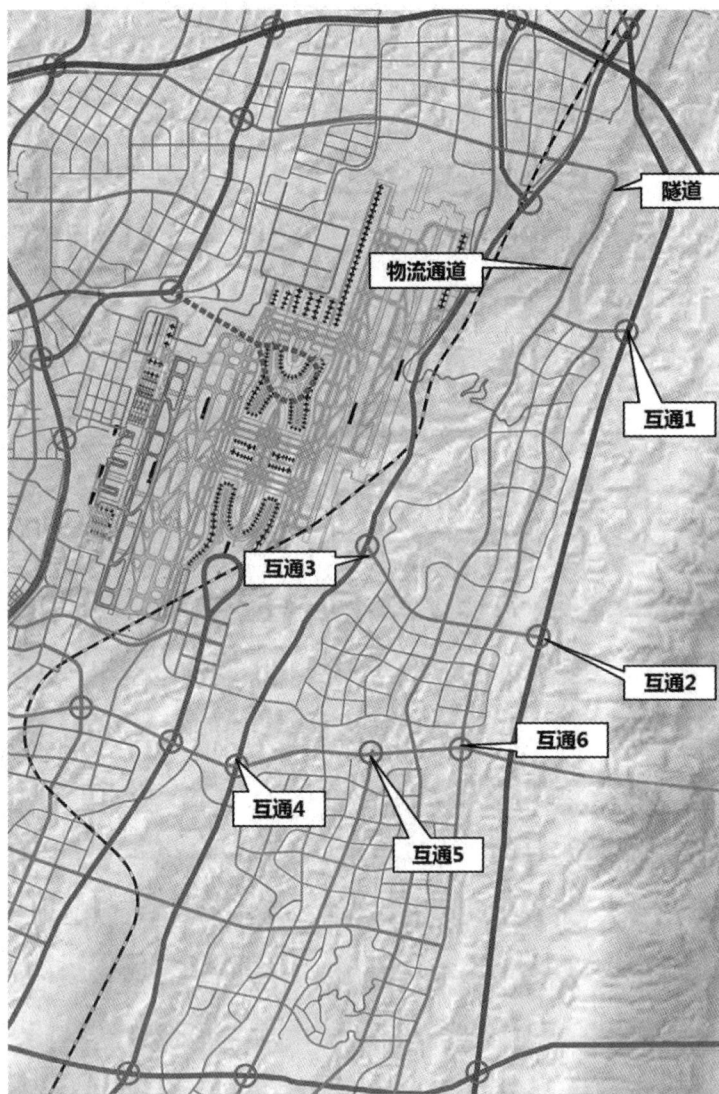

图 2-62　新增互通立交示意图

　　三是形成环状对外联系通道。借助机场路—五联络—绕城高速—渝邻高速—南联络线,形成环机场快速环线,加强机场南北联系。加快建设机场专线,形成机场至南部片区的快速通道;建设快速路五联络线,加强机场与空港新城片区联系。

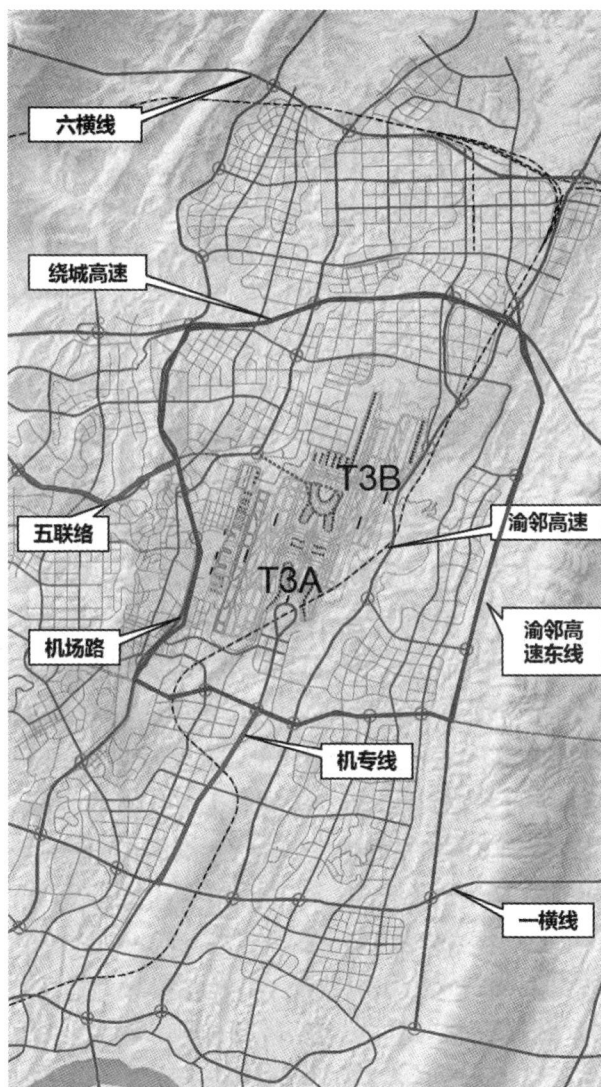

图2-63　机场周边高快速路网优化示意图

2.东西片区相对独立,形成"一纵一隧"主次道路系统

一是强化"一纵"。以现有渝邻路为界,形成东西片区相对独立的路网系统,东部沿槽谷形成两横两纵道路网,西部南北向各自依托地形形成自由式路网格局。

二是新增"一隧"。强化东西部物流来往,打通机场南联络线至空港新城的连接通道(隧道),增强机场对新城的带动作用。

三是新增两条联络线。北部预控机场T3B卫星楼为航站楼可能性,预控新增与五联络线衔接的快速进出口通道。南部新增长河村、白鹤片区与T3A航站楼、南部经济创新走廊的连接通道。其余区域根据路网结合地形地貌、功能布局,完善路网系统。

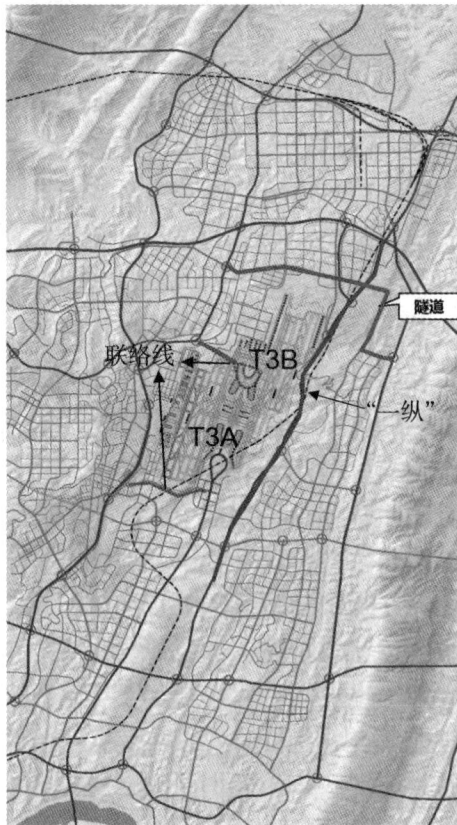

图2-64　机场周边路网布局优化示意图

3.新增两条轨道支线强化机场与全市轨道系统的联系

一是新增轨道交通10号线支线。支线具体走向为T3A—T3B—机场北—凤新路。支撑T3B卫星楼转变为航站楼,并加强机场西北向进出口通道联系。加强T3A与T3B之间的交通联系,承担一部分摆渡作用。

二是延伸轨道交通11号线,衔接T3A航站楼。加强机场与城市南部片区的轨道交通联系。为机场东侧18 km²提供轨道交通支撑。

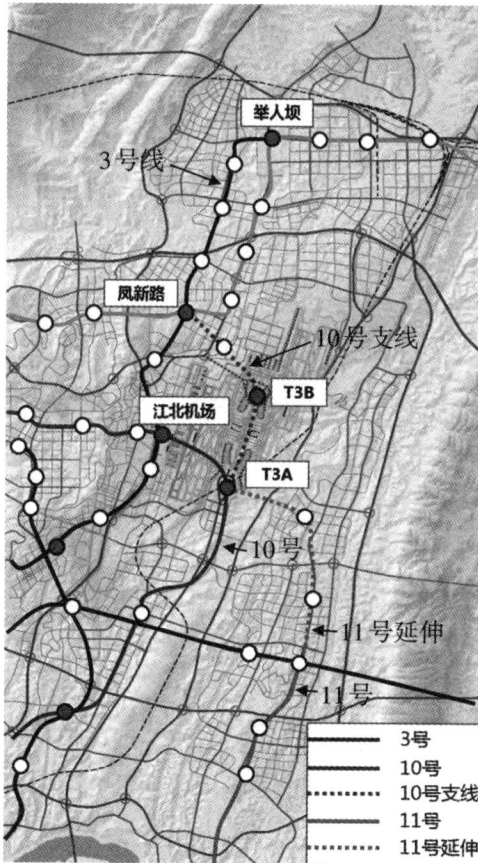

图2-65　机场区域城市轨道交通线网布局示意图

4.构建"1环3射"的APM快速轨道系统,为机场提供多方式交通支撑

APM环线衔接T1、T2、T3A、T3B,提高几大航站楼之间的交通联系效率;APM射线1连接T3A—回兴(两路城区);APM射线2连接T3A—后勤基地及航空休闲区与轨道11号支线;APM射线3连接T1/T2与两路城区。

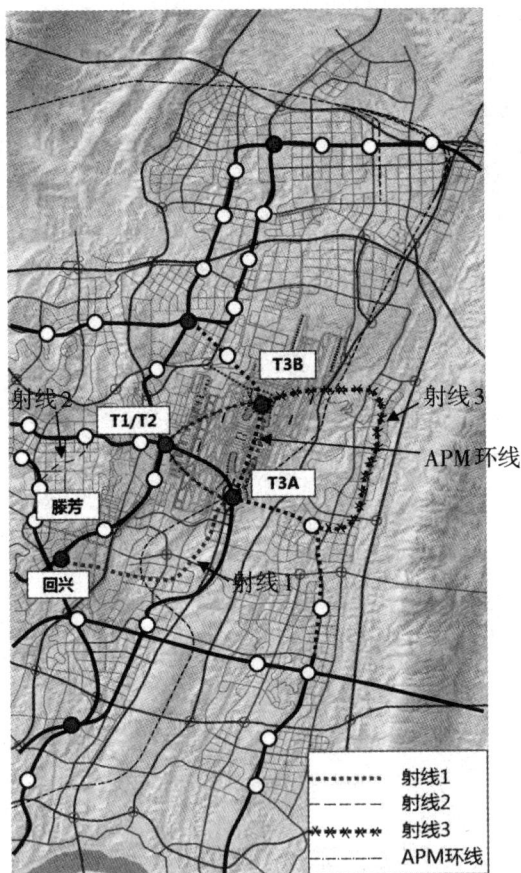

图2-66 机场APM线布局示意图

七、结论与建议

(一)研究结论

1. 关于江北国际机场的基本认识

(1)江北国际机场是机场与城市功能融合的典型案例。机场选址对城市发展有重大影响。江北机场背山面城,临近城区,又不影响城市发展,是典型的城市型机场。这种近而不进、离而不远的区位使得机场与城市融合发展,相得益彰。

(2)江北国际机场发展态势良好,功能提升正当其时。近五年来,江北国际机场客货量增速位于全国十大机场首位。伴随着重庆的快速发展和进步,江北国际机场国际航线达到58条,国际通航城市42个,已形成覆盖亚洲、欧洲、美洲和澳洲的国际航线网络。目前,江北国际机场已经进入每3年客运量增长1000万人次的快速发展阶段,正在由单一的功能性机场向综合服务性机场转型。

(3)新的历史时期、新的历史机遇赋予江北国际机场新的定位。习近平总书记2016年年初视察重庆时指出:重庆处在"一带一路"和长江经济带的联接点上,在国家区域发展和对外开放格局中具有独特而重要的作用,希望重庆发挥西部大开发重要战略支点作用。要实现这一目标,江北国际机场是一个不可或缺的重要载体。2015年以来,中新(重庆)合作互联互通示范项目开启,航空产业是四大重点合作领域之一,将从五个方面推进示范建设,江北国际机场当仁不让是中新合作的急先锋。2016年重庆市委、市政府提出,以"中欧班列(重庆)+4小时航空圈"构建重庆国际贸易辐射圈,江北国际机场理所当然是这个国际贸易辐射圈中的两大关键枢纽平台之一。

(4)江北国际机场面临日趋激烈的竞争。首先,是与近邻成都机场的腹地之争,从基础来讲,重庆比成都要弱,特别是成都双机场的形成,使重庆的压力更大。另外,国际优质航线的航权也是矛盾焦点,我国与欧洲各国、美国重要城市之间的航线几乎已用完,争取新航线任务艰巨。

（5）江北国际机场在国际贸易辐射圈中的功能定位：江北国际机场是重庆构建"一带一路"枢纽支撑点的重要组成部分，是重庆构建国际贸易辐射圈两大核心枢纽之一，是重庆建设国家中心城市、参与全球产业分工的战略平台。

（6）江北国际机场在国际贸易辐射圈中功能提升的基本路径是：以中新合作为契机，以与中欧班列（重庆）互联互通为突破，以强化中转为出发点，以"机场+"为行动路径，提升综合功能。具体来看，是以"机场+中欧班列（重庆）""机场+第五航权""机场+非航""机场+空间"为四大实施行动路径。

2."机场+中欧班列（重庆）"——共建国际贸易辐射圈

（1）"机场+中欧班列（重庆）"开辟了以重庆为中心，连接欧洲、辐射东亚的国际贸易新通道。抓住中新合作契机，以"机场+中欧班列（重庆）"铁空联运大通道为有形载体，有助于打造以重庆为运营中心，连通欧洲，辐射新加坡、马尼拉、东京、首尔等亚洲城市的国际贸易辐射圈，促进亚欧贸易新格局的形成。

（2）繁荣的东亚对欧贸易及其良好的贸易产品结构是国际贸易新通道的有力支撑。据统计，新加坡、日本、韩国等国家对欧洲贸易占比均超过了10%，在对欧贸易中电子、食品、药品、轻型工业品等适合铁空联运的产品占比也较大，超过20%。

（3）"机场+中欧班列（重庆）"在运输时间和综合运输成本上具有显著优势，发展潜力大。经理论测算，与"空运+海运"模式相比，"机场+中欧班列（重庆）"模式运输时间可缩减10天左右，综合运输成本可降低50%。与"铁路+海运"模式相比，"机场+中欧班列（重庆）"模式的运输时间可缩减20天左右，而综合运输成本仅增长20%。在进一步挖潜潜力的情况下，"机场+中欧班列（重庆）"模式优势将更加显著。

（4）"机场+中欧班列（重庆）"模式易复制，将面临中欧班列（X）的激烈竞争。目前，中欧班列（重庆）运行稳定、班列最多、货源较为充足，其成功引来众多追随者，中欧班列（X）纷纷上马，影响力较大的有中欧班列（郑州）、中欧班列（成都）、中欧班列（哈尔滨）等。同理，"机场+中欧班列(重庆)"的铁空联运模式将难免被复制,竞争将更加激烈;同时国内已开通中欧班列(台湾—平潭—欧洲)等海铁联运通道,极易转化为铁空联运,可以预见我们潜在竞争者不在少数。

(5)"机场+中欧班列(重庆)"模式下的空铁联运技术与制度存在障碍。在技术方面,铁路集装箱与航空集装箱尺寸、标准不一致,不利于快捷中转。在制度方面,铁路与航空口岸未实现一体化通关,须通过虚拟通关公司出关再进关;另外,机场海关、边防、检验检疫尚未实现24小时口岸通关,货物滞留时间长,通关效率较低。

(6)针对以上特征,提出的规划建议有:一是充分发挥绕城高速的通达作用,划分监管专用通道、远期考虑绕城高速拓宽来强化机场与中欧班列(重庆)铁路之间的公路联系;近期加快铁路东环线、渝万支线的建设,将江北国际机场接入重庆铁路网,远期新增石子山—磨心坡铁路联络线,开通直达江北国际机场的中欧班列(重庆),强化机场与中欧班列(重庆)之间的铁路联系。二是重点新增重庆4小时航空圈内的货运航线,加密重庆至新加坡、中国台湾的货运航线,新增重庆至日本成田国际机场、韩国仁川机场等货运航线;新增至中东、南美的国际货运航线,实现全球五大洲的全覆盖;鼓励货运航空公司提升现有货运航线运力投放,积极引进货运航空公司落户。三是探索创新铁空联运技术标准和制度突破,如铁空联运的集装箱统一标准和通关政策;探索与中欧班列(重庆)沿线城市一体化通关制度;探索江北国际机场在万州、黔江、荣昌等城市的异地航空货运站模式等。

3. "机场+第五航权"——争当中新合作急先锋

(1)第五航权的开放是支撑重庆国际贸易辐射圈的重要保障,也是实现机场"11571"目标的基本条件。更多的国际国内航线是一个机场甚至一座城市竞争力的重要体现。形成重庆国际贸易辐射圈、实现机场"11571"目标的最大制约就是国际航线不多、支撑力不足。重庆第五航权开放意味着可以借助国外航空公司的力量开辟更多国际客货航线,实现近期国际航线增加到100条的目标,更好地支撑重庆国际贸易辐射圈。

(2)借助中新(重庆)合作,扩大重庆第五航权开放谈判已取得重大突破。据民航局发布的《关于发布中国—新加坡航权通告》,2016年4月中旬,中国已向新加坡等10个东盟城市开放经停重庆到第三国的第五航权,并额外向新加坡开放经停重庆至美国货运第五航权,若新方要求经停上海,须同时经停重庆,即新加坡—重庆—上海—美国。当前,在现有58条(统计时间截至2016年11月30日)国际航线基础上,重庆可利用第五航权新增13条航线。

（3）中新(重庆)合作受国际政治影响较大,第五航权至今尚未发挥作用。新加坡近期只希望利用第五航权开通北上广至第三国航线,获取短期利益,对进入重庆则持谨慎态度。至今,重庆第五航权尚未启用。

（4）航线补贴不足影响新航线开通。与周边城市相比,重庆航线补贴主要采取一事一议的程序,缺乏航线补贴长效机制,补贴力度也偏弱。成都、武汉等城市航线补贴每年超过4亿元,重庆仅2亿元左右,差距较大。

（5）针对以上特征,规划建议为:一是争取国家支持,依托中新合作示范项目,要求新加坡利用第五航权新开通航线必须经由重庆;二是在航权开通基础上,加大航线开通力度,培育重庆本土的大型基地航空公司;三是完善航线补贴资金支持政策,扩大国际航线补贴范围,提高国际航线补贴标准,延长国际航线补贴周期。

4.“机场+非航”——完善机场综合功能

（1）非航产业已经成为机场经济增长的重要产业。非航收入主要包括商业、广告和地面服务等。据统计,新加坡樟宜机场非航业务收入占比高达61%,香港机场也接近60%;它们从每位旅客获取的非航业务收入平均达100元(人民币),远高于航空业务收入。而国内机场非航产业发展普遍有限,非航收入占比远低于航空收入。

（2）江北国际机场口岸功能众多,具备拓展非航业务的基础条件。重庆口岸过多重视贸易功能,大多局限在“买和看”,其延伸的综合功能,如商业商务、美食娱乐等功能发展滞后。目前,江北国际机场已取得口岸落地签证签注、过境72小时免签、进出境免税商店等口岸功能,具有打造重庆综合服务功能口岸的先天优势,可进一步整合提升这些功能,以支撑机场非航业务等多元功能的拓展。

（3）目前江北国际机场非航产业单一，尽管中新项目已推动非航领域业务合作，但进展缓慢。江北国际机场的非航业务主要集中在与航空主业关联度较高的货运、物流、航站楼商业领域，产业较为单一，占机场总收入的47%。酒店、商业物业、总部经济、休闲旅游等延伸产业增长较为缓慢。中新项目非航领域合作方向已确定在餐饮广告、商业、航空配餐等航空地面服务，但还没有实质性入驻。目前，由于重庆第五航权相关事宜未能落实，这些方面的实质性合作进展仍十分缓慢。

（4）针对以上特征，规划建议为：一是将江北国际机场打造为综合服务性口岸，增强服务贸易的能力，增加综合服务业务，丰富非航业务类型；二是打造联系公、铁、水、空四大枢纽口岸的快速通道，实现口岸平台无缝衔接；三是建立一体化的口岸管理平台；四是优化产业布局，推动港城互动。

5."机场+空间"——优化功能布局

（1）其他国际枢纽机场发展经验表明，以机场为核心，向外会形成航空指向性明确的圈层结构。1 km范围内为航空运输服务、航空公司、机场运营等功能区域；1～5 km为航空指向性强的电子信息、货运站场、航空制造、物流基地等功能区域；5～10 km为航空依赖强烈的企业总部、商务、金融、文化会展等高端生产性服务业以及科技研发、消费娱乐、教育培训等产业。目前，江北国际机场周边航空指向产业聚集度不高。如保税加工贸易区（保税港区）入驻3家笔电生产企业，企业产品或原料只有部分通过航空运输。空港工业园以汽摩制造、机械加工、装备制造为主，基本无企业的产品或原料通过航空运输。

（2）机场内功能多元化是发展趋势，但江北国际机场还缺乏发展综合功能的承载空间。上海浦东国际机场、广州白云国际机场、新加坡樟宜机场内部功能多元化的过程均伴随着机场空间的快速拓展，除传统飞行区外，物流、文化会展、商务总部、娱乐休闲等功能和空间也集聚于机场。相比而言，江北国际机场承载空间差距较大。据统计，江北国际机场现状已建成区域中，机场飞行区占50%，物流仓储占30%，商业商务仅占5%，随着机场综合功能的发展，承载空间亟须拓展。

（3）江北国际机场功能优化布局的总体思路是：①提质：依托保税物流区等，结合果园港、团结村等枢纽，增加国际物流中转比例，增加物流增值服务能力，以T3航站楼为依托，增强非航业务发展能力；②补缺：利用政策高地优势，发展以自贸为主的跨境商服，打造国际知名的特色产品集聚和交易地，新增航空休闲、会议会展等功能；③扩容：预控第五跑道、机场航空后勤保障等功能（东侧18 km²），增强与周边机场竞争能力。

（4）结合以上思路，规划建议是：一是形成优化完善的"一心、两带、五板块"功能结构。"一心"——航空服务中心，以T1、T2、T3航站楼、航空货运服务和航空公司基地为依托，发展航空核心业务和航站楼内的非航业务。"两带"指北侧依托物流园、保税区，形成物流产业发展带，南侧规划布局商务、商业和现代服务功能，形成商旅服务休闲带。"五板块"即临空物流功能板块（新增国际快递企业区域分拨中心、特殊联动物流区、跨境电商物流集散分布中心）、航空飞行功能板块（新增第五跑道）、航空休闲功能板块（新增航空展览和休闲娱乐区、航空主题公园）、后勤保障+跨境商贸功能板块（新增离岸金融与贸易管理中心、仓储式贸易交易中心、国际商品展销区）、现代商务功能板块（新增中新合作商务区、航空教育培训产业园、航空文化交流中心）。二是强化道路内部互联互通。渝邻高速继续东移，现渝邻高速变为城市内部道路；在东移后的渝邻高速、机场南联络线共预留6个互通强化联系，形成机场路—五联络—绕城高速—渝邻高速—南联络线环状对外联系通道；机场内部以现渝邻高速为界，形成东部沿槽谷两横两纵道路网、西部依托地形形成自由式路网相对独立道路系统，东西部之间北部新增一条隧道，南部以南联络线增强联系；新增轨道交通10号线支线（具体走向为T3A—T3B—机场北—凤新路）、延伸轨道交通11号线（具体走向为后勤保障基地—航空展览休闲娱乐区—T3A）强化机场与全市轨道系统之间的联系；机场内部构建"1环3射"的APM快速轨道系统，为机场提供多方式交通支撑。

(二)政策保障建议

1.将"机场+中欧班列(重庆)"作为构建国际贸易辐射圈重要突破口,成立合资公司具体运营

一是"机场+中欧班列(重庆)"相比空空联运、空海联运具备时间经济可行性,应作为重庆构建国际贸易辐射圈的重要突破口。当前,应以中新合作项目为依托,争取国家层面政策和资金支持,尽快构建"中欧班列(重庆)+江北国际机场+新加坡樟宜机场(新加坡贸易体系)"国际贸易新格局。

二是参照中欧班列(重庆),尽快成立中新合作公司,统筹推进航线开通、线路运营、政策支持等相关事宜,在不断试验和运营中发现问题,统筹部门协调解决。

2.以第五航权为突破口紧推中新合作

一是争取民航局大力支持,要求新加坡利用第五航权开通北上广至第三国的航线必须经停重庆。即航线安排必须是新加坡—重庆—上海(北京、广州)—北美(欧洲)。

二是中新合作谈判中第五航权和非航业务合作必须统筹推进。全市各部门形成统一认识,与新加坡樟宜机场统筹推进商业资源非航业务和第五航权航线相关事宜谈判,同步推进,同步落实。将江北国际机场纳入重庆自贸区范围,争取国家级优惠政策,从而提升重庆谈判的筹码。

3.加大统筹力度,全市上下形成合力

鉴于机场在重庆对外开放格局和口岸经济中的重要支撑作用,建议加大统筹和领导力度,成立以分管市领导为组长的工作小组,协调发改委、交委、海关、财政、旅游、外宣、口岸等多个部门,推进具体事宜,包括:

一是统筹推进铁空互通关。以工作小组为单位,统筹口岸、海关、机场、中欧班列(重庆)等相关单位,改善口岸内部以及口岸之间的通关环境,这是当务之急。积极推进与江北国际机场口岸相关联的金融监管、关

务和检疫的改革,规范中介、运输等企业的行为,升级"大通关"服务平台,完善相关的贸易金融政策与法规,构建先进的信息技术系统,为多式联运国际商品设立绿色清关通道,争取实现"简化查验、一次清关、通达全球"。

二是统筹推进物流补贴制度。建议重庆市出台关于航空补贴的相关政策,把航空物流补贴和中欧班列(重庆)物流补贴提到同样的位置,提高补贴标准,扩大补贴范围,延长补贴时限,对新开优质航线和国际贸易辐射圈重点航线加大补贴力度。针对货运中转业务,根据重庆机场国际(地区)及国内货物运输不同特点,分别制订专项优惠及奖励措施,调动货运代理企业的积极性;协调航空公司,对中转货物予以优惠运价;在舱位、仓储、装卸操作等方面,对中转货物给予优先保证。

三是统筹推进重庆基地航空公司培育。按照"11571"的发展目标,加快重庆基地航空公司的培育力度,支撑国际客货航线开发。对机场以东、铜锣山以西新增的用地进行严格管控,协调城乡总体规划和土地利用总体规划,优先用于保障机场基地航空公司以及相关业务发展的用地需求。

四是统筹推进物流信息平台构建。在工作小组领导下,推动各相关物流口岸"单一窗口"共享数据标准化,完善和拓展"单一窗口"的应用功能,扎实推进口岸监管信息创新整合相关工作。强化江北国际机场与航空公司、物流企业和联检单位的合作,开发建设全链条的物流处理信息系统,从货物的交收、计量、收费、存储、装卸、安检、联检、运输等全过程进行电子化、信息化处理,可实时在线查询货物位置、状态情况,倒逼公司货运流程再造和体制机制改革,提升航空物流透明度和效率。

重庆进口特殊商品指定口岸研究

CHONGQING JINKOU TESHU SHANGPIN ZHIDING KOUAN YANJIU

重庆进口特殊商品指定口岸研究[*]

（2016年11月）

一、指定口岸的内涵与意义

（一）口岸与指定口岸的关系

1.口岸

（1）口岸的内涵。

口岸原意指由国家指定的对外通商的沿海港口,或者陆路边境"关卡"。随着经济社会发展和国际交往范围的不断扩大,现代意义上的口岸,已经不仅是指国际经济贸易往来的商埠,还包括政治、外交、科技、文化、旅游和移民往来场所。与此同时,随着海、陆、空等多元化交通运输方式的发展,国际贸易中的货物、劳务、进出境人员及其行李物品、邮件包裹等,已经可以通过铁路和航空直达一国腹地。因此,在开展国际联运、国际航空邮包邮件交换业务以及其他有外贸的地方,也需要设置口岸。

口岸是一个主权国家根据自身开展国际经贸交往的政策需要和具体地理条件而设置的对外交往的门户,因而通常情况下也是国际货物运输的枢纽,是一种特殊的国际物流结点,是国内外人员交往、对外贸易货

---

*课题指导:童小平;课题组长:王济光;课题副组长:王明瑛、王荆;主研人员:韩冀忠、谭鸿、廖东梅、员维波、代欢、谭斌、蒋玲;课题联络员:谭斌、何鹏川。

物和交通工具出入境的场所,是增加国家财政收入的渠道。

（2）口岸定义:沿革及其实质。

改革开放以来,我国的开放型经济逐步由沿海向沿边、沿江和内地辐射,口岸设立也从沿海逐渐向内地扩延发展。与此相应,在口岸管理体制的流变过程中,对口岸定义的界定也经历了2个阶段的调整,即将进入第3个阶段的改革新起点。

①第一阶段——2002年之前。口岸是供人员、货物和交通工具出入国境的港口、机场、车站、通道等。

在这一阶段,按照交通运输方式,口岸分为航空、水运、铁路、公路口岸;按照地理位置,口岸分为沿海、沿边、内陆口岸;按照开放程度分为一类口岸、二类口岸,一类口岸指国务院批准开放的口岸,二类口岸指省级人民政府批准开放的口岸;按照开放形式分为正式开放口岸和临时开放口岸。在第一阶段,我国口岸开放十分活跃,特别是省级人民政府相继批准开放了一大批二类口岸,至今大多仍在保留运营。

②第二阶段——2002年至今。口岸是供人员、货物、物品和交通工具直接出入国(关、边)境的港口、机场、车站、跨境通道等。

这个阶段"口岸"定义中增加了"直接"二字,同时相应地取消了地方政府审批开放口岸的权限。口岸定义调整后的15年间,我国新增口岸开放数量较少,特别是广大内陆地区由于客观上不沿边、不临海,不属于"直接出入境"的界定区域,因而几乎没有新开口岸。在建设内陆开放高地的进程中,基于现实需要与地理条件,重庆市通过多方努力,也只增加了团结村铁路口岸和万州机场航空口岸2个临时开放口岸。

③第三阶段——即将出台《口岸工作条例》,改革口岸开放和管理工作,取消"直接出入境"限制。

狭义上的口岸不仅限制了内陆地区扩大开放,而且与经济全球化形势和当今科技发展对口岸提出的新要求不相适应。为此,国家口岸办正在推进口岸定义的修改,责成重庆市政府口岸办代表内陆地区12个省区市开展了《加快内陆地区口岸发展问题研究》,拟取消"直接出入境"的限制性要求。这一具有现实意义、理论依据、紧迫性和可操作性的研究成果,目前已经纳入新的国家《口岸工作条例》起草内容,并已进入全国人大法制审查程序,《口岸工作条例》出台后内陆地区将迎来口岸发展新机遇。

2.指定口岸

(1)指定口岸的定义。

指定口岸是指对人员、货物(含物品)、运输工具的出入境进行限制,只允许从某些指定的开放口岸进出的管理方式,这些被指定的口岸称作指定口岸。

(2)指定口岸研究依据。

梳理现有法律法规,并无指定口岸的专门定义,有关表述多散见于口岸管理部门的相关文件中。从口岸定义变迁的几个阶段看,人员、货物和物品、交通运输工具始终是口岸监管服务的主要对象。通过研究国际上关于移民及人员出入境的管理法规和现实操作,研究各国贸易管制以及海关、检验检疫等对货物、交通运输工具的实际监管方式,不难发现,并非所有人员、货物和物品、交通运输工具都能从所有开放口岸进出,表明世界各国大都对特殊人群出入境和特定货物进出口采取了通关口岸的限制。

本课题所研究的进口特殊商品指定口岸将主要在分析国外及我国相关法律法规以及现行监管方式的基础上展开。

(3)指定口岸分类。

以口岸3大服务对象为界定标准,指定口岸可分为人员、货物(物品)、交通运输工具3种指定口岸。

①指定人员出入境。此类口岸包括:对边境地区边民往来指定口岸通行;对未办理签证人员指定口岸办理口岸签证并进出,俗称落地签证;对持特定证件、前往特定地区的人员指定口岸进出;对直接过境前往第三国人员实行过境免签证指定口岸通行,或者允许其短暂停留的72小时过境免签证指定口岸通行。

②指定货物和物品进出境。此类口岸主要服务于实施贸易管制措施的商品进出境。由于贸易管制所涉内容较多,政策调整频繁,监管方

式变动较快,因而这类指定口岸数量最多、范围最广、形式多样、内容丰富,对经济发展影响较大,是本课题的重点研究方向。

③指定交通运输工具进出境。此类口岸包括:一是军事运输的军机,主要靠临时指定口岸通行;二是国际船舶及港机维修配件进口,指定港口接收;三是油气管道以及国际数据交换的电信通道等,其贸易商品有形或无形,通过指定的特殊交通运输方式、指定特定的地点贸易。

3. 指定口岸与口岸之间的关系

(1)开放口岸是设立指定口岸的前提。绝大多数指定口岸并不是一种单独存在的区域,而是设立在国家开放口岸基础之上并依托于开放口岸的特殊功能。在逻辑顺序上,先有开放口岸,然后再视客观需求状况并根据贸易管制要求设立指定口岸。

(2)指定口岸是开放口岸功能的强化。批准指定口岸意味着口岸能够进出特定人群和特殊管制商品,是口岸功能的完善,是开放程度的提升。

(3)指定口岸是有形口岸和无形口岸的有机结合。指定口岸可以指定有形的实体口岸,如航空、水运、铁路、公路口岸,也可以指定无形的虚拟口岸,如国际数据交换节点等。

(二)进口特殊商品与指定口岸的关系

1. 进口特殊商品

本报告所称的进口特殊商品,是指在进口环节由监管部门按照本国现行口岸管理体制机制、采取特殊的限制性监管措施来指定进口口岸的商品。进口特殊商品一般都属于对外贸易管制商品,禁止进口的商品不在本报告研究范围。

2. 进口特殊商品分类

进口特殊商品主要有4类。

(1)商品形状、体积特殊。某些商品如国际船舶,特别是大型海船以及港机维修备件器材,只能在沿海某些具备条件的码头生产或交货。

（2）商品涉及国防安全、经济安全、技术安全和生产生活安全。为保护特定产业发展,世界各国大都会对某些特定行业的商品进口实施一定程度的贸易管制。

（3）特定新兴贸易业态。如在开展跨境贸易电子商务活动过程中,为积累经验、加强监管、做大总量、促进发展,会对此类商品的进口交易采取指定口岸政策。

（4）新兴贸易运输方式。如国际原油管道运输、国际数据交换通道接口,或者通过皮带传输运送矿砂、煤等大宗散货,此类贸易的运输方式较为特殊,有的不通过实体口岸、不依靠传统运输工具运输,有的虽然通过实体口岸进口,但不依靠传统工具运输,它们属于需要特别监管、征税的新兴贸易业态,需要指定特定地点,实际上也是一种指定口岸。

3.进口特殊商品指定口岸

进口特殊商品指定口岸是指国家监管部门为满足特殊的监管要求,规定特定商品从特定口岸进口并办理特定进口手续的口岸。

4.进口特殊商品与指定口岸的关系

鉴于进口特殊商品在国际贸易实践中存在着特殊的监管要求,通常需要遵循国家监管部门对指定口岸进口的相关规定。当然,也不是所有进口特殊商品都必须从指定的口岸通行,个别情况也可以从非指定的、开放的口岸通行。

（三）对外贸易管制与指定口岸的关系

1.对外贸易管制的涵义

（1）概念。对外贸易管制是指一国政府为了国家的宏观经济利益、外交政策需要以及履行所缔结的或加入的国际条约的义务,确立实行各种制度、设立相应管理机构和规范对外贸易活动的总称。

（2）目的。对外贸易管制的主要目的,一是发展本国经济,保护本国经济利益;二是达到国家政治或军事目的;三是实现主权国家的相关职能。

（3）对外贸易管制的特点。

①对外贸易管制政策是一国对外政策的体现。

②对外贸易管制会因时因势而发生变化。

③对外贸易管制以实现国家对内对外政策目标为基本出发点。

④对外贸易管制是国家管制。

⑤对外贸易管制是政府的一种强制性行政管理行为。

⑥对外贸易管制所涉及的法律制度具有明确的强制性。

（4）对外贸易管制分类。

①按管理目的：分为进口贸易管制和出口贸易管制。

②按管理手段：分为关税措施和非关税措施。指定口岸则属于非关税措施。

③按管制对象：分为货物进出口管制、技术进出口管制、国际服务贸易管制。

2.指定口岸管理制度与对外贸易管制的关系

（1）指定口岸政策是对外贸易管制措施之一，两者是从属关系，对外贸易管制的类型决定着指定口岸的具体内容。近年来，随着我国开放型经济快速发展，指定口岸管理制度正在成为重要的贸易管制措施。

（2）两者的共同点。

①一般都需要政府监管部门出具监管证件才能设立。

②一般都涉及至少一个政府监管部门的特殊监管要求，有的商品还涉及多个政府监管部门、不同监管内容的要求。

③都对我国国民经济某一领域具有特殊意义、作用和影响。

（3）两者的不同点。

①管理目的不同：指定口岸管理属于进口贸易管制的措施之一。除了指定口岸，进口贸易管制还有其他的管制措施，如许可证、货物配额、关税配额等。

②管理手段不同：指定口岸管理属于非关税措施，它重点在检验检疫、环保、产业政策、质量、数量等方面进行的管制，不同于关税调节机制。

③管制对象不同:指定口岸管理属于货物进口贸易管制的措施之一,不属于技术和服务进口的范围。

(四)设立指定口岸的意义

指定口岸是一种开放口岸的限定性措施,是对特定进口商品加强监管的地域性管制。在世界经济全球化趋势不断加快与贸易保护主义时有抬头的双重性贸易规则共同发挥作用的形势下,指定口岸的贸易管制政策正在成为确保国门"安全"的重要措施之一。因此,在贸易自由化与贸易保护主义相伴而生的国际环境中,正确认识指定口岸的实质和意义,必须首先厘清"安全"与"便利"的关系。

当前,我国改革已经进入攻坚期和深水区,发展处于转型期和换档期,对外开放步入新阶段,国家安全面临新挑战,国际政治经济形势错综复杂,这些都要求我们必须妥善处理贸易安全和贸易便利之间的关系,既不可片面强调速度的"便利"而忽视风险,也不可过于强调维持旧态的"安全"而阻碍贸易便利化的推进,必须通过一系列的制度创新和体制优化,开拓既安全又便利的新型管理平台,把握好"通得快"和"管得住"之间的平衡点,构建安全高效、运转协调的外贸服务体系与口岸管理体制,更好地适应经济新常态,并维护好国家安全。

落实国家总体安全观,要求正确看待贸易安全和贸易便利的辩证关系。贸易安全是国家经济安全的重要组成部分,直接关系到国计民生,引起各国普遍关注。进入21世纪,随着恐怖主义、恶性传染病、环境安全问题等非传统安全威胁的出现,无论是美国海关与边境保护局制订的一系列计划,还是欧盟所实施的统一管理边境,也无论是世界卫生组织的《国际卫生条例(2005)》,还是世界海关组织的《全球贸易安全与便利标准框架》,均调整了贸易安全的重心。"9·11"恐怖袭击事件以后,美国坚持以"贸易安全优于贸易便利"为指导思想,建立了口岸一体化的管理模式。1996年,俄罗斯出台了《俄联邦国家经济安全战略》,突出了国家安全的"整体性"和"综合性",将保障经济安全视为"重中之重",认为由于疫病疫情传入，"后信息化时代，将上演一场生物化战争"，造成的公共卫生事件、生态环境安全灾害的损失将是无法估量的。鉴于世界各国对于口岸管制的不断创新，中国也必须充分认识到"和平不等于安全""发展不等于安全"的现实。落实国家总体安全观，贯彻"发展是安全的基础，安全是发展的条件"的国家安全总方针，以实现各领域、各要素、各层面统筹治理为出发点，全面梳理和深度整合外贸领域非传统安全维护的相关职能，并将其纳入国家安全体系建设及其规划中，确保安全和便利相统一的对外贸易总体价值目标的实现。

在经济生活中，贸易安全与贸易便利是无可回避的现实问题，呈现出既冲突又统一的矛盾统一体状态。如何理解并妥善处理贸易安全和贸易便利化的关系，其实质就是如何平衡安全和发展的辩证关系。在中国的开放型经济体系中，安全是发展的前提，也是发展的核心，既要改革口岸现存的体制闭锁、手段落后的"旧式安全"，也要防止出于利益不要安全约束的"随意便利"。因此，安全是"制度伦理的底线"，是中央政府和地方政府在制定改革方案和发展政策时所必须重视的内在选项，必须予以高度重视。

指定口岸就是对"安全"和"便利"进行有效平衡的政策方式，对于新形势下构建开放型经济体系和形成放管有序、灵活高效的贸易秩序具有重要意义。

1. 对安全方面的意义

口岸安全是一个综合性概念，它包括政治安全、经济安全、社会稳定、环境卫生安全等一系列的安全，为此，《中华人民共和国对外贸易法》规定：为维护国家安全、社会公共利益或者公共道德，为保护人的健康或者安全，保护动物、植物的生命和健康，保护环境，为保障国家国际金融地位和国际收支平衡、履行国际条约和对任何形式的农业、牧业、渔业产品等，需要限制或者禁止进口或者出口的，均可限制或禁止进口或者出口。

当前，国际贸易中面临的安全威胁不容小觑。随着中国成为世界第二大经济体和第一大贸易大国，与人身安全和社会安全直接相关的非传统安全"不定时炸弹"名目繁多。这些"不定时炸弹"除了与各类出入境的工业产品、医用药品、生活用品及食品相关,还与动植物、人体携带的病菌的传入传出相关,与各类生物产品的引入、进入或侵入等相关,如非典型性肺炎(SARS)、埃博拉(Ebola)等疫情疫病传播所带来的健康安全;贸易壁垒、贸易管制、知识产权保护等涉及的经济安全;松材线虫、疯牛病等外来生物入侵所带来的生态安全;放射性物质超标等核安全;有毒有害物质传播等带来的环境安全;以及与国内消费者人身安全直接相关的消费安全等。

指定口岸的政策设计与分类建设,针对特殊商品,特别是可能对国内造成较大影响的特定商品,在许可证件、配额等贸易管制措施的基础上采取强有力的限定性措施,集中行政资源,加强监管,有助于确保全社会有序高效运行。

2. 对人民生活的意义

中国发展开放型经济必须切实树立"以人民为根本"的科学发展观,确立指定口岸政策有助于丰富社会主义市场经济的内容。一是可以为全社会提供一个稳定安全的生活环境。指定口岸进口商品比普通口岸进口商品具有更加严格的监管措施、更加严密的监管程序和更加快捷的通关渠道,人们可以享用到安全快捷的进口商品。二是满足人民日益增长的物质文化需求。有些商品,或者某些品质的商品,在现有条件下国产产品与之还存在差距,但是人民对生活品质的追求增长较快,需要进口特定商品予以满足。

3. 对产业发展的意义

指定口岸既是我国开放型经济体系的重要内容,也是我国产业政策的有机组成部分。指定口岸建设对于产业政策的要义,一是有利于统筹国际国内"两个市场",充分发挥"两个市场"的优势,资源互补,提高劳动生产率,促进专业化分工发展。二是有利于保护国内产业。如汽车进口指定口岸措施,在加入WTO参与国际竞争的大环境下,为我国汽车产业穿上一层铠甲。三是促进国内产业的发展。以进口活牛为例,重庆市引进活牛项目,但同时还将澳牛在国内饲养,研究培育与澳牛具有同等品质的国产牛肉,实现"引进—学习—借鉴—生产"的渐进式产业发展路线。

4.对重庆建设内陆开放高地和口岸高地的意义

口岸开放是开放型经济的逻辑起点和历史归宿,指定口岸建设对于内陆地区积聚开放优势、实现跨越式发展具有重要作用。其一,指定口岸是内陆开放高地和口岸高地建设的重要组成部分。其二,指定口岸有助于实现内陆地区向开放前沿的有序转型。通过指定口岸建设,有助于形成"人无我有、人有我强"的开放型经济基础和功能。其三,指定口岸对内陆地区发展开放型经济具有良好的促进作用。通过加快指定口岸建设,一方面可以为内陆地区经济带来活力,提供更多更具效率和竞争力的产品;另一方面,也有助于激活国内外贸易市场,加强贸易往来,加快提升有效利用"两个市场、两种资源"的能力。

二、指定口岸的监管体制分析

(一)我国口岸管理体制

指定口岸管理制度取决于一国政府的监管需求,哪些商品列入进口指定口岸管理范围,与一国的口岸管理体制密切相关。研究进口领域具有特殊监管要求的商品,必须先行分析口岸管理体制。

在我国现行口岸管理体制中,口岸直接管理部门主要包括海关总署、质检总局、公安部边防管理局和出入境管理局、交通部海事局、国税总局和外汇管理局。除上述直接参与口岸管理的政府部门外,海关、检验检疫还在口岸监管中验核商务部、农业部及林业局、工信部、环保部、科技部、食药监局、国防科工委、文化部、国家新闻、出版广电总局、中国人民银行、国家文物局等一系列部委批准的监管证件。在实际工作中，这些部委按照自身职责颁发对应行业中涉及进出口商品的批件，由海关对各类贸易管制监管证件进行验核，因此，这些部委也属于口岸管理部门，是间接的管理部门。

进境的口岸监管部门执法顺序一般为：检验检疫、边防、海事（如有国际航行船舶）、海关，即海关最终放行进境货物、物品（物品由人员携带或寄递）和运输工具，边防最终放行入境人员；出境的口岸监管部门执法顺序一般为：检验检疫、海事（如有国际航行船舶）、海关、边防，因为海关不管人员，所以对货物、物品（物品由人员携带或寄递）和运输工具有最终放行权，边防对人员有最终放行权。

口岸直接监管部门主要职责分工可以概括为：海关管物、边防管人、检验检疫负责质量和卫生、海事管船、国税退税、外汇收付汇。海关主要负责对进出口货物、物品、运输工具的监管、征税、统计和缉私，其中海关没有对人的监管权，但对人员携带的物品有监管权。边防主要负责对进出境人员监管，如是否持有有效证件、是否按照规定办理签证手续等。出入境检验检疫局主要监管商品质量，并在口岸上针对进出境货物、物品、人员进行检验和检疫，防止疫病传入。海事主要对船舶进出境许可、安全等进行监管。国税主要负责退税办理，关税和进出口环节税由海关代征。外汇主要负责收付汇管理。

口岸间接管理部门主要通过核发各类许可证件，对进出口货物进行监督管理。

（二）各口岸监管部门对特殊商品的监管要求

1. 海关

（1）汽车整车。为发展国内汽车产业，1994年国务院印发了《汽车工业产业政策》，首次明确对整车进口实施限定口岸管理，由海关总署牵头批准汽车整车进口指定口岸。首批指定大连新港、天津新港、上海港、黄埠港等4个沿海港口和满洲里、深圳(皇岗)2个陆地口岸为汽车整车进口口岸。1997年指定阿拉山口口岸"在国家批准的计划内,进口新疆维吾尔自治区自用的、原产地为独联体国家的汽车整车"。2009年,指定钦州为整车进口口岸。2011—2012年,海关总署会同国家发展改革委、工信部、商务部进行审核,国务院批准了福州、青岛、宁波、张家港、首都机场、霍尔果斯等6个整车进口口岸。2014年,海关总署会同有关部门分两批次向国务院办公厅提出并获批准新增海口、郑州、重庆、岳阳、广州等5个整车进口口岸;取消阿拉山口整车口岸进口限制,将黄埔港整车口岸范围扩大至南沙港区,深圳(皇岗)整车口岸范围扩大至大铲湾港区。此后,海关总署会同发展改革委、工信部、商务部及质检总局组成联合验收组,对近年来新增及有关范围调整的整车进口口岸进行基础设施和监管设施验收,验收通过后方准予其开展整车进口业务。同时,根据国务院办公厅有关意见,2014年海关总署代拟了对连云港、苏州、湛江等3地暂不予增设整车进口口岸的批复。2015年增设成都、霍尔果斯两个进口口岸。

(2)船舶、港机维修备件。我国限定进口船舶和港机维修备件器材的口岸有:广州、黄埔、湛江、上海、青岛、天津、秦皇岛、大连、武汉、北京、连云港、哈尔滨、营口、烟台、宁波、上海、海口、南通和张家港。

(3)钻石。2002年,海关总署会同六部委出台了《金伯利"钻石冲突"》(2002年第132号)公告,明确了国家质检总局、海关总署、外经贸部、国家经委、外交部、国土资源部等六部委职责分工,公告了39个金伯利进程证书制度成员国,确定我国14个指定口岸由检验检疫局负责检验。2006年,海关出台《中华人民共和国海关对上海钻石交易所监管办法》(总署令第152号),明确了对钻石的监管要求。

2.检验检疫

(1)食用水生动物指定口岸方面。质检总局印发了《关于对进境食用水生动物实施指定口岸制度的通知》(质检动函〔2014〕211号)、《进境食用水生动物检验检疫指定口岸建设和管理要求(试行)》(质检动函

〔2014〕210号附件1)和《质检总局关于加强口岸动植物检验检疫规范化建设的指导意见》(国质检动〔2014〕611号)等系列文件,用于指导地方进境食用水生动物贸易口岸的规划、布局和建设工作。

(2)进境水果指定口岸方面。质检总局印发了《进境水果指定口岸检验检疫建设要求(试行)》(国质检动函〔2013〕717号),对水果指定口岸的查验场所、检疫设施建设提出了具体要求。

(3)进口肉类指定口岸方面。质检总局印发了《质检总局关于进一步规范进口肉类指定口岸管理的公告》(2015年第64号),改革进口肉类一律在沿海沿边口岸检验检疫监管工作模式,支持内陆地区有序建设进口肉类指定口岸和查验现场。

(4)进境粮食指定口岸方面。质检总局下发了《进境粮食指定口岸管理规范(试行)》(国质检动函〔2014〕597号附件)和《质检总局关于加强口岸动植物检验检疫规范化建设的指导意见》(国质检动〔2014〕611号)。

(5)进境植物种苗指定口岸方面。质检总局印发有《关于进口植物种苗指定入境口岸措施的公告》(2009号第133号)。

(6)汽车整车进口口岸方面。质检总局印发了《汽车整车进口口岸检验检疫基础和监管设施建设及验收工作规范》(国质检通〔2013〕213号)和《进口汽车检验监管条件验收标准(试行)》,对汽车整车进口口岸监管设施建设提出了要求。

(7)进境木材监管方面。质检总局设立了进境原木指定口岸,但是都是在沿海和沿边地区分布,内陆地区目前没有设置。

(8)金伯利钻石指定口岸方面。出台了《金伯利"钻石冲突"》(2002年第132号)公告。

3.环境保护部

(1)固体废物进口管理方面。国家环境保护部对全国废物进口实施监督管理,负责签发《进口废物批准证书》;国家进出口商品检验检疫局会同国家环境保护部制订了进口废物强制检验的标准;商务、海关、商检部门和工商部门在各自的职责范围内,对进口废物及其经营活动实施监督管理。环境保护措施适用于所有贸易方式（转口贸易除外）进口的废物。对符合规定进口的废物，海关一律凭国家环境保护总局签发的《进口废物批准证书》和口岸所在地进出口商品检验机构的检验合格证明验放。废物进口管理的监管证件代码为"P"。海关会同环保、质检等部门对进口废物实施"圈区管理"，必须具备符合上述部委监管要求的监管场所方可进口固体废物。

（2）化学品首次进口及有毒化学品进口管理方面。为保护人体健康和生态环境，加强化学品进出口环境管理和执行联合国《关于化学品国际贸易资料交流的伦敦准则》，国家环保局、海关总署和外经贸部于1994年联合颁发了《化学品首次进口及有毒化学品进出口环境管理规定》。有毒化学品进出口监管证件代码为"X"。

在《化学品首次进口及有毒化学品进出口环境管理规定》里，化学品首次进口是指外商或其代理人向中国出口其未曾在中国登记过的化学品，即使同种化学品已有其他外商或其代理人在中国进行了登记，仍被视为化学品首次进口。"首次"主要针对外商或其代理人而言，并非针对某种化学品的第一次进境。

有毒化学品是指进入环境后通过环境蓄积、生物累积、生物转化或化学反应等方式损害健康和环境，或者通过接触对人体具有严重危害和具有潜在危险的化学品。在该规定里，有毒化学品的范围不包括食品添加剂、医药、兽药、化妆品和放射性物质。国家每年公布《中国禁止或严格限制的有毒化学品名录》，首次纳入管理的有毒化学品共27种，每年均有调整。

国家环境保护部统一实施监督管理，签发凭证。化学品首次进口，对符合规定的，环保部签发粉色《化学品进口环境管理登记证》；对经审查，认为需经进一步试验和较长时间观察方能确定其危险性的首次进口化学品，环保部签发白色临时登记证，海关凭此验放。列入《名录》的化学品进出口，对符合规定的，环保局签发绿色《化学品进（出）口环境管理登记证》和《有毒化学品进口环境管理放行通知单》，海关凭此验放。《化学品进（出）口环境管理登记证》有效期为5年，临时登记证有效期为 1 年,《有毒化学品进口环境管理放行通知单》实行一批一证制。适用于任何贸易方式。申请登记的,须填写申请表,免费提供试验样品,一般不少于 250 g。因实验需要,除《名录》所列化学品外首次进口且年进口量不足 50 kg 的化学品免于登记。

4. 农业部

(1)兽药进口管理方面。依据《兽药管理条例》,兽药是指用于预防、治疗、诊断动物疾病或者有目的地调节动物生理机能并规定作用、用法、用途和用量的物质(含饲料药物添加剂),包括血清制品、疫苗、诊断液等生物制品;兽用的中药材、中成药、化学原料药及其制剂;抗生素、生化药品、放射性药品。

海关对报关进口兽药或企业申报人畜公用的药品,凭农业部指定的口岸兽药监察所在进口报关单上加盖的"已接受报验的印章"验放。

(2)农药进出口管理方面。为保护生态环境和人民健康,我国对农药进出口实行登记证明管理。进口农药包括原药、制剂及成品(详见《中华人民共和国进出口农药登记证明管理名录》),须向农业部提出申请,符合条件的,由农业部签发"进出口农药登记证明"(监管证件代码"S")。海关凭农业部签发的《进出口农药登记证明》办理进出口手续。

同时,进口农药属重要工业品管理范围,对地方企业进口的农药,海关还须加验国家工信部授权机关(各省级工信部门)签发的由省级工信部门和省级商务部门同时签章的《重要工业品登记证明》;对中央部门企业进口农药,海关须加验商务部授权机关签发的《重要工业品登记证明》。

《进出口农药登记证明》实行一批一证制,每份证明在有效期内只能使用一次,证面内容不得更改,如需更改须由农业部换发新证。

对一些既可作农药,也可用作工业原料的商品,如果企业以工业原料用途进出口,企业则不需办理进出口农药登记证明。对此类商品海关凭农业部向企业出具的加盖"中华人民共和国农业部农药审批专用章"的《非农药登记证明》验放。

（3）濒危野生动植物进口管理方面。2006年4月《中华人民共和国濒危野生动植物进出口管理条例》正式实施，国务院林业、农业（渔业）主管部门（以下称国务院野生动植物主管部门），按照职责分工主管全国濒危野生动植物及其产品的进出口管理工作，并做好与履行公约有关的工作。国务院其他有关部门依照有关法律、行政法规的规定，在各自的职责范围内负责做好相关工作。进口濒危野生动植物及其产品在国务院野生动植物主管部门会同海关总署、国家质量监督检验检疫总局指定并经国务院批准的口岸进行。

5. 食药监局

（1）药品进口管理方面。1998年7月，国务院设立国家药品监督管理局，承担原卫生部主管的药品审批管理工作。国家药品监督管理局于1999年4月颁布的新的《进口药品管理办法》规定，进口药品必须取得国家药品监督管理局核发的《进口药品注册证》，港、澳、台生产的药品向内地销售的，必须取得《医药产品注册证》。2000年发布的《关于加强进口药品管理有关问题的通知》明确了具体的进口药品目录，这是执行国家进口药品管理的重要依据。

进口药品管理范围是《进口药品管理目录》所列的包括中草药、中成药、化学成药、生物制剂等药品。任何企业进口药品，须按照《进口药品管理办法》的规定，填报《进口药品报验单》，并将规定材料报所在口岸药品检验所，由检验所按照有关规定进行审查，对符合条件的，签发《进口药品通关单》（监管证件代码"Q"）。

任何单位以任何贸易方式进口列入《进口药品管理目录》商品编码范围的药品，海关均凭国家药品监督管理局授权的口岸药品检验所签发的《进口药品通关单》及其他有关单证办理报关验放手续。

对于国外捐赠药品、国内灾情疫情急需药品、临床特需药品、试验样品以及药品生产专用敷料等的进口也必须按照规定申领《进口药品通关单》。

医疗用毒性药品、麻醉药品、精神药品、放射性药品仍按国家有关规定管理，不需申领《进口药品通关单》。

《进口药品通关单》实行一批一证制度,证面内容不得更改。如需更改,须到签发部门换证。

(2)精神药物进出口管理方面。精神药物是作用于人体中枢神经系统,在医疗上连续使用能使人产生依赖的药品。对精神药物进口,海关凭国家食品药品监督管理总局签发的《精神药物进口准许证》或《精神药物出口准许证》验放(监管证件代码"I")。精神药物的进出口业务由中国医药保健品进出口总公司和中国化工进出口公司统一经营。

(3)麻醉药品进出口管理。麻醉药品是指连续使用易使身体产生依赖性、能成瘾癖的药品。依据《麻醉药品和精神药品管理条例》的规定,国家严格管理麻醉药品进出口,由中国医药保健品进出口总公司及其省、自治区、直辖市医药保健品进出口总公司或商务部等主管机关指定的其他单位经营。进出口麻醉药品,必须向海关递交国家药品监督管理局核发的《麻醉药品进口准许证》或《麻醉药品出口准许证)(监管证件代码"W"),海关凭此验放。

6. 文化部

(1)音像制品进口管理。为了加强对音像制品进口的管理,促进我国音像市场健康有序地发展,丰富人民群众的文化生活,1999年文化部与海关总署联合发布了《音像制品进口管理办法》,对音像制品的进口经营实行许可制度。

文化部负责全国音像制品的进口管理,审定音像出版单位和音像制品经营单位的进口经营资格,审定进口音像制品内容,调控音像制品进口的品种,由省、自治区、直辖市人民政府音像制品行政管理部门管理本行政区域内的音像制品进口工作。音像制品监管证件代码为"Z"。《音像制品发行许可证(进口类)》和《进口音像制品样带(片)提取单》为一批一证,证面内容不得修改,进口证件必须在指定口岸使用,分公司不得使用总公司证明进口音像制品。

7. 人民银行

(1)金银铂及制品管理方面。金、银、铂是贵金属,价值高、资源有限,为稳定金融市场和维护国内经济秩序,国家对金、银、铂及其制品实施严格的管理,所有金银及其制品进口均需中国人民银行批准,并凭人民银行的批件验放。

国家进出口金银由人民银行总行统一办理。各部门、单位进出口金银一律需经人民银行总行批准,海关凭人民银行总行签发的金银产品进口批件或金银产品出口准许证(监管证件代码为"J")验放。

金银制品的加工贸易须经中国人民银行总行审查批准;加工业务所需进口的金银及出口制品,必须持中国人民银行总行(或总行授权的有关分行)的批件,海关凭以查验放行;加工中升溢的金银必须交售人民银行。

金银纪念币的进出口实行限定口岸进出境管理和指定公司经营。金银纪念币的进出境口岸仅限北京、沈阳、上海、广州、深圳以及拱北6个口岸。经营单位一律填写"中国金币总公司",收(发)货单位仅限沈阳造币厂、上海造币厂、深圳国宝金币制造厂以及中国金币总公司四个单位。

(2)人民币和外币现钞出入境管理方面。为了加强国家货币出入境管理,维护国家金融秩序,适应改革开放的需要,规范人民币和外币现钞进出境管理,国家外汇管理局和海关总署根据国务院颁布的《中华人民共和国国家货币出入境管理办法》制订和下发了一系列的管理规范,监管证件代码为"T"。

国家外汇管理局、海关总署为银行调钞(主要是外币)进出境业务的管理机关,中国人民银行负责人民币现钞进出境管理工作。银行调运外币现钞进出境,海关凭国家外汇管理局(所在地)签发的《银行调运外币现钞进出境许可证》验放。调运人民币现钞进出境,海关凭中国人民银行货币金银局批件验放。外币现钞实行限定口岸进出境管理,限定口岸为北京、上海、福州、广州、深圳5个口岸,1999年增加拱北口岸。

8.工信部

在无线电进口管理方面,根据《中华人民共和国无线电管理条例》、《进口无线电发射设备的管理规定》,凡向我国出口的无线电发射设备,外商须持有工业和信息化部(原为信息产业部)核发的"无线电发射设备型号核准证"。企业进口无线电发射设备须向海关递交信息产业部无线电管理局签发的《无线电设备进关审查批件》(监管证件代码"L")和有关《机电产品进口证明)或《机电产品进口登记表》,海关凭"双证"验放。

9. 其他

除上述常见部委按照职责进行管辖的特殊商品以外,其他特殊商品,如军品等,在国家口岸管理体制中,亦属特殊商品。此外,在不同形势下,也会有新增贸易管制指定口岸进口特殊商品种类。

(三)我国纳入指定口岸管理的特殊商品种类

为全面系统展现进口特殊商品分布情况,本报告中主要按照世界海关组织(WCO)的《商品名称及编码协调制度》对商品进行分类,以便整体展现全部进口商品需要特殊监管的情况。20世纪70年代初WCO研究并制订了《商品名称及编码协调制度》,简称《协调制度》(Harmonized System, HS)。现有150多个国家和地区实行HS编码,1992年1月1日我国海关正式采用HS编制中国的海关商品编码。

1. 我国进口主要商品类别

我国进口商品依照WCO协调制度为框架蓝本,将所有进出口商品归入13200多个税号,这些税号可归为98章22个大类(见下表)。

表3-1　我国进口主要商品类别

第一类	活动物;动物产品
第二类	植物产品
第三类	动、植物油脂及其分解产品;精制的食用油脂;动、植物蜡
第四类	食品;饮料、酒及醋;烟草、烟草及烟草代用品的制品
第五类	矿产品
第六类	化学工业及其相关工业的产品
第七类	塑料及其制品;橡胶及其制品

续表

第八类	生皮、皮革、毛皮及其制品；鞍具及挽具；旅行用品、手提包及类似容器；动物肠线(蚕胶丝除外)制品
第九类	木及木制品；木炭；软木及软木制品；稻草、秸秆、针茅或其他编结材料制品；篮筐及柳条编结品
第十类	木浆及其他纤维状纤维素浆；回收(废碎)纸或纸板；纸、纸板及其制品
第十一类	纺织原料及纺织制品
第十二类	鞋、帽、伞、杖、鞭及其零件；已加工羽毛及其制品；人造花；人发制品
第十三类	石料、石膏、水泥、石棉、云母及类似材料制品；陶瓷产品；玻璃及制品
第十四类	天然或养殖珍珠、宝石或半宝石、贵金属、包贵金属及其制品；仿首饰；硬币
第十五类	贱金属及其制品
第十六类	机器、机械器具、电气设备及其零件；录音机及放声机、电视图像、声音的录制和重放设备及其零件、附件
第十七类	车辆、航空器、船舶及有关运输设备
第十八类	光学、照相、电影、计量、检验、医疗或外科用仪器及设备、精密仪器及设备；钟表；乐器；上述物品的零件、附件
第十九类	武器、弹药及其零件、附件
第二十类	杂项制品
第二十一类	艺术品、收藏品及古物
第二十二类	特殊交易品及未分类商品

2.我国进口主要商品监管证件种类

监管证件名称代码是海关依据我国外贸法律、法规及规章，为便于计算机系统管理和便捷通关，对实行进出口许可证件管理的货物在海关管理环节须验核的各种进出口许可证件的分类标识，总称为监管证件名称代码表。目前主要进出口监管证件在海关通关系统中提示的有24种，在海关通关系统中未提示的有18种,合计有42种监管证件(详见附录Ⅱ)。指定口岸进口特殊商品都包含在这42种监管证件商品以内。

在实际口岸管理工作中,并非所有需要监管证件的商品都需要在指定口岸进口,但指定口岸进口的特殊商品通常都需要监管证件。因此,指定口岸商品包含在贸易管制商品目录中,属于贸易管制中比较特殊的一部分商品。我国所有进口的22个大类98章13200多个税号的商品,纳入指定口岸管理的商品均包含在上述42种监管证件商品中。由于种类繁多,为方便查阅,有必要进行归类。

3. 我国纳入指定口岸管理的特殊商品种类

按照口岸联检部门监管对象,本报告以人员、货物、物品和运输工具为标准将指定口岸划分为四个大类。鉴于在指定口岸的总体研究中,对货物的管制是本报告的重点,因此,结合特殊商品的特点,我们同时将进口特殊商品细分为商品形状体积特殊、场地特殊、贸易管制要求和新兴贸易业态四种类型。特别说明,作为新兴贸易业态的跨境贸易电子商务和保税展销是以物品监管政策为基础的货物,是跨货物和物品两个特定类别。进口特殊商品指定口岸具体分类见下表。

表3-2　进口特殊商品指定口岸分类表

类别		名称	服务对象或主要内容	主要牵头监管单位	是否需要特定场所	场所位置
货物	商品形状体积特殊	铁矿石	铁矿石	海关	√	海运口岸
		粮食	粮食	检验检疫	√	海运、铁路、陆路口岸
		原油	原油	海关	√	管道运输

续表

类别		名称	服务对象或主要内容	主要牵头监管单位	是否需要特定场所	场所位置
货物	商品形状体积特殊	天然气	天然气	海关	√	管道运输
		国际船舶	进口船舶	海关交通部门	√	海运口岸
		飞机	进口飞机	海关	√	航空口岸
		汽车整车	进口汽车	海关	√	海运、铁路、陆路边境口岸
		船舶、港机维修备件	船舶、港机维修备件	海关	√	水运口岸
	场地特殊	特殊监管区域进出货物	加工贸易等特殊区域进出货物	海关	√	依托水、陆、空、铁口岸
		自贸区	自贸区进出货物	海关检验检疫	√	划定区域
	贸易管制要求	活牛	活牛	检验检疫	√	划定区域
		种苗	种苗	检验检疫	√	依托口岸
		木材	木材	检验检疫	√	水运、铁路口岸
		濒危野生动植物	濒危野生动植物	濒危物种进出口管理办公室		各类口岸
		肉类	肉类	检验检疫	√	依托口岸

续表

类别		名称	服务对象或主要内容	主要牵头监管单位	是否需要特定场所	场所位置
货物	贸易管制要求	水果	水果	检验检疫	√	依托口岸
		食用水生动物	食用水生动物	检验检疫	√	依托口岸
		水产品	水产品	检验检疫	√	依托口岸
		钻石	钻石	检验检疫	√	各类口岸
		药品、麻醉药品、精神药品、蛋白同化制剂、肽类指定激素等	药品、麻醉药品、精神药品、蛋白同化制剂、肽类指定激素等	食药监		各类口岸
		生物制品以及首次在中国国内销售的药品和国务院规定的其他药品	生物制品以及首次在中国国内销售的药品和国务院规定的其他药品	食药监		各类口岸
		兽药	兽药	农业部海关		各类口岸

续表

类别		名称	服务对象或主要内容	主要牵头监管单位	是否需要特定场所	场所位置
货物	贸易管制要求	固体废物（废纸、废塑料、废金属等）	固体废物（废纸、废塑料、废金属等）	环保部海关检验检疫	√	水运、铁路、陆路口岸
		现钞	现钞	人民银行、外汇局、海关		各类口岸
	新兴贸易业态	贸易多元化试点	区内企业可交易并开增值税票	海关	√	在保税区
		保税展示展销	展销商品	海关	√	在特定区域
		跨境贸易电子商务	跨境电商正面清单商品	海关、检验检疫	√	在口岸内，或在口岸外指定场所
	物品	免税店	免税商品	海关	√	在口岸内，或在口岸外指定场所
运输工具		原油管道	原油	海关、检验检疫	√	在口岸之外
		天然气管道	天然气	海关、检验检疫	√	在口岸之外
		国际数据通道	数据	海关、通信管理	√	在口岸之外
		电缆传输	电	海关	√	边境口岸
		皮带传输	矿砂、煤等	海关	√	边境口岸

（四）我国将特殊商品纳入指定口岸管理的原因

1. 进口防疫控制的需求

对进口肉类、水果、食用水生物等直接涉及人们生活健康的产品，需要指定口岸，配备必要的检疫设施、查验人员，按照法定的程序进行检疫。

2. 对进口物种的控制

物种安全是国门安全的重要组成部分，必须有效控制特殊物种的进出口，确保生物安全，如植物种苗、濒危物种、进口活体动植物等。

3. 产业政策的需要

产业政策与我国经济发展战略密切相关，特别是重要的支柱性产业。如汽车产业政策、钻石等奢侈品产业发展，对我国经济具有举足轻重的作用，需要限定口岸进出口。

4. 环境污染的控制

环境污染的控制主要涉及循环经济相关产品，如废物再利用等再生资源进口等，这类口岸需要严格的监管场所设施条件，特别是加工排放物的去污染处理等，涉及我国土壤、空气、水等环境安全。

5. 对生物医药类产品的严控

重点是药品、生物制品、兽药等这类直接作用于人和动物身体的制品，同时由于各国对药品的界定存在差异，特别是毒品、精神类制剂与药品的界限各国认定不一，我国需要严格控制。

6. 其他考虑

包括国家经济、政治、文化等一系列的安全考虑。

（五）我国将特殊商品纳入指定口岸管理的发展趋势

随着我国经济的快速发展，近年来指定口岸呈现出一些共性趋势。

1. 指定口岸的种类数量逐渐增多

随着进出口贸易的迅猛增长，我国对从指定口岸进口特殊商品的需求量大幅增加。同时,随着居民收入和生活水平的提高,物质文化需求日益呈现多样性特点,特别是对国外一些高品质产品需求增长快速。为此,国家从各方面安全考虑,增设了更多的指定口岸。

2.指定口岸的管理越来越细致

改革开放之初,由于进出口贸易量较小,因此需要进行严格贸易管制的商品和需要进行指定口岸进口的情况也比较少。但是,随着近年来我国进口特殊商品的数量和种类不断增多,各监管部门对指定口岸的管理越来越细。从管理角度而言,以前的政策规定都是原则性的,大多笼统地表述为指定口岸进口,近年来各监管部门的规定逐渐细致,具体到指定口岸的设立、审批、日常监管等各个环节,管理更加规范。随着行政管理体制改革的不断深化,政府监管部门、口岸经营单位、进出口贸易商等各角色的权责利更加明确,定位更加清晰。

3.有些商品指定口岸逐渐向通行口岸发展

指定口岸是开放型经济在特定发展阶段上的产物,在世界经济全球化和贸易便利化趋势不断深化的背景下,现行的特殊商品进口指定口岸正在逐渐向通行口岸演变。一是日常消费品类口岸,如肉类等,随着进口量的增大,国际航线增多,进出口变成一件很寻常的事情,检疫化验的程序也逐渐快捷简化,国家批准的指定口岸增多,逐渐演化成为一种普遍性、各地都能进口的口岸。二是有些商品在一定发展阶段比较特殊、进出口限制比较多,但是随着经济发展和形势变化,已经不再是特殊商品,没有必要再行指定口岸进出口。

三、指定口岸的运行现状分析

从全球范围来看,指定口岸在多数国家都存在,而在实行完全自由贸易的国家或地区则几乎没有。指定口岸的类型由各国政治、经济、文化形势决定,在不同时期、不同国家和不同环境条件下,指定口岸的类型不可能一成不变。有的口岸需要注重反恐安全,有的口岸需要关注经济利益,有的口岸侧重于政治立场的捍卫,有的口岸重在强调食品安全,等等。

俄罗斯把指定口岸与外交政治相结合,不但对特殊商品实行指定口岸管理,甚至对虽然途经俄罗斯本土,但不入境俄罗斯海关的部分商品也做了严格限制。例如,由于欧盟制裁俄罗斯,俄罗斯反制裁欧盟,对中国中欧班列运载的从欧盟进口的部分食品,不仅不允许从俄罗斯本土通行,而且连过境通行都不行,指定口岸管理变成了外交手段和贸易战争的武器。

(一)美国指定口岸现状

美国设立指定口岸更加侧重国土安全。在进口贸易管制包括指定口岸管理方面,美国着眼于六项基本原则:一是保护就业;二是保护某些工业行业;三是维护市场秩序;四是维护国际合作与正当竞争规范;五是促进教育、文化与和平发展;六是促进出口竞争能力。在这六项原则指导下,美国陆续制定了《1930年美国关税法案》《美国协调关税表》《1974年贸易法案》,以及《1984年贸易须关税法案》等。受到禁止或限制的大都是特殊的进口商品,主要由海关配合政府其他机构按有关的法律和规定执行。具体措施包括禁止入境,限定入关口岸,限制仓储或用途,设定进入市场流通之前的法定检验、技术处理和施封标签,等等。这些管理措施适用于所有的进口形式,包括邮寄和贸易区保税品。其中,对野生动物、濒危物种等特殊敏感商品,除需要检验检疫证书外,还须由特别指定口岸入境,以便统一监督保护。

在美国进口商品管理中,税费并不是关注重点,经济也是次要因素,国土安全才是第一要务,所以美国进口商品管理的重点是对核生化爆限制进口。在进口贸易领域,美国素以标准苛刻和程序复杂而著称,不仅包括产品本身的质量和技术标准,而且对包装、标志以及运输销售的全过程都做出了详尽的规定,凡此种种名目繁多。对属于限入类的商品,除非进口商持有专项产品的进口特许,一律禁止进口。具体管制商品如下。

(1)纺织品(包括棉花、羊毛、人造纤维、丝绸和其他纤维织品)多数情况下属于出口自动限制安排类,其进口由商务部的纺织品协议执行委员会管理。进口纺织品的标志必须符合《敏感纺织品标志法》以及联邦贸易委员会设立的各项规定。

(2)手表及配件属于限量免税品。产自美属岛屿的手表及配件的进口由商务部和内务部共同管辖。

(3)牛奶及制品、农产品、植物、家禽类进口,由农业部归口管理。海关放行需动植物健康检疫站或食品安全检查站(肉类)出具证书。野生动物、濒危物种,还须由特别指定口岸入境,以便统一监督保护。

(4)单项特许经营的卷烟、香水和酒精之类敏感商品的进口,需酒精烟草消防器材管理局审批,在包装、标志、分销等各个方面受到严密控制。

(5)麻醉药品由麻醉品局专控进口。

(6)虫药及配套设施需专门注册。

(7)对限制类牛奶和奶油进口,需卫生部发放的年度经营许可。

(8)对特控专营进口类的人用菌苗、血清、毒素以及氰化钾·凡纳明等产品,海外的生产厂家必须持有美国卫生部发放的有效许可证,并由特许机构经营进口。

(9)食品、药物、化妆品、剧毒品、危险品、腐蚀性物质,由联邦药物食品管理局配合海关执行卫生部和财政部联合发布的《联邦食品、药物和化妆品法》和财政部协同环保局发布的《联邦虫药、杀菌剂、杀鼠剂法》以及消费产品安全委员会制定的《联邦危险品法》。此类产品进口和在美国境内转运必须接受严密监控。

(10)进口机动车和发动机必须符合《空气清洁法》以及联邦安全规范。

(11)进口卷烟和酒精类必须符合"酒、烟与火器局"的各项规定。

(12)禁止含白磷或黄磷的火柴进口,对任何进口火柴都要求发票随附原产国政府的官方"无白/黄磷检验证书",但是,如果该生产国本国就禁止生产含白/黄磷的火柴,就无须此证书。

(13)进口产品附加道德标准。关心原产国的形象以及生产、运输和销售等各个环节的道德。近年来美国社会风尚趋于"正人君子化",许多道德规范正在被迅速法规化。譬如,美国法律规定,"进口野生动物和飞禽要具备人道的、健康的饲养和运输条件";严禁"惩罚性的、奴役性的劳工生产的商品"进入美国。不仅口岸和其他海关人员,任何人如有理由相信属于此类,即向官员或署长汇报。经海关总署调查,财政部批准,《海关简报》予以公布。货物予以没收,并附以其他制裁措施。

此外,由于美国是一个联邦制国家,有时进口产品还需接受联邦和各州的两种标准和程序。

(二)我国指定口岸现状

1.汽车整车进口口岸情况

我国目前共批准设立汽车整车进口口岸21个。其中1994年设立整车口岸6个,1997年1个,2009年1个,2011年2个,2012年4个,2014年5个,2015年2个。上述口岸中,沿海港口11个,陆地口岸5个,航空口岸1个,铁路口岸3个,内河口岸1个。涉及直属海关关区19个(详见附录Ⅱ)。

(1)沿海整车口岸基本情况。包括天津新港、上海港、大连新港、张家港保税港区、宁波梅山保税港区、福州港江阴港区、青岛前湾保税港区、广州港南沙港区、深圳大铲湾海运港区、广西钦州保税港区、海口港11个口岸。海运进口是当前整车进口的主要方式,进口量占九成以上,形成了以传统口岸为主体、新开口岸为补充的进口格局。从地理区位分布看,天津、上海、广州黄埔三个口岸内外贸航线丰富,物流仓储功能发达,进口整车配套服务行业聚集,既服务于沿海经济带,又辐射北、中、南不同区域,是整车进口、运输、销售的枢纽,同时带动本口岸所在城市发展成为进口整车的分拨分销、改装增值、金融服务、展示展销、文化体验中心。张家港、宁波、青岛等新设整车进口口岸，结合自身发展特色，在不断吸引品牌代理商落户的同时，探索"平行进口"整车的有益模式，与三个枢纽口岸形成了既互补、又竞争的良性发展格局。

沿海口岸海关结合海运进口特点，坚持严密监管与通关提速相结合，在海关监管中实施了分类审单、价格备核、暂时进境展示、预审价、预归类等通关措施。口岸所在地方政府也牵头海关、检验检疫、港口等单位，实施了一系列的便捷通关、财政优惠政策。

（2）陆地整车口岸基本情况。陆地整车口岸包括满洲里口岸、深圳皇岗口岸、阿拉山口口岸与霍尔果斯口岸等4个口岸。陆地口岸处于我国陆地关境边缘，设立时间较早，部分口岸经历了对外贸易的变迁。例如深圳皇岗口岸，主要监管经香港中转的陆运通关整车，由于城市功能布局调整和道路功能改变，该口岸作为大宗货物进出境通道功能逐渐弱化，整车进口数量逐年下滑。2015年，国家批准皇岗整车进口口岸延伸至大铲湾海运港区，目前尚在验收准备阶段；阿拉山口口岸于1997年设立为"在国家批准的计划内，进口新疆维吾尔自治区自用的、原产地为独联体国家的汽车整车"口岸，2014年上述限制性条件取消。

（3）航空整车口岸基本情况。首都国际机场口岸是目前唯一的空运整车进口口岸。该口岸依托首都机场完备的航线和京津冀区域进口整车消费市场，发挥空运的速度和效率优势，进口整车定位于高端、定制、紧急等类型，进口量稳步增长。

（4）铁路整车口岸基本情况。铁路整车口岸包括重庆、郑州、成都铁路口岸。铁路口岸均位于我国内陆，开展整车进口业务依靠国际铁路运输，着眼于解决国际贸易列车回程空置问题，是落实国家发展战略的有益探索。中欧班列（重庆）国际铁路、中欧班列（成都）快铁、中欧班列（郑州）铁路班列搭建了我国内陆地区与哈萨克斯坦、俄罗斯、白俄罗斯，以及波兰、德国等国家之间的贸易桥梁，因此，我国的国内铁路整车进口口岸发展前景广阔。针对铁路运输费用高、风险偏大等短板，有关海关正在严密监管的前提下，不断探索新思路、新办法。

(5)内河整车口岸基本情况。岳阳城陵矶口岸于2014年获批整车进口口岸,是我国目前唯一的内河整车口岸。该口岸依托湖南重型工程机械制造业优势,预期可有效降低属地企业进口大型工程用车及车辆底盘的通关成本。

2.进口水果指定口岸现状

水果是病虫害发生种类比较多的植物产品,不同国家水果发生的病虫害情况差异较大,因而进口水果是传带外来有害生物的高风险物品。不同国家间的水果流通,使得一些水果上的病虫害在世界范围内传播的例子很多,比如地中海实蝇、苹果蠹蛾等。为防止地中海实蝇等有害生物传入,保护本国的水果生产,我国对国外水果的进口实行了严格的控制。从20世纪80年代起,我国禁止所有有地中海实蝇发生的国家或地区的水果进口。近年来,由于地中海实蝇发生情况的变化和有关国家对疫情的控制,我国开始允许某些国家或地区的某些品种水果在符合我国检疫要求的条件下,从限定的口岸进口。截至2015年年底,我国允许从大约20个国家进口水果,水果品种20种左右(详见附录Ⅱ)。

3.进口肉类指定口岸现状

我国的进口肉类指定口岸较多,截至2016年2月,分布在全国的有41个口岸现场。进口肉类指定口岸是各类指定口岸中批复比较普遍的口岸,基本上在我国主要省市都有设立,其中广东、江苏、浙江、上海等主要以水运口岸为主,也有少量公路和航空口岸,这与我国人民生活水平普遍提高和国内食品安全问题密切相关(详见附录Ⅱ)。

4.进口活牛指定口岸现状

目前,全国只有宁波、重庆丰都、河南螺河3个进口活牛指定口岸,牛源国均为澳大利亚。

5.进口冰鲜水产品指定口岸现状

进口冰鲜水产品指定口岸是目前各类指定口岸中批复较多的口岸,全国一共有51个口岸,多以空港和水港为主,也有少量陆港被批复为冰鲜水产品指定口岸。由于批复较多,各类口岸运营效益差异较大,部分口岸年进口量较小(详见附录Ⅱ)。

6.进口粮食指定口岸现状

根据国家质检总局《关于规范进境粮食指定口岸措施的公告》(2014年第106号)等规定,在2014年第一批进境粮食指定口岸基础上,2015年总局组织对第二批申报的进境粮食指定口岸进行集中考核验收。通过全面规范整顿,发布了《质检总局关于公布全国进境粮食指定口岸及查验点名单的公告》(2015年第158号)(详见附录Ⅱ)。

7.进口固体废物指定口岸现状

根据《海关总署关于进一步加强进口固体废物监管工作的通知》(署监发〔2010〕21号)规定,2013年,海关总署对固体废物进口口岸进行清理,确定了158个口岸可经营固体废物进口,含废纸、废塑料和废旧金属等(详见附录Ⅱ)。

8.进口药品指定口岸现状

(1)经国务院批准为药品进口口岸的城市有19个,分别是北京市、天津市、上海市、大连市、青岛市、成都市、武汉市、重庆市、厦门市、南京市、杭州市、宁波市、福州市、广州市、深圳市、珠海市、海口市、西安市、南宁市。

(2)经国家食品药品监督管理局授权的药品进口口岸药检所有18个,分别是:中国药品生物制品检定所、北京市药品检验所、天津市药品检验所、上海市药品检验所、大连市药品检验所、青岛市药品检验所、成都市药品检验所、武汉市药品检验所、重庆市药品检验所、厦门市药品检验所、广州市药品检验所、江苏省药品检验所、浙江省药品检验所、福建省药品检验所、海南省药品检验所、广东省药品检验所、陕西省药品检验所、广西壮族自治区药品检验所。

(三)重庆市指定口岸现状

重庆市现有七大类指定口岸,各类指定口岸运行情况不尽相同,虽然总体上尚有很大提升空间,但与其他省市相比仍存在一定差距。

目前,重庆市各类指定口岸详细情况如下。

1.进口汽车整车指定口岸

(1)基本情况。

2014年7月1日,经国务院批准重庆铁路口岸设立汽车整车进口口岸。

口岸从2014年成立至今(申报日期早于2014年7月1日),共监管汽车整车1932辆,货值8684.64万美元,报关单票645票,征收税款约3.6亿元(关税1.42亿元、增值税1.35亿元、消费税0.83亿)。其中,一般贸易报关单627票,其他进出口免费2票,暂时进口16票。目前,重庆市汽车进口业务增速稳定,发展良好。

(2)主要特点。

一是整车进口数量呈逐年上升态势。进口整车在品牌、质量、外观、豪华度等方面具有优势,市场购买热度一直不减,进口数量逐年增加。据统计,2011年以来,全国整车进口数量维持100万辆以上,且逐年增长,2016年重庆铁路口岸进口整车数量同比增长482%,发展势头迅猛。二是进口整车中规车和非中规车占比相当。中规车是指已通过3C认证,经过品牌汽车生产厂商授权,销售目的国为中国,由该汽车品牌的国内总经销商申领进口许可证,进口后在国内市场销售的进口汽车。除中规车外还存在"小批量"和"小3C"两种进口方式,统称为非中规车,这类汽车主要是国内经销商从国外市场的经销商或4S店购买后进口至国内的汽车。2016年重庆铁路口岸共进口非中规车727辆,中规车775辆。三是进口货源地集中在欧洲地区。据调研,2016年进口的汽车原产地90%以上在欧洲地区,多为德国和英国。根据合同和订单情况分析,采购地一般在德国或捷克斯洛伐克。

(3)影响因素。

一是市场影响。国内市场对进口整车需求仍然高涨,重庆作为国家实施"一带一路"倡议在中西部地区的重要支点,在西南片区市场中占据重要份额。重庆铁路口岸进口的汽车现可以辐射整个西南地区,不仅限于在重庆本地销售。二是运输成本影响。综合比较各种运输方式,空运进口速度最快,但运输成本高,适用于大价值、量身定做车型的进口;铁路运输速度居中,但单次运量较少,运输途中车辆的保管维护费用也较高,成为制约铁路运输进口量增长的瓶颈;沿海口岸依靠滚装船海运进口时间最长,但单次运量大,平均运输成本低,仍是当前整车进口的主要运输方式。三是线路影响。中欧班列(重庆)回程班列的装货地为德国的杜伊斯堡,如从欧洲以外的其他地区采购,则物流成本过高,因此对比沿海口岸,重庆铁路口岸进口汽车品牌和型号相对单一,2016年进口车型多为欧规路虎和宝马新能源汽车。

2.进口水果指定口岸

(1)基本情况。

重庆市目前进口水果指定口岸主要有江北国际机场、寸滩港两个口岸区域。

两个口岸指定商品专用监管设施条件为:重庆两路寸滩保税港区规划了在水港功能区修建一期冷链查验监管库,总计投入约2000万元,设置冷链查验监管库900 m²,设置低温库650 m²,高温库2000 m²,以及1000 m²的办公及辅助设施;二期修建冷链查验监管库2~4层,投入约4400万元,每层约5000 m²,温度可分区调节,适应不同的需求。

重庆江北国际机场口岸利用已有的熏蒸处理库、冷藏库、集装箱堆放区、冷藏箱场区,按照进口水果指定口岸申报标准将其进行了升级改造,并新建热处理库和销毁处理密闭库,总投资约85万元,即可达到设立进口水果指定口岸的条件。近年来进口情况如表3-3所示。

表3-3　2014—2016年重庆进口水果指定口岸运行情况

年份	批次	质量(吨)	货值(万美元)
2014	9	11.87	2.84
2015	55	4766.14	1565.41
2016	55	539.26	154.78

(注:重庆进口水果指定口岸2014年11月获批,因此当年只有少量进口,到2015年,水果的进口量呈现井喷式增长;2016年,因新西兰猕猴桃等水果未从重庆进口,导致进口量和货值下跌)

（2）存在的问题。

①通关时间较长。进口水果时效性要求很高，而且由于货物多在晚上抵达重庆江北国际机场，与口岸联检部门的货运部门工作时间形成冲突，导致水果不能及时通关转运。目前，重庆市口岸联检部门尚缺乏晚间加班补偿措施，故需要加快形成进口水果晚间通关的长效机制。

②重庆市口岸进口水果市场占有率较低。目前，重庆市口岸进口水果占全市实际销售进口水果比例不足10%，大量水果从外地进口后销售到重庆，重庆口岸进口水果的潜力大。据不完全统计，2012年重庆市包括美国红提、智利车厘子、新西兰猕猴桃、泰国榴莲、泰国龙眼、澳大利亚芒果在内的进口水果销量超过5万吨，总销售金额超过10亿元人民币，并且近年来一直保持年均20%以上的增长速度。目前，重庆市场上的进口水果可从以下几个方面进行区分识别。从原产地来看，范围涵盖亚洲、欧洲、大洋洲、非洲、美洲。较为典型的有产自美国的红提葡萄、车厘子、青蛇果、红蛇果、加力果、新奇士橙等；产自智利的红提葡萄、加纳果、车厘子等；产自泰国的泰柚、龙眼、榴莲、山竹、红毛丹、龙宫果、荔枝、香蕉等；产自南非的西柚、南非橙、南非柑、柠檬等；产自中国台湾地区的释迦、凤梨、芒果、火龙果等。从品类来看，既有诸如车厘子、加纳果、红提葡萄、加力果、红毛丹、龙宫果、释迦等高端水果，也有莲雾、凤梨、杨桃、山竹、桂圆、猕猴桃、火龙果等中低端水果。从销售价格来看，价格区间从每千克几十元到几百元不等。高端水果主要以美国、智利、新西兰、南非等国家进口水果为主，中低端水果以泰国、越南、柬埔寨等东南亚国家及中国台湾地区进口水果为主。从销量来看，销量最多的品类超过万吨，最少的也有上百吨。其中，销售量大的水果多来自东南亚国家，一方面东南亚水果大众化，另一方面东南亚水果多由广西、云南等口岸入境，到重庆运输距离较近，这有利于重庆市口岸在时间和成本上进行控制，从而具有很大竞争优势。

从经营商家来看，据重庆市水果协会相关信息，进口水果批发、零售行业龙头企业近年来发展迅速，销售量和销售额逐年攀升，不同种类进口水果在多种销售渠道上各显神通,形成产、供、销完整链条,规模效应和规模经济初现。诸如重庆超奇农产品有限公司、重庆洪九果品有限公司、重庆金果园公司等多家企业不仅在水果市场开展水果批发业务,同时也相继在主城各区开设水果连锁超市进行直接销售,这些小型超市大都设在社区周边,面积不过50~100平方米,水果品种有五六十种,直接促进了周边居民的水果消费。而重庆诚信干果有限公司、重庆香满园农产品有限公司等水果商则在开展水果批发业务的同时瞄准网络零售,转型做起了电商,开网店,搞配送,让水果也能实现配送上门。

③远程国际航线较少,制约进口水果指定口岸发展。一是由于航线少,导致单票空运成本升高。二是由于航线少,进口商可选择的时间有限,每进口一批水果需要覆盖的时间跨度比较大,成为水果生鲜商品进口的软肋。三是由于航线少,可直接进口的国别就比较有限,盛产某类水果的地方如果没有直达重庆的航线,他们就可能选择周边比较密集的成都、昆明等机场。

3.进口肉类指定口岸

2012年,重庆本地企业通过外地口岸报关直接进口肉类产品约6万吨。当时,重庆进口肉类指定口岸(位于寸滩港水运口岸)尚未正式作业,据分析,此前每年通过内贸方式在沿海地区采购的进口肉类产品高达30万吨,预计到2020年,重庆市进口肉类产品规模将超过100万吨,其中欧洲国家进口量约为20万吨。按照一个40GP集装箱装载肉类商品26吨、每列火车40个集装箱的标准加以测算,到2020年,欧洲进口肉类通过中欧班列(重庆)铁路运输共需要193列,每两天发送一列。如果再加上辐射周边,市场需求更大,重庆发展冷链食品进口贸易的市场基础将更加雄厚(详见表3-4)。

表3-4 2015—2016年重庆进口肉类指定口岸运行情况

年份	批次	质量(吨)	货值(万美元)
2015	22	468.9	137.1
2016	98	1987.7	299.4

为使进口肉类指定口岸功能延伸至重庆航空口岸,重庆检验检疫局加强业务能力建设,保证监管、验放环节风险可控,在此基础上积极向质检总局争取并获得批准,同意重庆水、空共用两路寸滩进口肉类指定口岸冷链查验场地,在确保进口肉类维持"三原"(原集装箱、原铅封、原证书)状态的前提下,将进口肉类调运至现有寸滩港进口肉类指定口岸冷链查验点进行开箱查验,有力助推重庆航空口岸实现肉类进口。2016年春节前夕,一批重12.85吨、货值3.08万美元的澳大利亚冰鲜牛肉顺利实现空运进口。这是重庆首次经航空运输直接进口的肉类产品,标志着重庆市进口肉类的空中通道顺利打通。

4. 进口活牛指定口岸

(1)基本情况。

重庆地处西部腹地,活牛进入重庆后,运输问题成了重点和难点问题。课题组在经过多次调研的基础上,对比分析了空运和水运(江海联运)两条运输路径。①航空运输方面:澳洲航空已开通了"悉尼—重庆—芝加哥"的货运班机航线。目前,从重庆到芝加哥满载,但从澳洲到重庆几乎空舱,存在空运澳洲活牛机遇。从澳洲到重庆需10个小时左右,每架飞机可装运160~180头牛。为进一步降低运输成本,经多次沟通协调,最终将澳航运输费用由20万美元/架降低至10万美元/架左右,平均每头牛运输费500美元左右,使空运澳洲活牛成为可能。②江海联运方面:目前从澳洲到中国沿海港口活牛船运价格为每头400~450美元,运输时间需15天左右。通过长江运至丰都,运输价格还要增加,全程需20天以上。此外,江海联运还要求承接港口具有相关资质,需要选择合适的江海联运船舶,整个准备周期较长。因此,本报告建议确定"航空运输先行,江海联运跟进"的运输方式选择原则,尽快制订实施措施,以实现尽早、尽快引进首批屠宰牛,同时持续推进江海联运运输协调工作,为后续大批量引进奠定基础。

2015年10月21日,由重庆恒都食品有限公司进口的中国首批进口澳大利亚150头屠宰牛顺利落地重庆。隔离检疫工作历时8天,期间屠宰牛饮水、饮食正常,精神状态良好,未发现传染病和寄生虫病等其他异常情况。10月29日在丰都县完成了隔离检疫和屠宰加工。

表3-5 2015年重庆进口活牛指定口岸运行情况

年份	批次	数量(头)	货值(万美元)
2015	1	150	48.03

(2)存在的问题。

①目前,运输方式仍然是制约活牛指定口岸发展的主要因素。现在主要依靠空运进口,成本高,运量小。江海直达联运的开展也需要克服很多现实的问题,比如现有国际航行船舶不能进靠丰都港,新造同时适合海运和长江航运的船舶成本较高。

②屠宰场部分防疫监管重点未得到重视。根据职责分工,屠宰厂(场)内的检疫工作由地方农牧部门负责,而地方农牧部门更注重动物本身的检疫,而对屠宰过程中人员卫生管理、生产过程卫生管理、排泄物及生产车间的防疫处理等防疫措施重视不够,存在疫病疫情传播风险。建议由国家质检总局协商农业部,进一步明确对进境肉牛屠宰场的防疫要求。

③澳洲ESCAS在中国境内的福利监管活动未明确。隔离期间,澳方福利组织的工作人员多次到隔离场和屠宰场,提出进场要求和在动物隔离场和屠宰场安装电子耳号扫描终端和视频监控装置的要求,检疫人员拒绝了进场要求,就安装监控装置等问题与澳洲人员进行了会谈。澳洲ESCAS(出口供应链保证体系)人员表示,根据澳洲法律的规定,在屠宰环节必须安装电子耳号扫描终端和视频监控装置,这样才能确保澳洲出口的屠宰牛的确已经进行了屠宰,希望中方给予支持。所以,国家主管部门需与澳方沟通,使双方能尽快就动物福利方面达成一致,明确是否允许ESCAS组织在国内开展活动,明确活动的范围、内容。

首批屠宰牛安全落地重庆,是各部门共同努力的结果。下一步要在加强风险要素管理,严守安全底线的同时,打造肉牛养殖、屠宰分割、精深加工、副产品开发、品牌打造、市场营销的全牛产业链,力争2020年实现活牛进口25万头、冰鲜牛肉5万吨,形成500亿元综合产值的宏伟目标。

5.进口冰鲜水产品指定口岸

（1）基本情况。

2012年,为解决货运航班返空舱位问题,降低货运成本,经国家质检总局批准,重庆口岸开始直接进口以三文鱼为主的冰鲜水产品。重庆机场初步建成冰鲜水产品的日常监管设施设备、查验场地,视频监控设施、查验储存冷库、备案储存冷库等,并于2014年通过考核验收。针对进口冰鲜水产品保质期短、运输周期长、质量风险等级高的特点,重庆检验检疫局在风险分析的基础上实施从逐批送检到抽批送检的动态转换,以及采信第三方检测结果施行验证放行等多种检验检疫新模式,简化流程,加快验放速度,保证充足的货架期。2013年底,重庆江北国际机场口岸共进口冰鲜三文鱼3342吨、货值2725.8万美元,进口量位居全国第二,占重庆机场进口货运总量的14%。但是,2014年重庆进口冰鲜三文鱼萎缩严重,全年共进口803.1吨、货值742.3万美元,且有进一步缩减的趋势。进口来源国从挪威、智利、英国、法罗群岛四个国家和地区变成主要来自于挪威一个国家,形势严峻,亟待改善。2014年和2015年,随着全国进口冰鲜水产品指定口岸的进一步开放,很多企业选择入境的口岸越来越多,导致重庆的进口量出现萎缩现象。近年来进口冰鲜水产品经营情况如表3-6~3-9所示。

表3-6　2012—2016年进口冰鲜水产品业务量变化情况

年份	批次	数量(吨)	货值(万美元)
2012	195	2001.18	1442.33
2013	235	3342	2725.8
2014	107	803.1	742.3
2015	179	686.04	527.2
2016	259	832.3	819.82

表3-7　2012—2016年进口冰鲜水产品来源国变化情况

产品	2012年	2013年	2014年	2015年	2016年
冰鲜三文鱼	挪威、法罗群岛、智利、英国(4国)	挪威、法罗群岛、智利、英国(4国)	挪威、法罗群岛、智利(3国)	挪威、法罗群岛、智利、加拿大、澳大利亚、英国(6国)	挪威、法罗群岛、智利、加拿大、英国(5国)

表3-8　2012—2016年进口冰鲜水产品收货人变化情况

产品	2012年	2013年	2014年	2015年	2016年
冰鲜三文鱼	北京东隆、中国服装(2家)	北京东隆、中国服装、丰慧涛、大铭普汇、海上风、顺景发、麦伦(7家)	北京东隆、中国服装、丰慧涛、广州霖濠、大铭普汇、海上风、顺景发、佰瑞佳、麦伦(9家)	大铭普汇、海上风、佰瑞佳、丰惠涛、顺景发、麦伦、重庆海碟、麦伦、北京东隆、重庆大洋铭嘉、上海智元、顺景发、上海吉荟棠、上海纯尔、廖老大、北京利旺通达、鲜美乐、重庆新鲜度、上海智元、麦峻、特罗姆(共21家)	大铭普汇、海上风、重庆海碟北京东隆、廖老大、北京利旺通达、麦峻、谷裕、海味缘(共9家)

表3-9　2012—2016年进口冰鲜水产品不合格情况

产品	2012年	2013年	2014年	2015年	2016年
不合格项目	不合格率3.5%。微生物:霍乱弧菌2批次,大肠菌群2批次,细菌总数1批次。证书核查2批次	不合格率2.1%。证书核查5批次	包装证书核查3批次	致病微生物超标6货物批次,做销毁处理(金黄色葡萄球菌、霍乱弧菌)。证书无效,后补证(1批次)。检出禁有物(鱼虱子),将携带鱼虱的产品销毁	致病微生物超标6货物批次,做销毁处理(金黄色葡萄球菌、霍乱弧菌)。证书无效,后补证(1批次)。检出禁有物(鱼虱子),将携带鱼虱的产品销毁
原因	微生物:取、送样过程中污染,可能造成微生物超标;产品本身被污染,运输过程冷链未持续维持。证书不合格:邮寄过程证书丢失,不能提供原件	证书不合格:邮寄过程证书丢失,不能提供原件	部分包装损毁(后经技术整改合格),运输途中证书丢失,补证	部分包装损毁(后经技术整改合格),运输途中证书丢失,补证。证书不合格:邮寄过程证书丢失,不能提供原件	

（2）主要问题。

导致进口冰鲜水产品数量大幅下滑的因素很多,主要有以下几点。

①直接进口航线少。目前,重庆口岸进口三文鱼航线主要是赫尔辛基—重庆,少量可以选择阿姆斯特丹—重庆、多哈—重庆。在国内周边城市如郑州、成都、西安、武汉等都在相继获得进口冰鲜水产品口岸资格后,相继开通多点远程国际航线,越来越多的进口商选择在消费地直接

进口,致使重庆作为集散地的辐射作用减小。例如,成都开通英国直航后,重庆市从英国进口三文鱼的企业全部转向成都。同时,由于不能直接进口,智利三文鱼只能通过多哈转运至重庆,导致无法享受中国—智利自贸协定免关税待遇,每千克成本增加5元人民币,进口商于是多选择从广州口岸直接进口再转运。

②消费市场不规范。从课题组调研的企业反映的情况来看,由于受广东、越南方向走私的水产品进入重庆市场,以及不法商家将国内养殖的虹鳟鱼冒充进口三文鱼低价销售等因素的影响,挤占了一定的市场份额,冲击了本地正规进口商的进货量;还有个别不法分子欺行霸市,扰乱正常经营秩序。因此,重庆进口冰鲜水产品市场秩序亟待规范。

③清关周期较长。调研中还发现,企业反映某些口岸监管部门不能保证及时查验放行,清关周期较长。而冰鲜水产品在合适的保存条件下保质期一般不超过14天,加上较长的清关周期,致使商品销售货架期缩短,质量也难以保证。

6.进口固体废物指定口岸

重庆市现有注册在营进口固体废物的海关监管场所共有2家,分别为重庆理文造纸有限公司海关监管堆场、重庆玖龙纸业有限公司海关监管码头,已分别于2009年8月、2011年12月注册登记并投入使用,2家场所主要从事进口废纸堆放、装卸等业务,属专用型码头,均安装有视频监控系统,视频资料按总署要求保存1年,符合海关总署相关要求。2015年1月至2016年11月,重庆口岸进口废纸4579票,共133.12万吨,货值2.5亿美元。

7.进口食用水生动物指定口岸

目前,重庆市水生动物指定口岸业务总体呈直线下降趋势,近年来进口情况如表3-10所示。

表3-10　2013—2016年重庆水生动物指定口岸运行情况

年份	批次	质量(吨)	货值(万美元)
2013	83	2503.81	466
2014	4	99.13	32
2015	2	0.105	0.3
2016	3	0.5	1.17

8.进口药品指定口岸

目前,重庆市进口药品总体上呈下降趋势,特别是2016年下降比较严重,进口药品主要集中在抗菌用制药原材料和西洋参两大类,进口的公司只有西藏海默尼药业有限公司和重庆布尔动物药业有限公司两家,且以前者为主,后者进口量非常少。近三年来重庆市进口药品情况如表3-11所示。

表3-11　2014—2016年重庆进口药品指定口岸运行情况

年份	批次	种类(种)	货值(万美元)
2014	44	5	1682.8
2015	42	6	1231.6
2016	2	2	334.8

(四)重庆市指定口岸运行中的共性问题

1.基础设施建设尚未充分实现统筹规划

一是指定口岸基础设施建设仅仅考虑了单一产品类别、单一运输方式的特定需求,而在总体上缺乏长远的统一规划,从而给指定口岸的功能拓展建设带来了一定困难。二是查验设施选址大多没有经过充分的科学验证,总体布局不尽合理,给海关查验和检验检疫监管带来诸多不便。目前,重庆进口水果、肉类、冰鲜水产品和食用水生动物指定口岸查验场地分设在水港和空港的不同区域,不仅空间上较为分散,而且均设在海关卡口之外，实际上造成了检验检疫查验与海关查验的不同步进行，既不利于推进关检协作的一次查验，延长了货物停滞时间，也在客观上增加了境外动植物疫情传入扩散风险。另外，海关查验在非冷链常温查验库进行，会对水果、肉类、冰鲜水产品、水生动物等鲜活类产品的质量安全产生不必要的影响。三是指定口岸规划建设以业主为主体，难以确保规划的科学性，口岸区域、设施标准等设计往往会与实际需求存在较大差距。比如，现有的肉类指定口岸在规划之初就存在着相对保守的问题，以致目前查验能力几近饱和。四是建设主体不明确导致指定口岸基础设施建设进展缓慢。以进口肉类指定口岸为例，由于指定口岸获批后的运营单位为直接受益者，政府方面按照"谁受益谁建设"的原则确定运营企业为指定口岸出资建设主体；但是，口岸运营单位则认为指定口岸为公共事业，应由政府出资建设。这种口岸建设的主体之争，导致口岸查验冷库的选址和建设工作推进极为缓慢。

2. 现有监管设施整体功能尚未得到充分发挥

如果指定口岸的功能仅仅局限于单体口岸而与其他口岸间无从建立共享机制，那么，指定口岸便会由于沦为功能孤岛而造成口岸资源浪费。目前，重庆市非常重视铁路口岸建设和指定功能扩展，但相应的检验检疫设备尚未在铁路口岸到位，如进口种苗专用的隔离苗圃、进口肉类专用的冷链查验平台等，仍然处于规划阶段，与相应的业务需求差距尚远。在现行口岸管理体制和口岸联检单位协作机制下，虽然空港、水港业已投用的指定口岸运营负荷远未达到设计能力，但相关设施却无法为铁路口岸服务。

3. 依托水运口岸设立的指定口岸偏少

重庆地处长江上游，在中国内河口岸中，外贸货物运量仅次于广东中山港、江苏太仓和南京港，居全国内河口岸第四位、长江中上游第一位。虽然近年来重庆90%以上的外贸货物通过水运口岸报关报检，通过长江黄金水道运输辐射四川、陕西、贵州等周边省市，周边过货量为40%以上，但是，依托水运口岸设立的运输大宗物资的指定口岸较少，比如：

进口粮食口岸尚未设立,进口木材口岸尚未建成投用,从巴西进口大豆仍需在江苏报关后转运至重庆,江海联运进口活牛的方案还未敲定,活牛进口口岸尚未设立,等等。

4.现有指定口岸运行情况较差

在现有指定口岸序列中,除永川、江津两个纸厂专业码头常年稳定运行,废旧纸张有一定进口规模外,其余指定口岸如进口水果、肉类、汽车整车、药品等,全年分别只有几个批次,而且每个批次的运量很小,导致进入重庆市场销售的大量进口水果、肉类、汽车等,多属从其他口岸进口后的内贸方式转入重庆,指定口岸的作用没有得到发挥,广大市民并未真正享受到更多实惠。由于没有形成规模效应,指定口岸经营业主投入大、产出小、效益差。面对国家对指定口岸进行的考评,客观上重庆市口岸潜伏着整顿甚至关闭的风险。

5.联检单位协作问题制约货物通关效率

指定口岸的货物通关多个部门,不同业务部门往往会在出台指定口岸管理制度的同时规定各自不同的建设标准,但在实际监管中联检部门常常各自为政,缺乏有效合作。目前,由于重庆市食品类进口指定口岸布局在江北国际机场和寸滩港两个口岸,工作涉及不同口岸单位以及海关、检验检疫等口岸联检部门不同的分支机构,情况较为复杂,在信息畅通、口岸资源共用等方面协作力度尚有欠缺。比如,在进口澳大利亚冰鲜牛肉的过程中,虽然国家质检总局已批准重庆航空口岸共用两路寸滩进口肉类指定口岸冷链查验场地,但是空运进境后,仍需调运至寸滩港冷链查验点开箱查验,监管查验环节耗时较长,且在调运查验过程中各部门协作力度尚显不足,一定程度上影响了货物通关效率。

6.多种因素叠加造成产品滞港风险不断加大

水果、肉类、冰鲜水产品和水生动物,保质期、货架期短,如果口岸验放时间过长,势必影响产品的新鲜度,进而影响产品品质。以进口肉类为例,一方面,在重庆具备进口肉类收货人资质的40余家企业中大部分为新备案企业,对外贸进出口业务不熟,常因证单错漏造成货物滞港;另一方面,由于进口肉类属新增业务,部分口岸部门尚未针对肉类产品需快速验放的需求制订便捷监管措施或安排加班,也相应增大了产品滞港的可能性。

四、重庆建设指定口岸总体构想

建设指定口岸是重庆打造内陆国际枢纽、内陆开放高地和口岸高地的重要内容。指定口岸建设方面,必须充分发挥现有条件,依托内陆开放型经济发展的物质基础,确立指定口岸建设的总体框架,形成"联结内外、辐射周边、功能互补、高效衔接"的指定口岸体系。具体应当按照有利于发挥"三个三合一"开放平台优势、有利于发挥重庆产业优势、有利于发挥市场在资源配置中的决定性作用的"三个有利于"原则,从投入产出的效益、是否属于优势产业、是否达到环保要求三个方面综合考虑,配置设立指定口岸,借助航空、水运、铁路、公路众多实体口岸平台落地指定口岸,以建设国际贸易"单一窗口"为契机,优化指定口岸运营环境。

(一)充分发挥"三个三合一"开放平台优势

1.充分激发"长江上游航运中心"的独占优势

长江上游航运中心是重庆区别于周边省市独一无二的物流运输优势。在国家发展战略层面,重庆处于"一带一路"和长江经济带连接点,既是长江上游的航运中心,也是西南地区的铁路、公路和空运枢纽,这些构成是重庆有别于周边省市不可替代的区域发展战略优势和交通物流优势。首先,作为"一带一路"和长江经济带两大战略的"Y"字形交汇点,重庆可以依托内陆区域性国际贸易中心的优势,通过建设一批配套能力强、辐射范围广、配送效率高、物流成本低的指定口岸,使国家区域发展战略得以顺利实现。其次,释放长江黄金水道的最大潜力,发挥水运的价格低廉、运量巨大的优势,为指定口岸进口商品提供平台基础。最后,巩固重庆作为长江上游航运中心的战略定位,通过建设指定口岸逐渐拓展重庆口岸经济的辐射半径,确保指定口岸覆盖四川、贵阳、陕西等周边省市。因此,必须结合水运价廉量大的特点,重点发展大宗散货和对运价比较敏感的商品,从而,既满足重庆本地市场,又帮助周边地区扩大进口;既要做大主城果园港,开放果园港口岸功能,赋予其多种指定口岸功能,也要发挥万州、涪陵、丰都、永川、江津等沿江港口作用,错位设立多种指定口岸。

2.进一步挖掘中欧班列(重庆)铁路通道西向开放潜力

铁路运输的特点是时间和运价成本均介于水运和空运之间,适合对价格相对敏感,又具有一定时效性要求的产品。作为中欧班列的绝对主力,中欧班列(重庆)铁路通道目前发展较快,货运量已经稳居中欧班列榜首,已经成为实现我国向西开放战略的重要通道。中欧班列(重庆)开始以出口为主,随着回程货物的日渐丰富,双向运行渐趋平衡稳定,货物运输的品类也逐渐丰富。由于中欧班列(重庆)的成功运行,在全球经济不景气的大背景下,欧洲也急需拓展亚洲市场,中欧班列(重庆)通道逐渐演化成多条分支线,向欧洲更多国家和地区拓展。在已有整车口岸的情况下,下一步应当重点争取在铁路口岸设立进口粮食口岸、进口木材口岸,并运用好重庆市争取的铁路运邮(即邮路口岸),为中欧班列(重庆)返程找到更多的大宗货源,确保双向稳定运行,形成密集的班次,通过规模效应进一步降低运价。

3.依托航空枢纽建设多种类型指定口岸

空运适合高价值、高时效性、体积较小的货物。目前,重庆市航空口岸处于成都、昆明、西安和郑州的包围之中,航空客货运业务面临较大挑战。特别是在航空货运业的发展态势中,成都具有较为明显的优势和竞争实力,且四川省自身腹地广阔,经济体量大,市场需求旺盛,设立指定口岸的效益可能会优于重庆。在常态条件下,重庆市航空口岸发展指定口岸面临着成本可能会比成都高、市场可能会比成都小的难题。但是，随着中新（重庆）战略性互联互通示范性项目的深入推进，随着重庆市依托中欧班列（重庆）打通欧洲—重庆—东南亚铁空联运通道，大量高附加值商品必然通过航空口岸运输，这就需要在航空口岸设立更多指定口岸，对航空口岸是一大利好。如果欧洲的货物未来可以从中欧班列（重庆）运到重庆，再通过空运中转到曼谷、吉隆坡、香港、大阪等距离重庆四小时航空半径的亚洲城市，形成以重庆为圆心的"4小时航空经济圈"，运输成本将大幅降低。

（二）借助产业优势发展多种指定口岸

1.重视传统强势产业对指定口岸的基础性作用

基于历史原因，重庆重工业基础雄厚，传统强势产业主要是汽摩、化工和冶金，并因此成为全国最大的摩托车生产基地和第四大汽车生产基地以及最大醋酸生产基地和八大钢铁生产基地之一。其中，汽摩和冶金均与钢铁产业密切相关，用钢大户的客观现实成为重钢集团近几十年来不断发展壮大的重要原因。但是，由于受多方面因素的影响，目前重钢集团正面临困境，炼钢业务几近停滞，因此，探索固体废旧金属的再利用与重钢集团的业务优势有很高的契合度，是重庆市设立固体废旧金属进口指定口岸的重要选择。目前，我国废旧金属进口存在着较大的环保风险，需要权衡利弊得失。本报告的综合研究认为，在指定口岸建设与选择的过程中，如果对环境影响较大，设立指定口岸应当慎之又慎。同时，如果市场需求很大，且经济效益明显，则需要组织专门力量，认真研究是否设立废旧金属指定口岸。

除了汽车、摩托车产业之外，传统支柱产业中化工、冶金，对一些特殊化工原料、特殊矿石也有较大的进口需求，应当根据市场和企业的需求，研究设立多种化工产品、化危产品、矿石产品进口指定口岸。

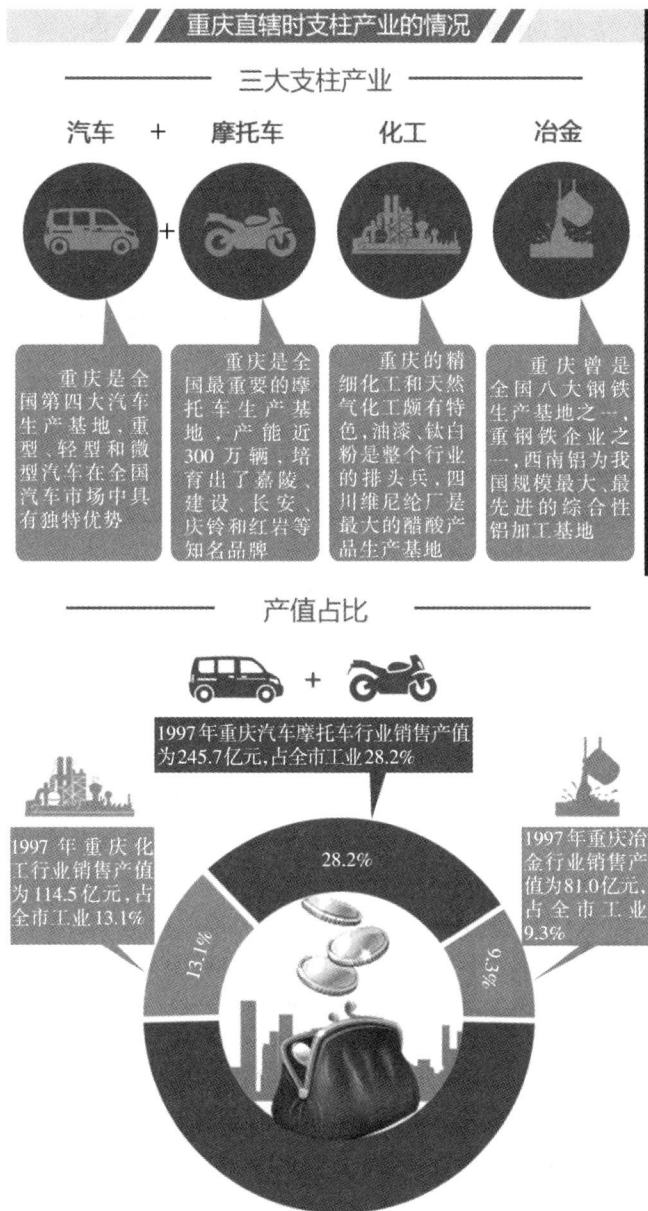

三大支柱产业

汽车 + 摩托车　　化工　　冶金

重庆是全国第四大汽车生产基地,重型、轻型和微型汽车在全国汽车市场中具有独特优势

重庆是全国最重要的摩托车生产基地,产能近300万辆,培育出了嘉陵、建设、长安、庆铃和红岩等知名品牌

重庆的精细化工和天然气化工颇有特色,油漆、钛白粉是整个行业的排头兵,四川维尼纶厂是最大的醋酸产品生产基地

重庆曾是全国八大钢铁生产基地之一,重钢铁企业之一,西南铝为我国规模最大、最先进的综合性铝加工基地

产值占比

1997年重庆汽车摩托车行业销售产值为245.7亿元,占全市工业28.2%

1997年重庆化工行业销售产值为114.5亿元,占全市工业13.1%

1997年重庆冶金行业销售产值为81.0亿元,占全市工业9.3%

28.2%

13.1%

9.3%

图3-1　重庆直辖时支柱产业情况

2.结合重庆市战略新兴产业发展指定口岸

直辖以来,重庆在发展传统强势行业的基础上,正在大力发展新兴产业。从最初的汽摩、化工、冶金三大支柱产业,发展到现在电子信息、汽车、装备、化工、材料、能源、消费品等"6+1"行业。随着市场和环境的变化,越来越多的新兴行业开始登上历史舞台。

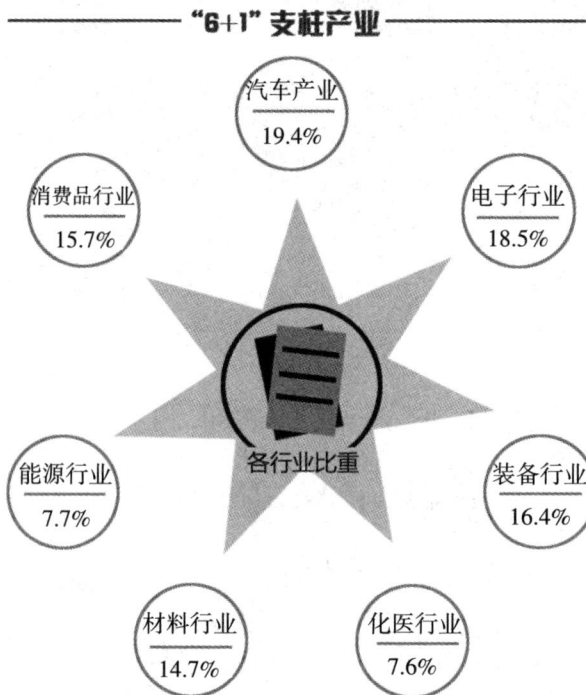

图3-2　重庆直辖以来支柱产业情况

针对产能过剩严重、有效需求不足的客观现实,2015年以来,重庆市立足本地、着眼全球,把推动十大战略性新兴产业发展作为供给侧结构性改革的重要抓手,取得了初步成效。据相关部门统计,2015年重庆市十大战略性新兴产业实现产值1660亿元,对全市工业产值增长贡献率达30%。

按照重庆确定新兴产业的三个原则,即一是顺应技术、产业发展趋势,把握消费升级方向,找准市场;二是突出与重庆市传统优势产业的融合发展,力求做优做精现有产业;三是主动融入"一带一路"和长江经济带建设,努力培育新兴产业。基于此,重庆市筛选确定了电子核心基础部件、物联网、机器人及智能装备、新材料、高端交通装备、新能源汽车及智能汽车、MDI 及化工新材料、页岩气、生物医药、环保等十大重点产业发展方向,提出力争到 2020 年形成 10 个千亿级产业集群,总规模突破 1 万亿元的目标。

战略性新兴产业的发展,需要一个良好的环境。为此,重庆市加强统筹协调,形成水陆空交通枢纽、一类口岸、保税区"三个三合一"开放体系,打通以中欧班列(重庆)为代表的国际物流通道,吸引全球要素集聚,促进本地产品分销全球。同时,重庆市"1+2+7+36"开发区平台体系的形成,也进一步增强了本地产业承载能力。

指定口岸进口商品和重庆市支柱产业之间具有明显的对应关系。对比重庆市支柱产业和指定口岸,可以发现二者有着密切联系,相关度非常之高。详见表 3-12 所示。

表 3-12 支柱产业与指定口岸商品对应关系

序号	直辖时支柱产业					战略性新兴产业	指定口岸商品
	支柱产业名称	产值(亿元)	工业占比	产业	工业占比		
1	汽摩	245.7	28.2%	汽车	19.4%	新能源汽车及智能汽车	汽车整车
2	化工	114.5	13.2%	化医	7.6%	生物医药	生物制品以及首次在中国国内销售的药品和国务院规定的其他药品,药品、麻醉药品、精神药品、蛋白同化制剂、肽类指定激素等,兽药

续表

序号	直辖时支柱产业					战略性新兴产业	指定口岸商品
	支柱产业名称	产值(亿元)	工业占比	产业	工业占比		
3	冶金	81	9.3%	材料	14.7%	新材料	<u>钻石</u>、<u>木材</u>
4				电子	18.5%	电子核心基础部件	
5				装备	16.4%	机器人及智能装备	
6						MDI及化工新材料	
7						物联网	
8						高端交通装备	<u>船舶</u>、<u>港机维修备件</u>
9				能源	7.7%	页岩气	
10						环保	<u>固体废物(废纸、废塑料、废金属)</u>
11				消费品	15.7%		粮食、肉类水果、食用水生动物、水产品、<u>化妆品</u>
12							<u>种苗、濒危野生动植物</u>

(注:画下划线的为重庆市目前未获批准的指定口岸)

从上表可以看出,指定口岸与重庆市传统强势产业和战略性新兴产业都具有密切联系,重庆市建设进口指定口岸必须充分考虑产业的融合发展。

(三)充分考虑市场需求发展指定口岸

作为国家中心城市,重庆拥有庞大而相对集中的消费群体,但是,作为设立和发展指定口岸的需求基础,进口特殊商品既要考察不同品类货物的市场辐射能力,也要考虑安全、环保等制约因素。

1.顺应市场趋势,加快发展肉类和食用水生物指定口岸

随着人们生活水平的提高,人们对食用产品的要求也越来越高。近年来,受国产肉类、水产品的食品安全影响,人们开始对其品质产生不同程度的质疑,加之,消费者对食用产品的价格敏感度越来越低,国内廉价产品并不能构成对进口产品的价格优势,进口肉类和食用水生物越来越受到广大消费者的青睐。随着指定口岸的开放,进口量逐渐上升,进口产品价格呈逐渐下降趋势,进一步提升了进口产品的竞争力。进口肉类和食用水生物一般为冰冻产品,现代科技水平的快速发展已经使得存储和运输变得极为方便。因此,对进口肉类和食用水生物,重庆有很大的市场需求,周边市场需求也明显,这是推进设立重点指定口岸的重要契机。目前,重庆市仅在江北机场设立了进口肉类和食用水生物口岸,在寸滩港设立了进口肉类口岸,还应当加快研究在沿江其他口岸、铁路口岸设立此类指定口岸,通过多种方式运输,满足市场的需求。

2.适应消费结构分层化要求,调整设立水果指定口岸

随着广大人民生活消费水平的不断提高,消费者对水果的人均食用量逐渐增长,水果需求已经成长为一个高速增长的市场。目前,已经出现了选择用进口高品质水果替代国产水果的消费趋势。国产水果的成本和价格增长,品质并未同步提高,进口水果凸显出较强的竞争优势。进口水果指定口岸与进口肉类和食用水生物口岸一样,也需要在多个指定口岸扩散推广。

3.利用粮食结构性调节空间,设立进口粮食指定口岸

现代社会中,人们对粮食的消费逐渐从注重量向注重质转变。简单地讲,就是原来要吃得多,现在要吃得好,消费者愿意在超市购买十元甚至数十元一斤的进口大米。与其他大类食品相比,粮食具有易于存储和运输的特点,进口物流相对比较简单,进口之后可以通过水运向上游、陆运向周边进行辐射,覆盖的市场范围较广。粮食是大宗商品,在粮食进口重点考虑高端、绿色、产品安全的形势下,设立指定口岸也需要转变观

念,采取差异化策略。从美洲、大洋洲方向进口粮食,指定口岸的布局最好分散在便于转运的沿江水运口岸,而从欧洲方向通过中欧班列(重庆)进口粮食,则有必要在铁路口岸设立指定口岸。

4.充分考虑药品特殊性,提高药品指定口岸的使用效能

总体上来说,作为国家中心城市,重庆城市化、现代化水平迅速提升,人口的集散程度较高,入院就医人数特别多,因而对进口药品的需求量较大。目前,重庆市各大医院对药品的总需求量较大。在国产药品品质饱受质疑的现状下,具备条件的人群会选择进口药品(特别昂贵的药品除外)。加之,一部分进口药品具有不可替代性,也客观上形成了刚性需求。药品本身的利润空间很大,进口药品利润空间更大,进口成本仅占售价中很小的比例。虽然药品进口审批严格,办理审批的手续耗时较长,但由于国产药品生产销售批准的程序也比较长,因而进口药品指定口岸建设具有一定的紧迫性。一般而言,药品具有体积小、价值大的特点,运输比较方便,且不受水、陆、空、铁等运输方式的限制,同时,药品一般保质期较长,除非特别紧急的药物,多数对进口时效性要求不高,因而建设进口药品指定口岸具有明显的可行性。目前,重庆市已有药品进口口岸资质,近年来也进口了少量的原材料型药品,但并没有很好地发挥作用,故应当仔细研究,分析问题根源,找出解决办法,用好进口药品指定口岸。

5.发挥钻石的高附加值特性,提升指定口岸品质

钻石加工是一个高产值、高附加值的行业,对推动口岸经济快速发展,促进进出口贸易具有较明显作用。钻石是高消费品,主要针对高消费群体。随着钻石加工工艺技术的进步,特别是钻石切割技术的发展,可以将钻石切割加工到非常细小的程度,各种品质的钻石加工技艺,使得钻石消费逐渐覆盖大部分中等收入人群,消费市场扩展迅速。在现代社会中,特别是女性在出席结婚、节庆等场合时,佩带钻石饰品可以彰显品位素质,因而钻石需求量不断增加。目前,国内区域市场的缺乏为重庆钻石进口提供了很好的发展机遇,尤其是在西南地区尚无大型集中的

钻石加工基地,应当加快占领市场空白。钻石进口加工是一个产业链条,重庆本身的钻石品牌商、进口商、生产加工商、专业技术人员都比较少,需要加大引入和培养力度。重庆市应当重点争取设立钻石进口指定口岸,提高指定口岸品质,并藉此扩大外贸进出口量。

6. 大力拓展进口汽车市场空间,用好现有整车指定口岸

目前,我国内陆地区对汽车的总需求量越来越大,相应地对进口车的需求也在逐渐增加。由于在品质方面合资车、国产车与进口车尚存在较大差距,而重庆自身又是一个汽车城,各方面设施、技术、人才、售后维修、环境等都具有较好的基础,所以,进口汽车市场空间很大。在重庆市铁路口岸已经属于整车进口口岸的情况下,汽车整车进口口岸在发展中不需要过多增加口岸基础设施投入,但是由于汽车外贸额大,当前的重点是加强招商引资,帮助企业开展平等进口,迅速做大汽车进口量,尤其是要特别注意发挥重庆传统汽车城优势,大力发展汽车后市场。

7. 挖掘植物种苗潜在需求,确立西南地区进口基地地位

随着重庆市发展战略的深入推进,规划中的大片区域的建设和发展,都会对植物种苗特别是一些特殊种苗存在较大需求。种苗是一个绿色产业,符合当前经济发展方向,后续产业链条较长,拓展空间较大。目前和今后相当一段时期内,绿色产业将成为重要的发展产业,重庆市应当依托自身特点,调整口岸布局,力争通过设立指定口岸把重庆建设成为西南地区的植物种苗进口基地。

8. 立足水铁联运通道,加快设立进口木材指定口岸

作为工业加工原材料,木材主要用于家具、建材加工等领域。随着城市化进程的加快,我国对家居木材用品几乎已经成为一种刚性需求。根据进口木材数量多、重量大的特点,决定了空运完全不适合于木材进口运输,这为重庆水运口岸发展进口木材运输的指定口岸提供了前提条件。虽然重庆市目前在铁路运输方面的成本还比较高,但是,随着中欧铁路的加快发展,成本逐渐下降后铁路运输将成为木材进口运输的另外

一种合适的选择方式。因此,重庆市应当加快木材口岸建设,一方面发挥水运渠道量大价廉的特点,另外一方面可以考虑进一步发挥"重庆—满洲里—俄罗斯"铁路优势,对接木材主要出口地俄罗斯,做大重庆—满洲里—俄罗斯的木材进口铁路通道。

9.落实国家战略需要,设立进口活牛及肉牛指定口岸

按照中澳自贸协定,宁波、漯河、重庆成为全国3大澳洲活牛进口基地。重庆计划每年进口50万头澳洲活牛,受运输方式影响,目前仅通过空运尝试进口了少量活牛和部分牛肉。活牛与牛肉的最大区别在于,活体在食用前根据需要宰杀,肉质更加新鲜可靠,而牛肉则在国外宰杀,冰鲜恒温运输肉质会受到一定影响。活牛经过宰杀处理后一直到端上餐桌,其整个过程就是一个完整的产业链条,进口、饲养、屠宰、牛副产品分拣、肉质加工、销售等,均可产生庞大的经济效益。相反,单纯的牛肉进口产业,则几乎没有产业链条。当前,市政府及各部门应当帮助丰都县尽快推动江海联运船舶打造,尽快使活牛进口实现水运。同时,加快丰都水运口岸开放,在水运口岸开放的基础上,设立丰都水运口岸和进口活牛指定口岸。

10.纵向延伸产业链,设立进口化妆品指定口岸

目前,在我国将化妆品列入药品质量监管体系后,市场上大约有60%的化妆品为通过进口完成的国际商品,"水货"、假冒伪劣商品和旅游产品占据市场,线上交易信用较差,在阿里危机中极具代表性。中国化妆品零售统计总额已超过3500亿元,实际市场已经超过7000亿元,是全球增长最快的市场之一。在口岸经济发展中,重庆应当立足创新发展思维,形成化妆品产业体系垂直整合发展模式,顺应市场供需双方急迫需求,阻止现有2000亿以上的"水货"登陆,建立正常化的化妆品进口渠道。这不仅是巨大商机,更可以挽回国家大量的经济损失。

重庆应争取设立化妆品指定口岸,带动大量的国际化妆品企业采取代加工乃至生产加工基地建设。引导化妆品原料生产、物流加工、包装生产等配套产业实现集聚发展,使代购、旅游产品、电商向大贸、代加工

直至落地生产的方向不断进化,同时,尽快推进食药监西南(重庆)评审中心的建立。

11.立足钢铁产业升级,探索设立进口固废指定口岸

固体废物主要有废纸、废塑料和废旧金属三大类,俗称"三废"。目前,重庆市已有理文造纸和玖龙纸业两个废纸类指定口岸,进口废纸再处理后成品主要为各类纸张,市场需求量很大,目前年进出口额度达到1亿美元左右。"三废"的主要利用模式为国外进口"三废",抵达指定目的地后进行分拣、清洗、加工成再生可利用资源。在直观意义上,这本来是一个很好的资源循环利用模式,但是在分拣清洗的过程中很难按照法律法规和规划设计程序处理,巨大的商业利益导致大量的废水、废气、废渣对当地的土壤、空气、水资源造成不可逆的破坏,长远看社会成本很高。从全国"三废"产业比较发达的广东地区多年经验来看,造成较大的环境污染的较多,很多地方已经开始拒绝"三废",特别是废金属、废塑料等相关产业的落地发展。

作为重庆传统优势产业,钢铁行业的破局和振兴必须加大高技术投入,走清洁、绿色、循环经济的路子。重钢集团要发挥自身产业优势,在处理好环境问题的前提下重点考虑废旧金属再利用。重庆市已经在废纸利用方面探索了比较成熟的经验,设立废旧金属指定口岸可望在技术支持的前提下成为重庆钢铁产业升级的新机会。

12.审慎设立安全可控的进口濒危动植物指定口岸

濒危动植物是一个小众产业,主要满足一些特殊需求,比如生物物种的延续、特殊物种引进等,相对来说整体空间较小。这类产品进口适合在航空口岸开展,符合其量小、价值高、运输快的特点。因其特殊性,每类濒危物种可根据特殊群体的需要申请进口并审慎设立进口指定口岸。

(四)进口特殊商品指定口岸选择模型

为科学有效地选择商品类型,设立和发展指定口岸,本报告根据经济学理论和计量建模技术构建了指定口岸选择模型。

1.模型构建和量化测算

(1)模型的构建。

投入产出是设立指定口岸首先要考虑的重要因素,其计算公式为:

特殊商品指定口岸投入产出比=

$$\frac{某进口产品市场总需求-某进口产品总供给能力}{该产品进口指定口岸建设成本}=$$

$$\frac{\left(\begin{array}{c}本地市场该产品进口总需求+\\该进口产品对外地市场辐射能力\end{array}\right)-\left(\begin{array}{c}本地市场该产品进口总供给+\\外地进口该产品对重庆市场辐射能力\end{array}\right)}{该产品进口指定口岸建设成本}$$

即:某商品是否需要建设进口指定口岸是由该产品的市场总需求和总供给能力两类要素所决定的。如果该进口商品总需求很大,总供给很小,则有建设指定口岸的必要,极端情况是总需求很大,总供给为零,则为绝对性指定口岸建设机会;反之,需求很小,供给很大,则没有建设指定口岸的必要,极端情况是需求为零,不论供给为多少都没有建设的必要;两者均大或均小则需要进一步研究需求和供给的替代效应,再决定是否有必要建设。

(2)指标的量化测算。

一地某进口产品市场总需求由本地市场该产品进口需求和该进口产品对外地的市场辐射能力构成,其中本地市场进口需求的考量可由进口绝对需求和进口替代国产需求构成。进口绝对需求即不论本地是否有进口产品,消费者只选择进口产品,不会考虑国产同类产品,比如婴儿奶粉,部分家庭只选择进口产品,不会购买国产奶粉,形成进口绝对需求,这部分需求往往受消费者可支配收入水平、消费观念、消费习惯等因素决定。进口替代国产需求即一地因为有了进口产品而放弃国产产品的需求,它往往受进口产品质量和价格、影响(市场营销力度)、购买便捷度、国产产品的质量和价格等因素影响。

2.指定口岸选择模型

投入产出并不是建设指定口岸的唯一条件,特殊商品进口是否属于优势产业,是否会对环境造成较大影响,必须纳入决策因子考虑。由此,构建的指定口岸选择模型为:

是否选择建设指定口岸=投入产出比×是否优势产业×环保(健康、卫生、安全等)达标与否。

"投入产出比"代表市场因子,以实际计算结果为准。

"是否优势产业"代表产业发展因子,"是"定为1,"否"定为0。

"环保(健康、卫生、安全等)达标与否"代表环境因子,"达标"定为1,"不达标"定为0。

产业和环保因子具有一票否决权。

是否选择的计算结果分两种:结果≥1,定为"是",表示可以选择建设;结果<1,定为"否",表示选择存在问题,需要研究。

3.重庆争取指定口岸汇总表

按照上述三个基本原则和选择模型,课题组研究人员测算出了重庆一些指定口岸功能应该争取及主要理由,如表3-13所示。

表3-13 重庆争取指定口岸汇总表

序号	类别	名称	服务对象或主要内容	牵头监管单位	需要特定场所	场所位置	设施要求	投入产出	是否已有	是否需要争取	主要理由
1	人员	口岸签证	外国居民	公安	√	国际联检厅	简易设施	≥1	√	否	已有
2		72小时过境免签	外国居民	边防			简易设施	≥1	√	是	可争取扩大至144小时免签

续表

序号	类别	名称	服务对象或主要内容	牵头监管单位	需要特定场所	场所位置	设施要求	投入产出	是否已有	是否需要争取	主要理由
3	人员	口岸签注	台湾居民	公安			无须单独设施	≥1	√	否	已有
4		台胞证办理	台湾居民	公安			无须单独设施	≥1	√	否	已有
5		通程值机	国际旅客	海关			无须单独设施	≥1	×	是	有利于打造国际航空枢纽
6	货物 形状体积特殊	粮食	粮食	检疫	√	海运、铁路、陆路口岸	按检疫标准建设	≥1	√	否	市场有需求，水运和铁路口岸具备集装箱进口粮食条件
7		保税航油	航空煤油	海关	√	水运口岸	油轮运输	≥1	√	否	江北机场是内陆、沿边地区首个保税航油机场
8		天然气	天然气	海关	√	管道运输	输气管道	≤1	×	否	重庆不具备直接进口天然气的条件，且重庆资源丰富

续表

序号	类别	名称	服务对象或主要内容	牵头监管单位	需要特定场所	场所位置	设施要求	投入产出	是否已有	是否需要争取	主要理由
9	形状体积特殊	国际船舶	进口船舶	海关交通部	√	海运口岸	无特殊要求	≤1	×	否	重庆没有直接进口船舶的需求,不具备港口条件
10		飞机	进口飞机	海关	√	航空口岸	机坪临时划定保税区域	≥1	×	是	重庆航空公司有进口飞机需求,具备监管条件
11	货物	汽车整车	进口汽车	海关	√	海运、铁路、陆路边境口岸	围网监管	≥1	√	否	已有
12		船舶、港机维修备件	船舶、港机维修备件	海关	√	水运口岸	特殊码头泊位	≤1	×	否	重庆没有国际航行船舶,暂无市场需求
13	场地特殊	特殊监管区域进出货物	加工贸易货物等	海关	√	依托水陆空铁口岸	围网监管	≥1	√	否	已有
14		自贸区	自贸区货物	海关	√	划定区域	围网监管	≥1	√	否	已获批

续表

序号	类别		名称	服务对象或主要内容	牵头监管单位	需要特定场所	场所位置	设施要求	投入产出	是否已有	是否需要争取	主要理由
15	场地特殊		A保、B保	保税货物	海关	√	划定区域	围网监管	≥1	√	是	区域合理布局,助推全域开放
16	货物	贸易管制要求	活牛	活牛	检疫	√	划定区域		≥1	√	否	已有
17			种苗	种苗	检疫	√	依托口岸		≥1	√	否	正在建设
18			木材	木材	检疫	√	水运、铁路口岸		≥1	√	否	正在建设
19			濒危野生动植物	濒危野生动植物	濒危物种进出口管理办公室		各类口岸		≤1	×	是	可在航空口岸考虑
20			肉类	肉类	检疫	√	依托口岸		≥1	√	否	已有
21			水果	水果	检疫	√	依托口岸		≥1	√	否	已有

续表

序号	类别		名称	服务对象或主要内容	牵头监管单位	需要特定场所	场所位置	设施要求	投入产出	是否已有	是否需要争取	主要理由
22	货物	贸易管制要求	食用水生物	食用水生物	检疫	√	依托口岸		≥1	√	否	已有
23			水产品	水产品	检疫		依托口岸		≥1	√	否	已有
24			钻石	钻石	检疫	√	各类口岸		≥1	×	是	建立西南地区钻石进口加工中心
25			药品、麻醉药品、精神药品、蛋白同化制剂、肽类指定激素等	药品、麻醉药品、精神药品、蛋白同化制剂、肽类指定激素等	食药监		各类口岸		≥1	√	否	促进医药产业发展，促进人民群众生命健康

续表

序号	类别	名称	服务对象或主要内容	牵头监管单位	需要特定场所	场所位置	设施要求	投入产出	是否已有	是否需要争取	主要理由
26	货物	生物制品以及首次在中国国内销售的药品和国务院规定的其他药品	生物制品以及首次在中国国内销售的药品和国务院规定的其他药品	食药监		各类口岸		≥1	√	否	促进生物产业发展，促进人民群众生命健康
27		兽药	兽药	农业部		各类口岸			×		
28		化妆品	化妆品	检疫局		航空、铁路、水运口岸	专业实验室	≥1	×	是	市场潜力大

序号	类别		名称	服务对象或主要内容	牵头监管单位	需要特定场所	场所位置	设施要求	投入产出	是否已有	是否需要争取	主要理由
29	贸易管制要求		固体废物（废纸、废塑料、废金属等）	固体废物（废纸、废塑料、废金属等）	环保部海关检疫	√	水运、铁路、陆路口岸		≤1	√	部分	已有废纸，废金属待定
30			现钞	现钞	人银外汇局海关		各类口岸		≤1	×	否	
31	货物	新兴贸易业态	贸易多元化试点	区内企业可交易并开增值税票	海关	√	在保税区		≥1	√	否	已经具备
32			保税展示展销	展销商品	海关	√	在特定区域	监控、信息网络	≥1	√	否	已经具备
33			跨境贸易电子商务	跨境电商正面清单商品	海关检疫	√	口岸内或口岸外指定场所		≥1	√	否	已经具备

续表

序号	类别		名称	服务对象或主要内容	牵头监管单位	需要特定场所	场所位置	设施要求	投入产出	是否已有	是否需要争取	主要理由
34	物品	新兴贸易业态	免税店	免税品	海关检疫	√			≥1	√	是	争取水运口岸、市内、铁路口岸建设免税店
35			原油管道	原油	海关检疫	√	在口岸外	计量监管	≥1	×	是	需要进口原油,有基础,与中石油谈判多年
36	交通运输工具		天然气管道	天然气	海关检疫	√	在口岸外	计量监管	≤1	×	否	重庆资源丰富
37			国际数据通道	数据	海关通信管理局	√	在口岸外		≥1	×	是	具备产业基础
38			电缆传输	电	海关	√	边境口岸		≤1	×	否	不沿边、电力资源丰富
39			皮带传输	矿砂、煤等	海关	√	边境口岸		≤1	×	否	不沿边

(五)"十三五"期间重庆口岸开放环境与指定口岸建设

1."十二五"期间口岸开放成果为指定口岸设立打下了良好基础

"十二五"期间,重庆加快了交通基础设施建设,江北机场成为全国区域性航空枢纽,寸滩港成为长江上游最大港口,团结村成为全国18个铁路集装箱中心站之一。围绕航空、水运、铁路三大交通枢纽,重庆市航空口岸强势增长,国际客货运量居内陆第二位;水运口岸扩大开放至寸滩港,成为全国内河第四大口岸;铁路口岸率先在内陆地区设立,中欧班列(重庆)居中欧班列之首。依托三大国家开放口岸,铁路口岸设立了两路寸滩保税港区、西永综合保税区、铁路保税物流中心(B型)。重庆形成了航空、水运、铁路三大交通枢纽、三大国家开放口岸、三大保税区"三个三合一"的开放平台,是内陆地区开放平台最多、功能最全、水平最高的城市。

此外,在重庆海关、重庆检验检疫局、重庆边防总队的大力支持下,重庆市还开放设立了若干外贸监管查验场所。截至"十二五"末,重庆共有18个口岸及口岸作业场所,依托这些口岸及场所,设立了X个指定口岸。

表3-14 "十二五"末重庆开放口岸及指定口岸情况一览表

"十二五"末重庆开放口岸及场所			"十二五"末重庆指定口岸		
性质	序号	名称	序号	名称	性质
一类开放口岸	1	江北机场航空口岸	1	口岸签证	人员
			2	72小时过境免签	
			3	台胞证办理	
			4	肉类	货物
			5	水果	
			6	冰鲜水产品	
			7	食用水生动物	
			8	药品	

续表

性质	序号	名称	序号	名称	性质
一类开放口岸	1	江北机场航空口岸	9	进境免税商店	物品
			10	出境免税商店	
	2	寸滩港水运口岸	11	肉类	货物
			12	水果	
	3	团结村铁路口岸（临时开放）	13	整车	
			14	药品	
			15	植物种苗（在建）	
			16	邮件口岸（在建）	物品
	4	万州机场航空口岸（临时开放）			
二类开放口岸	5	万州水运口岸	17	粮食口岸（在建）	货物
	6	涪陵水运口岸			
	7	上清寺国际邮政口岸			
保税功能区域	8	两路寸滩保税港区			
	9	西永综合保税区			
	10	铁路保税物流中心（B型）			
	11	南彭公路保税物流中心（B型）			
	12	万州江田保税物流中心（A型）			
	13	江北机场保税航油库		保税航油（采取"以出顶进、进境复出境方式"进出航油）	

续表

"十二五"末重庆开放口岸及场所			"十二五"末重庆指定口岸		
性质	序号	名称	序号	名称	性质
其他监管查验场所	14	果园港			
	15	新港码头			
	16	江津码头	18	进口废纸	
	17	永川码头	19	木材口岸(在建)	
			20	进口废纸	货物
	18	长寿化工码头			
			21	巴南佛耳岩木材口岸	
			22	丰都活牛进口	

2.五个口岸纳入国家"十三五"开放规划,为指定口岸发展提供了新机遇

按照国务院批复意见,国家口岸办印发了《国家口岸发展"十三五"规划》。规划提出,今后将按照打造枢纽口岸、集群口岸的理念,实施"一城一港一口岸"战略,适当增开长江内河口岸,有序开放中欧铁路班列场站。到2020年,基本实现口岸布局科学合理、口岸设施集约完善、口岸通行安全便利、口岸治理规范有效,形成既符合我国国情、适应外经外贸发展需要,又具有国际竞争力的口岸发展新格局。

重庆共有5个口岸开放项目纳入国家口岸发展"十三五"规划。万州机场、万州港、丰都港列入新开放项目,重庆港列入扩大开放项目,重庆团结村铁路口岸列入中欧班列铁路场站对外开放项目(在符合国家有关规定的前提下有序对外开放)。其中,万州机场属于临时开放转正式开放,万州港属于原省级政府批准开放的二类口岸转为国务院批准开放的一类口岸,丰都港属于完全新开项目,重庆港扩大开放至果园港,团结村铁路口岸属于临时开放转为正式开放(前提是国家《口岸工作条例》出台并修改口岸定义)。

这5个口岸开放项目的实施,必将带动设立更多指定口岸。特别有意义的是丰都港水运口岸开放,主要是配合澳洲活牛进口项目,该口岸开放的前提是江海直达船舶的打造和运行,一旦成功开放,意味着江海同船直达,将大大改变内陆地区外贸物流格局,减轻上海港压力,进一步提高长江黄金水道在对外开放中的重要作用。这是国家口岸办政策扶贫,开放一个口岸,助推活牛进口,仅这一个项目,就可以给丰都县带来500亿工业产值(目前该县全年才100多亿的产值)。

3."一带一路"、长江经济带为指定口岸发展提供了广阔的空间

重庆地理位置特殊,处于全国中心位置,横跨东西、联南接北,位于"一带一路"和长江经济带"Y"字形交汇点,是发展国际国内物流枢纽的理想区域。2016年初,习近平总书记视察重庆,要求重庆加快建设内陆国际物流枢纽和口岸高地,建设内陆开放高地。国家对内对外重大战略的实施,必将带动内陆地区扩大开放,对特殊商品的进口需求将日益旺盛,重庆在满足自身需要的同时,其强大的辐射能力,也将带动周边地区对特殊商品的进口需求,甚至带动东南亚国家通过重庆转口贸易特殊商品。进一步扩大的特殊商品市场需求,为重庆发展各类特色鲜明的指定口岸提供了强大的支撑。

4.依托实体口岸平台完善指定口岸体系的总体构想

(1)航空方面:协调万州区政府加快万州机场改扩建工程,建设好万州机场航空口岸联检设施,尽快实现万州机场航空口岸正式开放,在市内形成2个航空开放口岸。落实市政府关于江北国际机场开通100条国际航线的战略目标,扩大江北国际机场对外通航的国家和城市。货物指定口岸方面,重点建设进口肉类、水果、食用水生物、水产品、免税店、药品等时效性强、附加值高的指定口岸。客运指定口岸方面,争取将过境72小时免签证政策延长至144小时,增加旅客在重庆停留时间,促进旅游和商贸发展。争取开通国际通程航班,为国际航线集聚广泛客源。争

取在万州机场设立人员和货物方面的指定口岸,优先争取口岸签证功能,推动万州机场快速发展。

(2)水运方面:依托各水运口岸重点建设跨境电商、进口水果、肉类、活牛、粮食、农产品、固体废物(废金属、废塑料)等指定口岸。一是,尽快将重庆港水运口岸扩大开放至果园港,将外贸作业搬迁至果园港,利用果园港良好的基础设施和区位条件,强大的铁、公、水联运条件,建设进口粮食、肉类等大宗商品指定口岸;二是,加快万州港水运口岸设施建设,研究库区市场特点和需求,根据需要设立相应的指定口岸,直接服务库区开放型发展;三是,加快丰都港口岸开放步伐,引导丰都加快江海直达船舶的打造,研究提出切实可行、效益可观的江海直达货物运输操作模式,以江海直达方式,尽快落实澳洲活牛进口项目,把活牛进口指定口岸建设好、运营好;四是,围绕市委、市政府关于打造"4+9"港口群的战略部署,根据江津、涪陵保税区的设立进度,一方面研究将江津港、涪陵港纳入重庆港扩大开放范围,争取在江津、涪陵设立水运监管场所,另一方面研究当地市场,争取设立符合当地需要的指定口岸。

(3)铁路方面:根据国家"支持中欧班列铁路场站有序对外开放"和《口岸管理工作条例》即将出台情况,争取尽快实现团结村铁路口岸正式开放。争取国家部委加强中欧班列沿线国家外贸政策、通关政策的协调,争取更多种类的商品通过中欧班列(重庆)返程运输。加快"中欧班列(重庆)+东南亚4小时航空圈"铁空联运项目的打造,切实把重庆建设成为转口贸易新基地。依托铁路口岸重点建设邮政口岸、跨境电商、保税展销、植物种苗、木材等指定口岸。未来将上清寺国际邮件交换站转移到铁路和航空两个口岸。

(4)公路方面:尽管目前内陆地区开放公路口岸存在重大的政策障碍,但仍然要通过加快建设南彭公物基地,加快公路车检场建设,加大东盟公路货运班车开行力度,大力推进中越、中泰双牌照直通车项目,争取设立南彭公路口岸,打通东南亚陆路通道,连接21世纪海上丝绸之路。公路方面重点根据市场需要建设进口水果、粮食等指定口岸。

表3-15　"十三五"重庆开放口岸及指定口岸布局设想

"十三五"重庆开放口岸及场所				"十三五"重庆指定口岸			
性质	序号	口岸	监管场所	序号	名称	状态	性质
正式开放口岸	1	重庆港口岸	果园港	1	综合农产品(水果、肉类、食用水生物等)	计划	货物
				2	废金属(环保前提下)	计划	货物
			寸滩港	3	水果	已有	货物
				4	肉类		
			新港				
			涪陵港				
			江津港	5	进口废纸	已有	货物
			永川港	6	进口废纸	已有	货物
				7	木材	计划	货物
			长寿化工码头				
	2	江北机场航空口岸	江北国际机场国际旅客通道	8	口岸签证	已有	人员
				9	72小时过境免签	已有	人员
				10	台胞证办理	已有	人员
				11	进境免税商店	已有	物品
				12	出境免税商店	已有	物品
				13	通程值机	计划	人员
			江北国际机场国际货运监管场所	14	肉类	已有	货物
				15	水果	已有	货物
				16	冰鲜水产品	已有	货物
				17	食用水生动物	已有	货物
				18	药品	已有	货物
			国际快件邮件监管中心	19	邮件	已有	物品

续表

性质	序号	口岸	监管场所	序号	名称	状态	性质
正式开放口岸	3	团结村铁路口岸	团结村铁路	20	整车	已有	货物
				21	药品	计划	货物
				22	植物种苗	在建	货物
				23	木材	计划	货物
			国际邮件	24	邮件口岸	在建	物品
	4	万州港口岸	万州港	25	粮食口岸	在建	货物
	5	万州机场航空口岸	万州机场	26	口岸签证	计划	人员
				27	72小时过境免签	计划	人员
	6	丰都水运口岸	丰都港	28	澳洲活牛	已有	货物
保税功能区域	7	两路寸滩保税港区		29	跨境贸易电子商务	已有	新型
				30	贸易多元化试点	已有	新型
	8	西永综合保税区		31	跨境贸易电子商务	已有	新型
	9	铁路保税物流中心（B型）		32	跨境贸易电子商务	已有	新型
	10	南彭公路保税物流中心（B型）		33	跨境贸易电子商务	已有	新型
				34	水果	计划	货物
				35	粮食	计划	货物
	11	果园保税港区		36	贸易多元化试点	计划	新型
	12	万州新田保税物流中心（A型）					
	13	江北机场保税航油库		37	保税航油	已有	货物

"十三五"重庆开放口岸及场所（性质、序号、口岸、监管场所）；**"十三五"重庆指定口岸**（序号、名称、状态、性质）

275

5.建设国际贸易"单一窗口"提升指定口岸运行效能

一是以提高口岸通关便利化为核心，大力发展电子口岸，建设国际贸易"单一窗口"。类比"互联网+"时代的"线上+线下"的思路，"单一窗口"就是整合信息，实现线上单证手续通关，开放口岸就是在更多的物流节点，设置便于进出口企业国际物流转换的线下办理点。

二是争取更多的政策优势，发展更多适合重庆市特点的指定口岸，建设内陆国际物流枢纽和内陆开放高地、口岸高地。随时研究国际经济和国际贸易形势变化，研究我国对外开放政策和经济新常态带来的新机遇，适时争取新的政策支持，发展更多促进重庆市内陆开放高地建设的指定口岸。

三是营造良好的口岸机构工作环境，包括口岸联检部门之间良好的工作氛围、政府和商界之间融洽的沟通协调关系、口岸经营单位与进出口相关企业之间顺畅的商务合作等。良好的口岸运行软环境，对指定口岸发展具有重要意义和深远影响，重庆在这方面还有较大提升空间。

五、提升指定口岸运营发展的政策建议

指定口岸建设是切实落实习近平总书记视察重庆的讲话精神，加快建设内陆国际物流枢纽、内陆开放高地和口岸高地的重要举措，面对当前重庆在指定口岸建设、运营及监管中存在的诸多问题，必须以改革的精神和创新的智慧，发挥好现有口岸作用，加快推进新设指定口岸，从服务于重庆市战略性产业发展的大局出发，集聚政策优势，统筹规划，防止泛化，以良好的通关协作机制、充足的设施建设投入和专业性的人才队伍为抓手，着力形成布局合理、结构完善、功能互补、融合产业的指定口岸体系。

（一）发挥好现有口岸作用

1. 充分发挥水果、肉类、食用水生物指定口岸潜力

在指定口岸建设过程中，近期需要重点做好以下几个方面的工作：

一是提高指定口岸的通关效率。通关效率是水果、肉类、食用水生物指定口岸的生命线，要重点解决通关时效问题，协调口岸联检部门落实加班补贴等具体问题，实现夜间通关，建立以实际通关时间为抓手的通关效能衡量机制。

二是畅通生鲜货物的物流运输。包括市内和周边省市区域，提高指定口岸的辐射能力。

三是助推市内主要水果经销商做大做强。尽快将销售网络拓展到周边省市的具体销售点，加大融资、上市等支持力度，通过收购、兼并快速占领周边市场。

四是增开国际航线。统筹考虑旅游、商务往来和进口冰鲜等产品的市场需求，实现航线和指定口岸的相互促进，共同发展。

2. 重点推动汽车整车指定口岸向周边地区的辐射能力

一是建立进口汽车西南销售中心。市场配置资源是指定口岸作为特殊商品集散地发挥集疏运功能的基础，也是带动汽车整车进口和汽车整车口岸发展的根本。必须积极引进和大力培育品牌销售商，借用原有销售网络，快速拓展市场。

二是建立进口汽车西南批发中心。重点是要与"两广两湖"和云贵川渝地区代理商合作，针对高端车市场，发挥中欧班列（重庆）的时间优势，实现消费者快速提车，将中间的加价利润让利给当地经销商，实现重庆和周边区域市场的共赢。

三是加快培育汽车后市场，完善平行进口等新兴模式的支撑体系。

四是与重庆丰富的汽车工业资源融合发展。

五是继续探索平行进口汽车模式。

相关建议如下。

一是着力推动口岸建设，加强宣传。自重庆铁路整车口岸开放以来，各方关注、咨询的企业络绎不绝，建议充分利用重庆铁路口岸和汽车整车进口口岸的开放平台优势，吸引更多企业入驻。

二是开发业务新亮点，推进平行进口汽车试点工作。平行进口汽车概念提出后，已先后在上海、广东、天津、福建等省市进行试点。伴随着重庆铁路开放口岸的进一步发展和"一带一路"倡议实施，积极打造内陆开放高地的重庆应充分利用自身优势，争取加快开展平行进口汽车试点工作。

三是建设口岸新形象，打造中欧班列品牌。立足内陆特点，开展差别化竞争，针对潜在用户个性化的需求，组织相应档次的车型进口并逐步在整车口岸周边发展进口汽车配套行业，避免与沿海和周边具有规模和价格优势的口岸进行不对等竞争。

3. 积极倡导口岸资源共享，提升现有口岸的使用效能

大胆创新指定口岸的制度设计，允许已经建成投用的指定口岸检验检疫设施在一定期限和区域内与其他口岸实现共用共享，实现设施的高效利用，促进地方经济发展。创新的基本思路是：对于新建指定口岸，可以在建设时序上采取初期共享、建成后回归的分步实施策略。对于口岸进口业务需求迫切、但在短时间内又无法建成并通过验收的口岸，初期可以共享已经投用的指定口岸查验设施开展查验，后期新建指定口岸贩运后相关查验工作再回归本口岸开展。指定口岸的设施共享需要具备以下几个条件：

一是新建指定口岸与已经投用指定口岸之间距离较近。

二是货物通过单一运输方式即可实现通达。

三是口岸间运输过程风险可控。比如，目前在重庆航空口岸尚不具备冷链一体化查验设施的情况下，从航空口岸进口冰鲜牛肉，可实现与寸滩港共享指定口岸冷链查验设施。在铁路冷链查验设施建成投用之前，在一定期限内也可共用寸滩港口岸的进口水果、肉类指定口岸检验检疫设施。

4.以综试区为抓手,加快跨境贸易电子商务发展升级

目前全国跨境电商的现状是:市场是"平"的,政策存在洼地。基于此,建议如下:

一是清醒认识当前制约跨境电商发展的核心问题在于通关政策,由地方口岸管理部门牵头,会同商务管理部门和联检部门,共同研究制定有利于重庆跨境电商持续、健康、稳定发展的政策,建立国家政策缓冲机制,避免重庆市电商企业频繁遭受政策冲击,进一步理清和构建政策、环境洼地,引导电商企业"流入"重庆市。

二是整合完善跨境电商的招商政策和通关政策,融合优势,整体发展。避免通过简单的补贴"购买"外地货源,形成不可持续的发展怪圈。

三是从跨境贸易电子商务的本源出发,研究跨境出口的商业模式,不能简单地将一般贸易转化为跨境电商,单纯替代性策略并不会在总体上增加进出口市场份额。

5.结合生物医药产业布局,深挖药品进口指定口岸需求

重庆是经国务院批准的19个药品进口口岸之一,重庆市药品检验所也是经国家食品药品监督管理局授权的18个药品进口口岸药检所之一,近年来重庆作为药品进口指定口岸,主要以进口制药用原材料为主。下一步可从三方面着手:

一是着眼于生物医药这一战略性新兴产业,深挖重庆市制药原材料需求,进一步扩大医药原材料进口的品类、数量。

二是着眼于人口老龄化和城市化两大人口发展趋势,做大直接使用药品和药用保健品进口市场。

三是着眼于重庆周边市场,从制药原材料和直接用药两个维度辐射周边市场,构建西南地区药品进口中心城市。

6.结合保税展销创新,增设免税商店

抓住国家批准重庆增设免税店的机会,加快增设市内免税店,争取将免税店政策与保税展销、跨境贸易电子商务等政策进行融合创新,实

现既符合市场需求,又可以有效满足口岸联检部门监管要求的新型进口业务与指定口岸联动发展的开放型经济发展的目标。

(二)加快正在推进的设立指定口岸申请

1.加快植物种苗、粮食指定口岸建设

一是加快西部物流植物种苗指定口岸建设进度,紧跟种苗市场需求,发展绿色产业。

二是加快万州水运粮食口岸建设,把握高端特色需求,与长江中游江汉平原的中低端商品粮基地错位发展,占领高端市场。

2.打造"重庆—满洲里—俄罗斯"回程进口木材指定口岸

一是充分利用现有的"重庆—满洲里—俄罗斯"铁路,建立重庆市木材进口指定口岸,争取将俄罗斯或者满洲里木材口岸的产业引入分流到重庆,针对常用家具木材市场,覆盖周边省市。

二是针对非洲、南美进口木材,抓紧建设巴南、永川木材进口指定口岸,发挥水运的物流成本优势。

3.在铁路口岸设计便捷高效的邮政口岸

一是结合中欧班列(重庆)等铁路通道发展需求,加快铁路邮政口岸建设。

二是结合跨境贸易电子商务、国际快件和国际邮件的发展需求和政策要求,畅通三种途径的物流、通关、转运通道,构建政策缓冲机制,即当跨境政策变动时,可以将跨境通道及时调整到快件和邮件通道;当快件、邮件效益不利时可迅速切换到跨境通道,三者互为犄角,形成重庆市区别于其他省市的指定口岸高地。

三是高度重视运邮通道的建设,重点在于建设常态化沟通机制,包括沿线国家和途径省市,特别是欧洲和阿拉山口,确保沿途运行顺畅。

（三）集聚政策优势，服务战略性产业发展

1.树立客贷并举的思路

指定口岸是口岸功能的丰富和完善，除在经济体系中占有重要地位、对经济利益平衡分量较重的特殊商品指定口岸之外，它还包括特殊人群出入境指定口岸，也包括军事运输出入境指定口岸，甚至包括一些无形商品出入境指定口岸，如通信数据、服务贸易等。因此，在实际工作中，除了要争取有形的特殊商品指定口岸外，其他如人员、军品运输、无形商品等，只要国家有特殊规定，要求指定口岸进出，都要根据重庆的市场需求状况，有选择地争取设立。

在人员出入境口岸建设方面，重庆已经具备了基本功能，但是面向未来的深化发展还需要加大定向工作力度。一是对72小时过境免签证政策，要争取延长到144小时，即争取过境旅客可免签证停留6天。二是认真研究后高铁时代的指定口岸体系结构。随着高铁的发展，在未来重庆高铁能够直通香港，或者中欧班列（重庆）能够载客运输并开展铁路观光旅游之后，应当争取在铁路口岸办理旅客出入境的边防通关手续（指一车到底中间不上下客，如京港铁路开通后，北京铁路口岸的旅客出入境），争取办理旅客行李通关手续。三是争取实现各航空公司"通程值机"功能。即旅客在重庆可办理中转航班的多段登机牌，且托运行李可直挂至目的地，旅客在中转站不再需要提取托运行李，仅需根据中转站服务人员引导办理通程确认及海关申报手续即可进入隔离区候机，从而简化旅客办理换乘手续的程序，促进重庆国际航空客运口岸发展。

2.积极扩大实物货物类特殊商品指定口岸

特殊商品指定口岸有4种类别：商品形状、体积特殊；是否涉及国防安全、经济安全、技术安全和生产生活安全；是否为新兴贸易业态；是否需要使用特殊的交通运输工具。为此，重庆市应当针对这4种情况进行分析，并根据模型测算投入与产出比。

对于投入产出比小于1的，应当不图虚名，避免出现设立之后名存实

亡的尴尬局面。例如，国际船舶及港机备件，需要投入大量资金建设码头，即使有了码头，大型海船也无法在重庆交货及维修，对于此类指定口岸可列入不宜设立范围。

对于投入产出比大于1，且不影响环境安全的特殊商品指定口岸，要尽力争取设立。

对于投入产出比虽然大于1，但对环境安全或重庆市现有产业有损害的，要深入研究是否争取设立。

经过充分调研和全面分析，本报告提出了重庆应当全力争取设立的进口特殊商品指定口岸。

（1）钻石。

主要依据：一是市场空白较大，目前钻石加工主要集中在上海、广东等发达地区，在西南地区尚无上规模加工基地，重庆应当抓住机会全力争取；二是钻石价值高，对于快速提升口岸经济总量效果明显；三是钻石可覆盖市场范围广，重庆具有覆盖云贵川陕湘鄂渝3亿人口的广阔市场空间，投入产出效益较好。

争取钻石进口指定口岸的途径：一是获得国检、海关等监管部门的支持；二是重点抓住国际主流钻石品牌商，争取在内陆腹地——重庆设立加工中心；三是加强与香港、上海、广东等地人才、技术、市场运营等多方位的合作，充分吸取沿海地区发展经验。

（2）化妆品。

主要依据：一是市场需求大。从近年来跨境贸易电子商务和消费市场的海淘代购可以看出，消费者对国外产品需求排在前三位的商品分别是母婴用品、化妆品和保健品。由于化妆品免税额度较小，大部分市场需求转向代购行业。2015年，中国化妆品行业零售交易规模达5000亿左右，这无疑是重庆争取设立进口化妆品指定口岸的重大机遇。二是直接进口化妆品关税水平较高。重庆可以考虑通过设立指定口岸进口原材料，引进品牌商和加工商，从而实现国外同等品质化妆品的重庆制造。三是带动相关产业的形成和发展。设立化妆品指定口岸可以覆盖国际、国内"两个市场",推进国内需求产品扩大内销以及国外需求产品的保税区加工后复出口,从而实现化妆品制造业和批发零售业对口岸经济发展的双向贡献。

(3)飞机进口。

主要依据:一是按照重庆市航空产业发展规划,"十三五"期间航空运输客货量剧增,将产生很大的飞机需求;二是设立进口飞机指定口岸有助于支持各大航空公司基地落户重庆,进而培育和发展飞机维修及相关产业;三是与进口飞机指定口岸相配套,可以同步发展融资租赁等贸易方式,创造良好的通关环境,争取各大航空公司进口飞机的订单在重庆成交。

3. 争取先行先试机会,设立更多新兴贸易业态指定口岸

在跨境贸易电子商务试点、中欧班列(重庆)国际铁路运输国际邮件的基础上,争取铁空联运货物通过重庆相应的指定口岸进行转口贸易,减少转口贸易通关手续,为转口贸易设置便捷的转运基础设施、物流衔接、口岸服务等一系列便利条件。

4. 争取设立油气管道运输口岸

中缅油气管道建成后,要争取油气直接在重庆落地,在重庆报关报检,这就需要争取设立油气管道运输指定口岸。提前做好相关的指定口岸申报工作,可以在发挥重庆的国家"一带一路"和长江经济带战略重要支点作用的过程中,形成商品和市场集散功能,丰富内陆口岸高地和开放高地的业务内容。

5. 争取军品运输口岸

重庆是我国传统的重工业基地,军品生产有一定基础,军品进出口贸易存在着较大需求,应当争取更多的机会设立指定口岸,实现相关军品直接从重庆进出。

6. 用好自贸区政策,按需新增特殊区域

加大对新批复的重庆自由贸易试验区相关政策的研究力度,在自贸

区与指定口岸之间形成相互支撑的契合点。一方面,要根据重庆市建设内陆开放高地的实际需要设计特有的贸易便利化措施,丰富自贸区内涵,服务重庆市口岸经济发展;另一方面,也要按照各区县扩大开放的实际需求增设特殊监管区域,搭建指定口岸的落地平台。

7. 在解决环境问题的前提下增开废旧金属进口指定口岸

废旧金属再利用是一个利润回报率较高的行业,但同时也是一个存在重度污染的行业,其行业发展需要受到严格的环境保护约束,目前国际上也有比较先进的行业环境保护和治理技术,但投入成本较高。建议:一是引进日本、韩国等先进的废水、废气、废渣处理技术,守住环保底线;二是在确保环保安全的前提下,申报设立指定口岸,开展废旧金属再利用工作;三是依托指定口岸的平台作用,促进进口废物的再利用和化工产业的融合发展,形成废旧和化工循环经济商业模式。

(四)统筹规划,防止泛化

1. 加强指定口岸建设的顶层设计

顶层设计的相对弱化是总体上形成指定口岸各类难题的重要因素,口岸联检部门和地方口岸管理部门应当分别就相关问题向国家主管部门提出建议,从宏观层面上组织研究和梳理各类指定口岸运行的相关技术标准和要求,分别就进口特殊商品出台指定口岸管理办法,规范统一指定口岸的申报、立项、批准建设及验收等流程,供地方政府或口岸建设运营单位参考。

2. 整合指定口岸建设的技术要求

作为国家中心城市和内陆开放高地,重庆在口岸平台的探索和发展中取得了一定成绩,但是,基于指定口岸建设的特殊性和复杂性,重庆还必须结合现有各类口岸的基础条件、外贸发展、区位优势和规划定位,统筹考虑,做好整体规划,避免同质竞争、重复建设、重复投入,节约口岸资源,最大限度地丰富重庆口岸功能。在重庆两路寸滩保税港区进口水果、肉类指定口岸业已提供不同类别指定口岸同步规划设计、建设、验收的成功经验的基础上,建议重庆铁路口岸应当采取综合口岸建设模式,推进规划、申报和建设工作,着力推进进境种苗、粮食、木材、肉类等指定整体口岸建设。基于铁路口岸的指定口岸,其功能定位应当站在为国家对外开放服务的战略高度,充分考量如何发挥中欧班列(重庆)国际铁路大通道作用,以沿线国家优势输华产品相关指定口岸功能需求为导向,长远规划建设铁路口岸,深度拓展铁水联运、铁海联运、铁公联运功能,充分发挥中欧班列(重庆)回程货源辐射效应,实现中欧班列(重庆)大通道与"一带一路"及长江经济带之间的有效衔接。在建的巴南公路口岸也应参照多功能一体化指定口岸模式进行建设。近期获批的重庆自贸试验区,应当依托率先改革的先行先试权,为探索具有整体功能的指定口岸建设模式提供有效的制度保障。

3. 统筹考虑指定口岸的总体结构和布局

列入贸易管制的特殊商品只能从指定口岸进入国内,因而指定口岸必须也只能在特定的口岸区域加以设立。因此,无论是国家还是重庆,都需要结合各类口岸的基础条件、外贸发展、区位优势和规划定位,统筹考虑,做好顶层设计,避免同质化竞争、重复建设、重复投入,节约行政资源。

4. 整合建设农产品指定口岸

目前重庆市进口农产品比较杂乱,难以形成聚合优势,口岸监管设施分散,监管人力有限导致通关效率下降,严重影响运行效率,导致企业成本增加,缺乏继续经营的动力,因此,应当在口岸管理部门的总体协调下进行整合。建议作为航空口岸的重庆江北国际机场应当在建造T3货运中心时及早规划,建立一体化冷链查验设施,打造进口水果、肉类、冰鲜水产品、食用水生动物等冷链食品农产品集中查验场所,高效利用冷链资源,满足各类进口货物的监管要求。

(五)适时建立通畅的通关协作与运行机制

1.组织口岸联检部门联合制订建设标准

根据当前我国各地在指定口岸建设中存在的诸多问题,应当向国家提出建议,按照"三互"要求出台各类指定口岸建设标准,由口岸联检部门或者国家口岸部门联合发布各类指定口岸建设的法规和政策,统筹各部门监管需求,尽量共享共用查验设施设备,避免重复建设、分割监管、阻碍通关。

2.建立指定口岸通关协作机制

指定口岸通关涉及多个业务主管部门,极易在出台指定口岸的建设布局和业务开展的相关政策时,出现建设要求不一致、验收标准不统一、管理政策不协调等问题,尤其是在实际通关中容易形成联检部门各自为政、缺乏有效协作的局面。建议由市政府主导,按照"三互"原则,协调海关、检验检疫等口岸联检部门及口岸运营单位共同研究,建立指定口岸建设及监管协作机制。在指定口岸规划建设初期,由政府口岸管理部门协调口岸联检部门联合制订各类口岸建设标准,统筹各部门监管需求,尽量共享共用查验设施设备,避免重复建设、分割监管、阻碍通关。在指定口岸获批运营之后,由政府口岸管理部门协调口岸联检部门,共同建立口岸监管协作及快速验放机制,兼顾各方监管要求,在风险可控的前提下,制订快速验放措施,确保货物快速通关。近期可优先针对进口冰鲜肉类监管协作机制,按"三互"原则协调重庆海关与重庆检验检疫局、海关分支机构之间、检验检疫机构之间、海关分支机构与检验检疫分支机构之间四类关系,切实落实关检"三个一"的协作精神。

此外,在加强指定口岸建设的地方探索的基础上,还应当主动向国家提出建议,自上而下地明确要求各地出台监管协作机制,针对各指定口岸的通关需求,在风险可控的前提下,制订快速验放措施,确保货物快速通关。

3.提高仓储物流效率,降低进口成本

指定口岸功能的良性释放,需要以物流效率和低廉成本为前提。为此,应当在以下四个方面做好工作:一是增加冷链集装箱运输船或生产定制两联集装箱专用运输船,以适应进口鲜活类农产品指定口岸的业务需要,加快研发江海通用型运输船型,以适应活牛进口指定口岸的特殊需求;二是由政府层面向国务院相关部委申请,开辟鲜活产品优先放行绿色通道;三是提升口岸查验自动化、机械化水平,降低人工成本;四是协调口岸经营单位尽量控制口岸服务费用,基本保持在不高于其他口岸收费标准的水平,必要时以政府购买服务的方式适当弥补价差。

4.加强指定口岸日常运营管理

在贸易管制政策下,指定口岸的设立只是对特殊商品进口贸易的起始,要将特殊商品进口运营建设好,必须加强日常管理、注重过程控制、强化绩效评估,及时发现问题,建立政府管理部门和商界的协调沟通机制,形成政府和企业的良性互动,共同建设运营好设立的指定口岸。

(六)加强指定口岸设施建设投入

目前,我国各地指定口岸的建设资金主要由口岸经营单位投入,其中大部分是为满足政府相关部门的监管要求而投入,客观上属于一种行政行为,属于公共服务。作为一项履行国家特殊职能的限定性通关措施,指定口岸的建设资金由企业投入,在法理上存在着一定程度上的欠妥之处。重庆市口岸管理部门应当适当向国家提出建议,在批准指定口岸的同时落实配套资金,或者明确由地方财政投入资金,划清行政和商务的关系,这样有利于指定口岸的长远发展。

（七）重视专业性人才队伍的引进和培养

1.引进专业性人才

无论在市场经营还是政府监管方面,每类特殊商品进口指定口岸都具有其特殊性,需要专业的团队经营。因此,壮大重庆市口岸经济,就必须加大人力资源投入,大力引进专业性人才。

2.加强外贸企业培训

有关进出口主管部门要采取切实有效措施,加强对企业进出口业务知识的培训,提高企业进出口业务水平,促进各类指定口岸快速健康发展。

3.注重政府管理人员培训

口岸工作专业性强,作为内地政府管理部门,其所面对的政策、市场、环境都比较新,相应的管理水平还跟不上,建议在市委党校增开专门的课程,在中层干部中加大培训力度,提高政府对口岸的认识、理解和管理能力。

附录II

一、海关通关系统进口监管证件种类

海关通关系统提示的进口监管证件种类

序号	监管证件名称	代码	主管部门	备注
1	进口许可证	1	商务部	
2	两用物项和技术进口许可证	2	商务部	
3	自动进口许可证	7,O,V	商务部	新旧机电产品自动进口准许证代码为O,加工贸易自动进口许可证代码为V
4	入境货物通关单	A,D	质检总局	毛坯钻石用入境通关单代码D
5	濒危野生动植物种国际贸易公约允许进出口证明书	F	国家濒管办	进出境证件相同
6	野生动植物种允许进出口证明书	F	国家濒管办	进出境证件相同
7	黄金及其制品进出口准许证	J	人民银行	进出境证件相同
8	中国人民银行/代理商业银行黄金进、出口凭证	J	人民银行	进出境证件相同
9	银行调运外币现钞进出境许可证	T	外管局	进出境证件相同

续表

序号	监管证件名称	代码	主管部门	备注
10	银行调运人民币现钞进出境许可证	T	人民银行	进出境证件相同
11	限制进口类可用作原料的固体废物进口许可证	P	环保部	
12	自动许可进口类可用作原料的固体废物进口许可证	P	环保部	
13	进口药品通关单	Q	食药监局	
14	药品进口准许证	L	食品药品监管局	适用于列入兴奋剂目录的蛋白同化制剂、肽类激素等供医疗使用的兴奋剂
15	麻醉药品进口准许证	W	食品药品监管局	
16	精神药物进口准许证	I	食品药品监管局	
17	进口农药登记证明	S	农业部	
18	有毒化学品进出口环境管理放行通知单	X	环保部	进出口证件相同
19	进口音像制品批准单	Z	文化部	
20	加工贸易项下光盘进出口批准证	Z	新闻出版总署	
21	进口广播电影电视节目带（片）提取单	Z	广电总局	
22	密码产品和设备进口许可证	M	国家密码管理局	
23	进口兽药通关单	R	农业部	
24	合法捕捞产品通关证明	U	农业部	
注：旧机电产品禁止进口（代码6）；禁止进口商品（代码9）				

海关通关系统未提示的进出口监管证件种类

序号	监管证件名称	主管部门	备注
1	军品出口许可证	总装备部、国防科工局	部分设置分类通关风险防控参数
2	人类遗传资源材料出口、出境证明	中国人类遗传资源管理办公室	
3	非《进出口野生动植物种商品目录》物种证明	国家濒管办	
4	民用爆炸物品进/出口审批单	工业和信息化部	部分设置分类通关风险防控参数
5	药品进(出)口准许证*	国家食品药品监督管理局(进口)和省、自治区、直辖市(食品)药品监督管理部门(出口)	蛋白同化制剂及其可能存在的盐、酯、醚及光学异构体
6	钟乳石出口批件	国土资源部	
7	技术进/出口许可证	商务部	
8	精神药品进/出口准许证*	食品药品监督管理局	精神药品及其可能存在的盐、酯、醚
9	禁止进口固体废物*	环保部	部分设置分类通关风险防控参数
10	美术品进出口批准文件	美术品进出口口岸所在地省、自治区、直辖市文化行政部门	
11	重点旧机电产品进口许可证	商务部	部分设置预警式风险布控提示
12	医疗用毒性药品进出口批件	食品药品监管局	部分设置分类通关风险防控参数
13	放射性药品进出口批件	食品药品监管局	
14	血液进出口批件	卫生部	部分设置分类通关风险防控参数

续表

序号	监管证件名称	主管部门	备注
15	古生物化石出口、出境批件	中科院古脊椎动物研究所	
16	两用物项和技术进/出口许可证*	商务部	部分设置预警式风险布控提示及分类通关风险防控参数
17	药品通关单*	国家食品药品监督管理局	《生物制品目录》见国家食品药品监督管理局、海关总署2003年9号公告,已对疫苗、单抗设置分类通关风险防控参数
18	麻醉药品进/出口准许证*	国家食品药品监督管理局	麻醉药品及其可能存在的盐、酯、醚

注:含★的贸易管制商品仅有部分商品能在H2000通关管理系统实现监管证件提示

二、全国已开展业务的汽车整车进口口岸列表

序号	口岸名称	口岸所属关区	国家批准时间	印章启用时间
1	大连新港	大连海关[1]	2004年5月21日	2004年5月21日
2	上海港	上海海关[1]		
3	天津新港	天津海关[1]		
4	黄埔港	黄埔海关[1]		
5	满洲里	满洲里海关[1]		
6	深圳（皇岗）	深圳海关[1]		
7	新疆阿拉山口口岸	乌鲁木齐海关[1]		
8	广西钦州保税港区	南宁海关[1]	2009年12月7日	2012年11月1日
9	福州港江阴港区	福州海关[1]	2011年12月31日	2013年1月7日
10	张家港保税港区	南京海关[1]	2012年11月6日	2013年2月22日
11	北京首都国际机场口岸	北京海关[1]		2013年7月3日
12	青岛前湾保税港区	青岛海关[1]		2013年7月15日
13	宁波梅山保税港区	宁波海关[1]		2013年10月25日
14	重庆铁路口岸	重庆海关[1]	2014年7月1日	2014年10月17日
15	郑州铁路口岸	郑州海关[1]		2014年9月26日
16	广州港南沙港区	广州海关[1]		2014年8月27日
17	海口港	海口海关[2]		2015年7月1日
18	岳阳城陵矶港	长沙海关[1]	2014年7月1日	2015年7月16日
19	霍尔果斯口岸	乌鲁木齐海关[1]	2011年9月30日	2015年9月7日
20	成都铁路口岸	成都海关[2]	2015年1月15日	2015年11月17日
21	深圳大铲湾海运港区	深圳海关[1]	2015年1月15日	2015年11月28日

注：[1]该海关刻制的专用章为"车辆进口单证专用章"；[2]该海关刻制的专用章为"汽车进口单证专用章"

三、我国现有水果口岸列表

国家或地区	水果品种	产　区	入境口岸
东南亚国家及中国台湾	热带水果	泰国的芒果、榴莲、山竹、荔枝、龙眼需来自指定果园，其他无限制	无限制
日本	苹果、梨	无限制	无限制
巴基斯坦	芒果	指定果园	北京、大连、天津、青岛、上海、南京、乌鲁木齐、红其拉甫
	柑橘类（橘子和橙子）	桃实蝇非疫区	海运入境口岸：北京、大连、天津、青岛、上海、南京陆运入境口岸：红其拉甫
印度	芒果	北方邦、安德拉邦、马哈拉拖特拉邦、古吉拉特邦指定果园	北京、大连、天津、青岛、上海、南京
	葡萄	来自官方注册果园	大连、天津、北京、上海、青岛、南京
新西兰	无限制	无限制	无限制
澳大利亚	苹果	塔斯马尼亚州除外	无限制
	芒果	指定果园	
厄瓜多尔、哥斯达黎加、巴拿马	未成熟的青香蕉	指定果园	无限制
乌拉圭	柑橘	指定果园	无限制
美国	苹果（限red delicious和golden delicious两种）	华盛顿州	广州、上海、大连、北京、天津、海口、厦门、福州、青岛、南京

国家或地区	水果品种	产　区	入境口岸
美国	樱桃	华盛顿州	
	葡萄	加利福尼亚州部分县	广州、上海、大连、天津、海口、南京
	柑橘类	加利福尼亚州、佛罗里达州、亚利桑那州、德克萨斯州的部分县	广州、上海、大连、天津、海口、青岛、南京
智利	苹果	第6、7、8、9区	广州、上海、大连、北京、天津、海口、南京、深圳
	葡萄	第3~9区和首都区	
	猕猴桃	第6、7、8、9区	
	李子	第3,4,7,8,9区及5,6,首都区	
法国	苹果	部分省	广州、上海、大连、北京、天津、海口、青岛、南京、深圳
哥伦比亚	未成熟的青香蕉	乌拉巴地区	上海、大连、天津、青岛、秦皇岛
阿根廷	柑橘果实(橙、葡萄柚、橘及其杂交品种，不含柠檬)	来自官方注册果园	大连、天津、北京、上海、青岛、南京
	苹果和梨		
南非	柑橘类(橙、葡萄柚、橘子、柠檬)	来自官方注册果园	大连、天津、北京、上海、青岛、南京
秘鲁	葡萄	来自官方注册果园	广州、深圳、大连、天津、北京、上海、青岛、南京

四、我国现有肉类口岸列表（2016年2月）

序号	直属局	所属分支局	指定口岸名称	口岸类别	查验能力（万吨）	备案存储冷库配备	
						冷库名称	冷库总库容（吨)/指定仓库容(吨)
1	广东局	南沙局	南沙新港口岸	海港	40	广州中可诚贸易有限公司	3000/3000
						广州海新冷冻仓储公司	20000/5000
2		番禺局	番禺莲花山港口岸	河港	20	广州市番禺区沙头街禺山冷库	10000/2000
						广州市番禺区沙头新昌冷库	3000/3000
						广州市番禺区新昌冷库	12000/12000
3		佛山局	佛山口岸	河港	20	佛山市佛冷食品冷冻有限公司	3000/1600
4		汕头局	汕头口岸	海港	20	汕头市冷冻厂	13295/2020
						大洋冷冻工贸总公司	10029/1400
5		湛江局	湛江港中海集装箱码头口岸	海港	3	湛江南方水产交易中心有限公司冷库	20000/5000
						湛江虹宝水产开发有限公司冷库	6900/3300
						湛江市霞山水产品批发市场有限公司	50000/5000

续表

序号	直属局	所属分支局	指定口岸名称	口岸类别	查验能力（万吨）	备案存储冷库配备	
						冷库名称	冷库总库容（吨）/指定仓库容（吨）
6	广东局	东莞局	虎门港口岸〔东莞（国际）货柜码头〕	河港	10	东莞（国际）货柜码头有限公司冷库	4460/4460
7		新会局	新会港口岸	河港	5	江门大昌慎昌食品加工仓储有限公司大昌慎昌冷库（B2库）	4800/800
8		中山局	中山港外运口岸	河港	5	金涛（中山）果蔬物流有限公司	5000/500
9		广州机场局	广州白云国际机场口岸	空港	1	广州拜尔空港冷链物流中心有限公司	20000/1500
						广州白云国际物流有限公司国际航空货运站冷库	80/40
10		南海局	南海港货运口岸	河港	10	南海国际冷库	5000/1200
11		黄埔局	黄埔口岸	海港	10	广州山力冷冻有限公司	3000/480
						广州鼎丰水产品食品开发有限公司冷库	10000/3000
12		江门局	江门外海外贸码头口岸	河港	3	江门冷冻厂有限公司	14000/1000
13		顺德局	顺德北滘港口岸	河港	5	佛山国通海峡冷冻链管理有限公司	10000/3800
14		大亚湾局	惠州港荃湾港区	海港	5	惠州大亚湾富利冷藏有限公司	5000/3000
15		饶平局	广东潮州三百门码头	海港	10	潮州港三百门港务有限公司	1600/1600

297

续表

序号	直属局	所属分支局	指定口岸名称	口岸类别	查验能力（万吨）	备案存储冷库配备	
						冷库名称	冷库总库容（吨)/指定仓库容(吨)
16	深圳局	蛇口局	蛇口口岸	海港	50	招商局国际冷链（深圳)有限公司	20000/3000
						招商局国际冷链（深圳)有限公司	18000/7000
17		盐田局	盐田口岸	海港	50	五丰食品(深圳)有限公司仓储分公司	23000/12000
						中粮集团(深圳)有限公司	20000/6000
						深圳市瑞源冷库有限公司	8000/8000
18		大铲湾局	大铲湾口岸	海港	30	深圳市友信菘锋事业有限公司友信冷库	50000/5000
						深圳市保惠物流有限公司	35000/5000
19	天津局	北塘办事处	泰达行（天津)冷链物流有限公司查验场	海港	75	泰达行(天津)冷链物流有限公司	30000/30000
20	辽宁局	大窑湾局	大窑湾口岸	海港	30	大连毅都集发冷藏物流有限公司	20000/2400
						大连开发区金山水产有限公司	10000/6000
						大连百盈食品有限公司	10000/3000
						大连棒棰岛食品有限公司台山冷冻厂	20000/3000

续表

序号	直属局	所属分支局	指定口岸名称	口岸类别	查验能力（万吨）	备案存储冷库配备	
						冷库名称	冷库总库容（吨）/指定仓库容（吨）
21	辽宁局	鲅鱼圈局	鲅鱼圈口岸	海港	4	营口港务集团物流公司冷库	3000/3000
22	江苏局	南京局	南京港龙潭集装箱查验点	河港	10	南京元亨食品有限公司冷库	10000/10000
						南京金厨食品有限公司冷库	100000/800
						江苏省食品集团有限公司冷藏分公司冷库	8000/5000
						镇江外贸冷库	10000/3000
23		连云港局	连云港口岸	海港	2	连云港苏海食品有限公司	7000/3000
						连云港外贸冷库	17000/3000
						江苏天缘物流有限公司	14000/3000
24		张家港局	张家港口岸（永嘉码头欣海远洋查验场）	河港	6	苏州金麦穗食品有限公司冷库	6000/6000
25	内蒙古局	二连局	二连浩特口岸	陆路	0.5	二连浩特太平洋国际饭店有限责任公司冷库	1500/300
						二连浩特市昌盛冷库	300/200
						二连浩特市德胜冷库	300/200
26	广西局	北海局	北海港	海港	6	北海保通冷冻食品有限公司冷库	30000/10000

续表

序号	直属局	所属分支局	指定口岸名称	口岸类别	查验能力（万吨）	备案存储冷库配备	
						冷库名称	冷库总库容（吨）/指定仓库容（吨）
27	宁波局	宁波局	宁波口岸	海港	10	宁波远东冷藏有限公司	25000/2000
						宁波今日食品有限公司	4000/3000
						宁波米氏实业有限公司	5000/5000
						宁波天宇水产进出口有限公司	10000/3000
						慈溪永进冷冻食品有限公司	2000/75
28	厦门局	东渡局	厦门东渡码头口岸	海港	7	厦门商冷冷冻有限公司	3000/1000
29		海沧局	厦门海沧码头口岸	海港	5	丰龙企业(厦门)有限公司	10000/4800
30	浙江局	温州局	温州口岸	海港	2	温州菜篮子集团肉联厂冷库	10500/5000
						浙江宏利水产有限公司冷库	25000/10000
31	山东局	青岛局/黄岛局	黄岛前湾港口岸	海港	2.8	青岛联合华通贸易有限公司	25000/25000
						青岛怡之航冷藏有限公司	50000/3000
						青岛远洋鸿池仓储有限公司	7000/5000
						青岛市公共保税仓库公司	40000/4500

续表

序号	直属局	所属分支局	指定口岸名称	口岸类别	查验能力（万吨）	备案存储冷库配备	
						冷库名称	冷库总库容（吨）/指定仓库容（吨）
31	山东局	青岛局/黄岛局	黄岛前湾港口岸	海港	28	青岛天驰仓储有限公司	16000/4000
						青岛康太源物流有限公司	8000/8000
32		烟台局	烟台港	海港	3.1	烟台安德水产有限公司冷藏厂	10000/1500
						烟台龙大食品有限公司	5500/5500
33	珠海局	湾仔办	湾仔口岸	海港	10		
34	福建局	福州局	马江口岸	海港	0.5	福州开发区福鑫实业有限公司	75000/6400
35	北京局	首都机场检验检疫局	首都机场口岸（货检处查验点）	空港	5	北京卓宸畜牧有限公司	8000/3500
						夏晖物流(北京)有限公司	6000/3000
36		平谷办事处	北京平谷查验场	陆路	20	北京京津港国际物流有限公司	18000/9600
37	上海局	外高桥局	外高桥口岸(外高桥查验点)	海港	37	普菲斯亿达物流（上海）有限公司	15000/4000

续表

序号	直属局	所属分支局	指定口岸名称	口岸类别	查验能力（万吨）	备案存储冷库配备	
						冷库名称	冷库总库容（吨)/指定仓库容(吨)
38	上海局	洋山局	上海自贸区口岸（洋山查验点）	海港	35	上海深水港冷链物流有限公司	4000/2000
						普菲斯亿达冷冻仓储(上海)有限公司	40000/20000
39		上海机场局	国际机场口岸（机场查验点）	空港	5	上海大众交通国际物流有限公司	1000/700
40	重庆局	两路寸滩局	重庆两路寸滩保税港区口岸	河港	5	重庆凯尔国际冷链物流发展有限公司	10000/3000
41	湖南局	岳阳局	湖南岳阳城陵矶水运口岸	河港	30	岳阳海仑国际物流发展公司	3000/2000

五、进口冰鲜水产品检验检疫口岸名单(2015年11月)

序号	直属局	所属分支局	口岸名称	口岸类别	配套备案存储冷库		公布日期
					冷库名称	冷库总库容(吨)/指定仓库容(吨)	
1	厦门局	海沧局	厦门海沧口岸	海港	厦门港海沧集装箱查验服务公司冷库	2500/1000	2014年9月18日
2		东渡局	厦门东渡口岸	海港	厦门万翔物流管理公司冷库	40000/1000	2014年9月18日
3		机场局	厦门机场口岸	空港	厦门万翔物流管理有限公司	40000/1000	2015年11月
4	珠海局	九洲办事处	珠海九洲港口岸	海港	珠海市隆盛冷冻仓储有限公司冷库	6000/2000	2014年9月18日
5		横琴局	横琴口岸	陆路	珠海市隆盛冷冻仓储有限公司冷库	6000/2000	2014年12月22日
6	福建局	平潭局	平潭港口岸澳前港区	海港	福州金富琳食品有限公司	515/305	2014年11月6日
					福建省平潭县中港食品有限公司	1500/1500	
					福建海皓贸易公司	500/500	
7		福州机场局	福州机场长乐口岸	空港	福州名成水产品市场有限公司	150000/1796	2014年12月22日
					元翔(福州)国际航空港有限公司	10/10	
8		泉州局	泉州石井口岸	海港	福建闽台农产品市场有限公司	18000/1500 18000/1500	2014年12月22日

续表

序号	直属局	所属分支局	口岸名称	口岸类别	配套备案存储冷库		公布日期
					冷库名称	冷库总库容(吨)/指定仓库容(吨)	
9	福建局	福清局	福清南清屿	海港	福清市贸旺水产发展有限公司	800/200	2014年12月22日
10	深圳局	深圳湾局	深圳湾口岸	陆路	中粮集团(深圳)有限公司	20000/3000	2014年11月6日
11		文锦渡局	文锦渡口岸	陆路	深圳市瑞源冷链服务有限公司	8000/1300	2014年11月6日
12		机场局	深圳机场口岸	空港	深圳市友信崧锋实业有限公司友信冷库	50000/3000	2014年11月6日
13		蛇口局	蛇口港口岸	海港	招商局国际冷链(深圳)有限公司	20000/3000	2014年11月6日
14		皇岗局	皇岗口岸	陆路	深圳市瑞源冷链服务有限公司	8000/1300	2014年12月22日
15	上海局	机场局	浦东国际机场查验场站口岸	空港	上海机场实业投资有限公司	200/100	2014年11月6日
					上海大众交通国际物流有限公司大众查验场站	1000/600	
16		浦江局	上海西郊国际贸易中心查验场站口岸	空港	上海西郊国际农产品交易有限公司	28000/580	2014年12月22日
					上海名联冷冻仓储有限公司	60000/3600	

续表

序号	直属局	所属分支局	口岸名称	口岸类别	配套备案存储冷库		公布日期
					冷库名称	冷库总库容(吨)/指定仓库容(吨)	
17	辽宁局	大窑湾局	大窑湾港口岸	海港	大连港毅都冷链有限公司	50000/1000	2014年11月6日
					大连獐子岛冷藏物流有限公司	50000/700	
18		沈阳局	沈阳机场口岸	空港	沈阳空港物流有限公司	150/150	2014年12月22日
					宜正国际仓储管理(沈阳)有限公司	1000/1000	
19		大连机场局	大连机场口岸	空港	大连国际机场集团有限公司	1000/1000	2014年12月22日
20	山东局	荣成局龙眼港办事处	荣成龙眼港口岸	海港	荣成泰广进出口有限公司冷库	3000/800	2014年11月6日
21		青岛局	青岛口岸	海港	青岛天驰仓储有限公司	50000/2000	2014年12月22日
22		威海局	威海口岸	海港	威海金琳水产有限公司冷库	20000/120	2014年12月22日
23		荣成局	荣成石岛口岸	海港	石岛集团有限公司第一冷藏厂	4000/300	2014年12月22日
				海港	荣成泰广进出口有限公司冷库	3000/800	
24		青岛机场局	青岛机场口岸	空港	中外运(青岛)空港物流有限公司冷库	10/10	2014年12月22日

305

续表

序号	直属局	所属分支局	口岸名称	口岸类别	配套备案存储冷库		公布日期
					冷库名称	冷库总库容(吨)/指定仓库容(吨)	
25	广东局	广州机场局	广州白云机场口岸	空港	广东太古冷链物流有限公司1号库	300	2014年12月22日
					广东广远渔业公司冷库(冰鲜金枪鱼中转自用冷库)	5	
					上海纯尔贸易发展有限公司自用冷库	30	
					广州白云国际物流公司国际货站冷库	80	
					广州市盈旺食品有限公司自用冷库	42	
					上海澳班贸易有限公司自用冷库	30	
					广州远洋渔业公司(1号冷藏库,自用)	120	
					广州拜尔空港冷链物流中心公司2号库	205	
					广州纯尔贸易有限公司自用冷库	50	

续表

序号	直属局	所属分支局	口岸名称	口岸类别	配套备案存储冷库		公布日期
					冷库名称	冷库总库容(吨)/指定仓库容(吨)	
25	广东局	广州机场局	广州白云机场口岸	空港	广州市富田菊餐饮有限公司自用冷库	3	2014年12月22日
					广州白云机场股份有限公司航空物流服务分公司冷库3-5号库	825	
					中国服装股份有限公司自用冷库	20	
					深圳市南北进出口贸易公司自用冷库	58	
					广州市海创贸易有限公司自用冷库	5	
26		汕头局	揭阳潮汕机场·口岸	空港	汕头市冷冻厂	13295/600	2014年12月22日
27		顺德局	佛山顺德陈村口岸	陆路	佛山国通海峡冷冻链管理公司一号冷库	3000	2014年12月22日
28	浙江局	舟山局	舟山港综合保税区	海港	舟山港综保区监管冷库	20/20	2014年12月22日

续表

序号	直属局	所属分支局	口岸名称	口岸类别	配套备案存储冷库		公布日期
					冷库名称	冷库总库容(吨)/指定仓库容(吨)	
29	浙江局	杭州机场办	杭州萧山国际机场口岸	空港	杭州萧山国际机场航空物流有限公司	240/180	2014年12月22日
30		温州局	温州龙湾国际机场	空港	温州航空货站有限公司水产品储存冷库	27.57/27.57	2015年11月
31	重庆局	重庆机场局	重庆江北国际机场口岸	空港	顺锦和水产品商贸行	33/33	2014年12月22日
					重庆中百仓储超市有限公司	10000/1569.6	
					重庆空港航空地方服务有限公司冷库	300/300	
					重庆凯尔国际冷链物流发展有限公司	100000/726	
32	北京局	机场局	首都机场口岸	空港	北京空港宏远物流有限公司冷库	210/30	2014年12月22日
					北京泰格瑞迪科技有限公司冷库	13/13	
					北京瑞博行商贸有限责任公司冷库	5.5/5.5	

序号	直属局	所属分支局	口岸名称	口岸类别	配套备案存储冷库		公布日期
					冷库名称	冷库总库容(吨)/指定仓库容(吨)	
32	北京局	机场局	首都机场口岸	空港	北京坤岳昊商贸有限公司冷库	16/6	2014年12月22日
					寰宇地平线(北京)贸易有限公司冷库	35/18	
					北京东隆联合国际贸易有限公司冷库	15/15	
					北京三叶明诚商贸有限责任公司冷库	35/9	
					中国农发食品有限公司冷库	74/8	
33	江苏局	南京局	南京禄口国际机场	空港	南京禄口空港国际货运有限公司	2250/750	2014年12月22日
34	四川局	成都局	成都双流国际机场口岸	空港	中外运(成都)空港物流有限公司冷库	180/180	2014年12月22日
35					成都博大运通货运代理有限责任公司冷库	20000/120	2016年7月1日
36	云南局	瑞丽局畹町办事处	畹町口岸	陆路	瑞丽市畹町经济开发区海丰有限责任公司冷库	180/100	2014年12月22日

续表

序号	直属局	所属分支局	口岸名称	口岸类别	配套备案存储冷库		公布日期
					冷库名称	冷库总库容(吨)/指定仓库容(吨)	
37	河南局	郑州机场办事处	郑州机场口岸	空港	河南紫鼎食品有限公司	10000/300	2014年12月22日
					河南民航客货服务中心	30/30	
					河南众品生鲜物流有限公司	30000/1500	
					雏鹰农牧集团股份有限公司	25000/1250	
38	天津局	机场局	天津机场口岸	空港	天津宝鲜物流有限公司	10000/300	2014年12月22日
					天津空港华宇航空货运站有限公司	100/100	2015年11月
					天津空港货运公司	100/100	2015年11月
					中国国际货运航空有限公司天津运营基地	100/100	2015年11月
39		东疆局	天津东疆保税港区口岸	海港	天津东疆港大冷链商品交易市场有限公司	10000/100	2015年11月
40	陕西局	西安咸阳机场局	咸阳机场口岸	空港	西安海硕餐饮管理有限公司冷库	100/50	2014年12月22日
					顺景发国际贸易(北京)公司西安冷库	30/30	

续表

序号	直属局	所属分支局	口岸名称	口岸类别	配套备案存储冷库		公布日期
					冷库名称	冷库总库容(吨)/指定仓库容(吨)	
41	湖南局	长沙机场办事处	长沙黄花国际机场口岸	空港	湖南空港实业股份有限公司	500/300	2014年12月22日
					湖南普丰冷链股份有限公司	8000/1500	
42	吉林局	珲春局	珲春口岸	陆路	珲春兴阳水产公司	20000/500	2015年11月
43			圈河口岸	陆路	珲春兴阳水产公司	20000/500	2015年11月
44	黑龙江局	黑龙江局	哈尔滨太平国际机场	空港	黑龙江省机场管理集团有限公司货运销售分公司	3/3	2015年11月
45		同江局	同江口岸	河港	同江丰林达进出口贸易有限公司	150/150	2015年11月
46	广西局	水口局	水口口岸	陆路	广西龙州鸿惠边贸市场服务公司水口冷库	1000/1000	2015年11月
47		凭祥局	友谊关口岸	陆路	广西凭祥综合保税区卡凤区冷库	100/100	2015年11月
48	新疆局	喀什局	喀什机场口岸	空港	喀什伊克萨克商贸公司	800/300	2015年11月
49		吉木乃局	吉木乃口岸	陆路	吉木乃县野马经贸有限公司	200/200	2015年11月
					吉木乃县宏泰商贸有限责任公司	800/800	2015年11月
					新疆安达物流有限责任公司	10/10	2015年11月

续表

序号	直属局	所属分支局	口岸名称	口岸类别	配套备案存储冷库		公布日期
					冷库名称	冷库总库容（吨）/指定仓库容(吨)	
50	宁波局	宁波检验检疫局机场办事处	宁波空港口岸	空港	宁波翔鹰投资有限公司机场货站分公司	20/20	2015年11月
51	湖北局	湖北局机场办事处	武汉航空口岸	空港	武汉天河机场货站	200/200	2015年11月

六、我国进境粮食指定口岸及查验点名单

直属局	口岸名称	查验点名称	类型	备注
天津	天津港	中粮佳悦码头	A	
		第二港埠公司码头	A	
		临港码头	A	
		第四港埠公司码头	A	
		第五港埠公司码头	A	
		东疆兴东集装箱查验场	B	
		振华集装箱查验场	B	
		首农东疆集装箱查验场	B	
		嘉里粮油集装箱查验场	B	
河北	唐山港	京唐港杂货码头	A	
	秦皇岛港	秦皇岛港杂货码头	A	
		秦皇岛港新港湾集装箱码头	B	
内蒙古	二连浩特	二连浩特环宇国际物流有限公司仓储区货场	C	
	满洲里	满洲里铁路口岸第二机械换装货场	C	
	阿尔山	阿尔山公路口岸入境货物监管区货场	C	
辽宁	大连港	大连北良港码头	A	
		大连港散粮码头	A	
		大连港集装箱码头	B	
	丹东港	丹东港粮食码头	A	
	营口港	中储粮营口储运有限责任公司专用码头	A	
		营口港粮食分公司专用码头	A	
		营口港集装箱码头	B	
	锦州港	锦州港粮食码头	A	
吉林	圈河	珲春国际合作示范区通关服务中心货场	C	
	珲春	珲春国际合作示范区通关服务中心货场	C	
	古城里	古城里口岸货场	C	

续表

直属局	口岸名称	查验点名称	类型	备注
黑龙江	绥芬河口岸（铁路、公路）	绥芬河铁路口岸货场	C	
		绥芬河公路口岸货场	C	
	黑河口岸	黑河口岸货运码头	C	
	东宁口岸	东宁口岸查验货场	C	
	密山口岸	密山口岸大华货场	C	仅限进境农业"走出去"返销粮
	同江口岸	同江口岸西港码头	C	
	抚远口岸	抚远口岸莽吉塔深水港码头	C	
	萝北口岸	萝北口岸名山港码头	C	
	虎林口岸	虎林口岸吉祥货场	C	
	逊克口岸	逊克口岸逊克港码头	C	
上海	上海港	上海良友(集团)公司外高桥良友码头	A	
		上海洋山港西郊国际农产品交易公司查验点	B	
		上海洋山港上海深水港国际物流公司查验点	B	
		上海外高桥依飞驰集装箱储运公司查验点	B	
江苏	南京港	第四港务公司码头	A	
		龙潭集装箱码头	B	
	张家港港	东海粮油码头	A	
		江海粮油码头	A	
	镇江港	镇江中储粮码头	A	
		镇江港务码头	A	
		润华物流码头	A	
	大丰港	北港2号码头	A	

续表

直属局	口岸名称	查验点名称	类型	备注
江苏	泰州港	永安港务码头	A	
		过船港务码头	A	
	靖江港	龙威粮油码头	A	
	连云港港	东泰码头	A	
		新东润码头	A	
		新海湾码头	A	仅限木薯干
		新东方码头	B	
		新圩港码头	A	仅限木薯干
		东联码头	A	仅限木薯干
	江阴港	江阴中粮码头	A	
		苏南集装箱码头	B	
	南通港	南通粮油码头	A	
		嘉达港务码头	A	
		南通一德码头	A	
		狼山港务码头	A	
		南通集装箱码头	B	
	太仓港	万方国际码头	A	仅限木薯干
		现代码头	B	
浙江	舟山港	老塘山港区码头	A	
宁波	宁波港	金光粮油公司码头	A	
		宁波光明通用码头	A	
		第二港埠公司散杂货码头	A	
		宁波港股份公司集装箱粮食配套查验点	B	

续表

直属局	口岸名称	查验点名称	类型	备注
安徽	芜湖港	芜湖港朱家桥外贸码头	B	
	安庆港	安庆港17号码头	B	
福建	福州港	松下港区牛头湾作业区1~3号泊位	A	
	莆田秀屿港	秀屿港区秀屿综合码头作业点	A	
	泉州港	肖厝港区肖厝作业区3号码头	A	仅限进境大豆
厦门	厦门港	厦门港务股份公司东渡分公司查验点	A	
		厦门集装箱码头集团海天分公司查验场	B	
		厦门集装箱码头集团海沧查验场	B	
		漳州招商局码头有限公司查验点	A	
江西	九江港	九江港口岸城西港查验点	B	
山东	青岛港	青岛港(集团)公司大港分公司查验点	A	
		青岛前湾集装箱码头公司查验点	B	
		青岛港国际股份公司物流分公司查验点	B	
	烟台港	烟台港集团公司41、42号泊位查验点	A	
		烟台港集团有限公司关检联合查验平台	B	
	日照港	日照港(集团)公司裕廊码头查验点	A	
		日照港集团岚山港务有限公司查验点	A	
	龙口港	龙口港集团公司11号粮食码头查验点	A	
湖北	武汉港	阳逻港一期码头	B	
		阳逻港二期码头	B	
湖南	城陵矶港	岳阳城陵矶新港有限公司码头	B	
		岳阳城陵矶港务有限责任公司码头	B	
		中国华粮物流集团城陵矶港口库码头	B	
广东	广州港	广州新沙码头	A	
		黄埔新港码头	A	
		黄埔港务码头	A、B	
		黄埔口岸集装箱码头	B	
		南沙粮食通用码头	A	
		南沙港二期码头	B	
	汕头港	汕头广澳港港务公司码头	A	

续表

直属局	口岸名称	查验点名称	类型	备注
广东	湛江港	湛江港集团公司霞山港区码头	A	
	新会港	江门天马码头	A、B	仅限木薯干
	肇庆港	肇庆三榕港码头	B	
	阳江港	阳江良港码头	A	
	虎门港	东莞深赤湾散杂货码头	A	
		东莞宏业货柜码头	B	
		东莞海腾码头	A	仅限木薯干
	中山港	中山神湾码头	B	仅限木薯干
		中山中外贸码头	B	
深圳	蛇口港	招商港务码头	A	
		蛇口集装箱码头	B	
	赤湾港	赤湾码头	A	
		赤湾集装箱码头	B	
	深圳港口岸大铲湾港区	大铲湾码头	B	
	盐田港	盐田港码头	B	
珠海	珠海港	高栏国际货柜码头	A	仅限玉米
	斗门港	斗门港码头	B	
海南	洋浦港	洋浦港码头	A、B	
广西	防城港	防城港码头	A	
	钦州港	中粮码头	A	
		勒沟码头	A	
		大榄坪码头	A	
		天盛码头	A	

续表

直属局	口岸名称	查验点名称	类型	备注
广西	北海港	铁山港码头	A	
		石步岭码头	A	仅限木薯干
	梧州港	李家庄码头	B	
	水口口岸	水口口岸货场	C	
	友谊关口岸	友谊关口岸综合保税区货场	C	
	龙邦口岸	龙邦口岸综合货场	C	
云南	瑞丽口岸	瑞丽口岸联检中心查验货场查验点	C	
		瑞丽市利民边民互市交易市场查验点	C	
	畹町口岸	畹町边民互市查验点	C	
	天保口岸	联检查验货场查验点	C	仅限木薯干
	磨憨口岸	磨憨锦亿公司查验货场	C	
	孟定口岸	南大公司货场	C	
	河口口岸	河口北山国际货场	C	
	腾冲猴桥口岸	云南腾冲猴桥口岸下街查验货场	C	
陕西	西安铁路临时开放口岸	西安国际港务区集装箱货场	C	
新疆	阿拉山口口岸	阿拉山口铁路3、5、6号线换装场地		
		阿拉山口口岸保税区地平线换装场地	C	
		阿拉山口口岸监管库04库货场	C	
	巴克图口岸	塔城储绿粮油集团面粉加工有限公司中心粮库	C	
	霍尔果斯口岸	霍尔果斯铁路口岸换3线(H3)	C	
		霍尔果斯铁路口岸检验检疫专用线	C	
		霍尔果斯九鼎隆国际贸易公司货场	C	
	吉木乃口岸	吉木乃县宏泰商贸有限责任公司货场	C	

七、全国进口固体废物指定口岸名单

序号	直属海关	隶属海关	关区代码	口岸名称	口岸类型
1	天津海关（2个）	新港海关	0202	天津新港口岸	海运
		现场业务处	0201	天津新港口岸	海运
2	石家庄海关（3个）	秦皇岛海关	0402	秦皇岛港	海运
		唐山海关	0403	唐山港京唐港区	海运
		驻曹妃甸港区办事处	0412	唐山港曹妃甸港区	海运
3	呼和浩特海关（3个）	二连海关	0702	二连铁路口岸	铁路
			0705	二连公路口岸	公路
		乌拉特海关	0708	甘其毛都口岸	公路
4	满洲里海关（5个）	额尔古纳海关	0602	黑山头	公路
			0607	室韦	公路
		满洲里海关驻车站办事处	0609	满洲里铁路口岸	铁路
		满洲里海关驻十八里办事处	0603	满洲里公路口岸	公路
		满洲里海关驻十八里办事处	0606	阿日哈沙特口岸	公路
5	大连海关（11个）	大窑湾海关	0908	大窑湾	海运
		大窑湾保税港区	0910	大窑湾保税港区	海运
		大连港湾海关	0901	大连港	海运
		营口海关	0940	营口港	海运
		鲅鱼圈海关	0950	鲅鱼圈港	海运
		丹东海关	0930	丹东铁路口岸	铁路
				江桥口岸	公路
				浪头港	海运
		大东港海关	0960	大东港	海运
		庄河海关	0915	庄河港	海运
		驻旅顺办事处	0917	旅顺新港	海运
6	长春海关（4个）	珲春海关	1527	圈河口岸	公路
			1517	长岭子口岸	公路

续表

序号	直属海关	隶属海关	关区代码	口岸名称	口岸类型
6	长春海关(4个)	图们海关	1525	图们公路口岸	公路
			1515	图们铁路口岸	铁路
7	哈尔滨海关(9个)	绥芬河海关	1902	绥芬河铁路口岸	铁路
			1925	绥芬河公路口岸	公路
		黑河海关	1903	黑河口岸	海运 公路
		同江海关	1904	同江口岸	海运 公路
		东宁海关	1907	东宁口岸	公路
		逊克海关	1908	逊克口岸	海运 公路
		虎林海关	1912	虎林口岸	公路
		抚远海关	1914	抚远口岸	海运
		萝北海关	1916	萝北口岸	海运 公路
8	上海海关(4个)	吴淞海关	2202	吴淞口岸	海运
		外港海关	2225	外港口岸	海运
		洋山海关	2248	洋山口岸	海运
		浦江海关	2201	浦江口岸	海运
9	南京海关(12个)	连云港海关	2301	连云港港	海运
		南通海关	2302	南通港	海运
		太仓海关	2327	太仓港	海运
		常州海关	2306	常州港	海运
		张家港海关	2305	张家港口岸	海运
		江阴海关	2312	江阴口岸	海运
		新生圩海关	2308	南京港	海运
		常熟海关	2324	常熟港	海运
		盐城海关	2360	大丰港	海运
		泰州海关	2316	泰州港	海运
		镇江海关	2307	镇江港	海运
		扬州海关	2310	扬州港	海运

序号	直属海关	隶属海关	关区代码	口岸名称	口岸类型
10	杭州海关（8个）	台州海关	2905	台州港	海运
			2953	玉环口岸	
		温州海关	2903	温州港	海运
			2932	温经开口岸	
			2936	乐清口岸	
		舟山海关	2904	舟山口岸	海运
			2941	舟山嵊泗口岸	海运
		嘉兴海关	2981	嘉兴港（乍浦）口岸	海运
11	宁波海关（4个）	北仑海关	3104	北仑口岸	海运
		大榭海关	3106	大榭口岸	海运
		镇海海关	3102	镇海口岸	海运
		梅山海关	3116	梅山口岸	海运
12	合肥海关（2个）	马鞍山海关	3303	马鞍山口岸	海运
		铜陵海关	3306	铜陵口岸	海运
13	福州海关（3个）	马尾海关	3501	福州港口岸马尾港区	海运
		宁德海关	3503	宁德港口岸	海运
		福州保税区海关	3508	福州港口岸江阴港区	海运
14	厦门海关（6个）	东渡海关	3711	东渡港区	海运
		驻海沧办事处	3708	海沧港区	海运
		泉州海关	3705	石湖港区	海运
			3723	晋江围头港区	海运
			3702	泉州后渚港区	海运
		漳州海关	3703	招银港区	海运
15	南昌海关（3个）	驻上饶办事处	4013	鹰潭固体废物加工园区	陆运转关
		九江海关	4002	九江城西港	海运
		现场业务处	4001	南昌港	海运

续表

序号	直属海关	隶属海关	关区代码	口岸名称	口岸类型
16	青岛海关(8个)	烟台海关	4201	烟台口岸	海运
		日照海关	4202	日照口岸	海运
			4232	岚山口岸	海运
		威海海关	4204	威海口岸	海运
		荣成海关	4209	石岛	海运
			4236	龙眼口岸	海运
		黄岛海关	4258	青岛港	海运
		大港海关	4227	青岛港	海运
17	武汉海关(2个)	武汉经济技术开发区海关	4705	武汉港	海运
		现场业务处	4708	武汉港	海运
18	长沙海关(2个)	岳阳海关	4902	城陵矶新港(限废纸)	河运转关
				城陵矶老港(限废纸)	河运转关
19	广州海关(20个)	佛山海关驻三水办事处	5183	西南码头	海运
			5194	三水港	海运
		佛山海关驻顺德办事处	5154	北滘码头	海运
			5158	勒流港	海运
		佛山海关驻南海办事处	5119	三山港	海运
			5114	平洲港	海运
			5112	九江码头	海运
			5113	北村码头	海运
		佛山海关驻高明办事处	5181	高明港珠江	海运
			5138	食出码头	海运
		南沙海关	5166	南沙新港	海运
			5167	南沙货港	海运
		花都海关	5132	花都码头	海运
		肇庆海关	5177	三榕港	海运
			5173	肇庆新港	海运
			5176	四会码头	海运

序号	直属海关	隶属海关	关区代码	口岸名称	口岸类型
19	广州海关（20个）	番禺海关	5163	番禺货柜	海运
		佛山海关驻禅城办事处	5189	佛山新港	海运
		清远海关	5103	清远码头	海运
		韶关海关	5190	韶关新港	海运
20	深圳海关（4个）	蛇口海关	5304	友联船厂外贸废金属堆放监管点	海运
		惠州港海关	5338	惠州港口岸	海运
		惠东海关	5315	平海碧甲码头	海运
				港口大塘澳码头	海运
21	拱北海关（6个）	中山海关	5721	中山港口岸	海运
			5727	小榄港口岸	海运
			5728	神湾港口岸	海运
		斗门海关	5770	斗门港口岸	海运
		高栏海关	5780	高栏港口岸	海运
		横琴海关	5795	横琴口岸	公路
22	汕头海关（4个）	广澳海关	6014	汕头港	海运
		饶平海关	6022	潮州港	海运
		汕尾海关	6031	汕尾远洋码头	海运
		陆丰办事处	6033	陆丰市乌坎装卸点	海运
23	黄埔海关（7个）	老港海关	5201	黄埔老港	海运
		新港海关	5202	黄埔新港	海运
		驻开发办	5208	广州开发区海运口岸	海运
		新塘海关	5203	新塘海运口岸	海运
		驻沙田办	5216	虎门港	海运
		东莞海关	5204	东莞海运口岸	海运
		新沙海关	5212	新沙港	海运
24	江门海关（5个）	高沙办事处	6811	高沙港（仅限废纸）	海运
		新会海关	6821	新会港	海运

续表

序号	直属海关	隶属海关	关区代码	口岸名称	口岸类型
24	江门海关(5个)	外海办事处	6812	外海港(仅限废纸)	海运
		鹤山海关	6861	鹤山码头(仅限废纸、废塑料)	海运
		台山海关	6831	台山公益港(仅限废纸、废塑料)	海运
25	湛江海关(3个)	湛江霞海	6712	霞海口岸	海运
		徐闻海关	6703	湛江徐闻	海运
		茂名海关	6705	茂名水东	海运
26	南宁海关(3个)	防城海关	7206	防城口岸	海运
		梧州海关	7203	梧州口岸	河运
		贵港海关	7208	贵港口岸(限废纸)	河运
27	重庆海关(2个)	两路寸滩海关	8010	江津玖龙港	海运
				永川朱砣港	海运
28	乌鲁木齐海关(13个)	霍尔果斯海关	9402	霍尔果斯口岸	公路
		吐尔尕特海关	9403	吐尔尕特口岸	公路
		阿拉山口海关	9404	阿拉山口公路口岸	公路
				阿拉山口铁路口岸	铁路
		塔城海关	9405	巴克图口岸	公路
		阿勒泰海关	9407	吉木乃口岸	公路
			9411	塔克什肯口岸	公路
			9414	红山嘴口岸	公路
		红其拉甫海关	9409	红其拉甫口岸	公路
		总关现场业务处	9412	乌拉斯台口岸	公路
			9413	老爷庙口岸	公路
		伊尔克什坦海关	9415	伊尔克什坦口岸	公路
		都拉塔海关	9419	都拉塔口岸	公路

八、指定口岸相关法律法规汇编

第一章　粮食进口口岸相关法律法规

1.1《进境粮食指定口岸管理规范(试行)》

1.2《进口粮食指定口岸条件标准(试行)》

1.3《质检总局关于规范进境粮食指定口岸措施的公告》

1.4《质检总局关于公布全国进境粮食指定口岸及查验点名单的公告》

第二章　汽车整车进口口岸相关法律法规

2.1《汽车工业产业政策》

2.2《进口汽车检验管理办法》

2.3《汽车整车进口口岸检验检疫基础和监管设施建设及验收工作规范》

2.4《海关总署监管司关于海关签发进口汽车〈货物进口证明书〉有关问题的通知》

第三章　进口活牛指定口岸相关法律法规

3.1《中华人民共和国进出境动植物检疫法》

3.2《中华人民共和国进出境动植物检疫法实施条例》

第四章　进口植物种苗指定口岸相关法律法规

4.1《国家质量监督检验检疫总局关于实施进口植物种苗指定入境口岸措施有关事项的通知》

第五章　进口濒危野生动植物指定口岸相关法律法规

5.1《中华人民共和国濒危野生动植物进出口管理条例》

第六章　进口肉类指定口岸相关法律法规

6.1《质检总局关于进一步规范进口肉类指定口岸管理的公告》

第七章　进口水果指定口岸相关法律法规

7.1《进境水果指定口岸检验检疫建设要求(试行)》

第八章　进口食用水生物、水产品指定口岸相关法律法规

8.1《质检总局关于实施进境食用水生动物指定口岸制度的公告》

8.2《进境食用水生动物检验检疫指定口岸建设和管理要求(试行)》

第九章　进口钻石指定口岸相关法律法规

9.1《质检总局、海关总署等六部委[2002]132号公告(金伯利"钻石冲突")》

9.2《中华人民共和国海关对上海钻石交易所监管办法》

第十章　药品、麻醉药品、精神药品、蛋白同化制剂、肽类激素等生物制品指定口岸相关法律法规

10.1《药品进口管理办法》

10.2《食品药品监管总局　海关总署关于印发增设允许药品进口口岸的原则和标准的通知》(食药监药化管〔2015〕6号)

第十一章　进口兽药指定口岸相关法律法规

11.1 兽药进口管理办法

11.2《关于进口兽药的海关监管验放的有关问题》(海关总署2001年第7号)

第十二章　化妆品指定口岸相关法律法规

12.1 国家质量监督检验检疫总局《进出口化妆品检验检疫监督管理办法》

第十三章　进口固体废物指定口岸相关法律法规

13.1《固体废物进口管理办法》

13.2 海关总署关于调整固体废物进口口岸的通知

第十四章 进口现钞指定口岸相关法律法规

14.1 银行调运外币/人民币现钞进出境许可证

第十五章 贸易多元化相关法律法规

15.1《关于在苏州工业园综合保税区 重庆两路寸滩保税港区开展促进贸易多元化试点有关政策问题的通知》

第十六章 免税店相关法律法规

16.1 关于印发《口岸进境免税店管理暂行办法》的通知
16.2 国务院关于《口岸进境免税店管理暂行办法》